数字经济系列丛书

互联网金融理论与实践

赵保国　主编

北京邮电大学出版社
www.buptpress.com

内容简介

本书共 6 章，分别为互联网金融发展回顾、互联网金融导论、互联网金融的业态与模式、互联网金融的衍生物、互联网金融的风控与监管、互联网金融的发展前景。

本书适合金融从业者学习互联网金融基本知识，也适合作为在校本科生的金融专业课教材。

图书在版编目(CIP)数据

互联网金融理论与实践 / 赵保国主编. -- 北京：北京邮电大学出版社，2020.11(2022.1重印)
ISBN 978-7-5635-6231-2

Ⅰ. ①互… Ⅱ. ①赵… Ⅲ. ①互联网络—应用—金融—研究 Ⅳ. ①F830.49

中国版本图书馆 CIP 数据核字(2020)第 210320 号

策划编辑：彭　楠　　责任编辑：刘春棠　　封面设计：七星博纳

出版发行：北京邮电大学出版社
社　　址：北京市海淀区西土城路 10 号
邮政编码：100876
发 行 部：电话：010-62282185　传真：010-62283578
E-mail：publish@bupt.edu.cn
经　　销：各地新华书店
印　　刷：唐山玺诚印务有限公司
开　　本：720 mm×1 000 mm　1/16
印　　张：14.25
字　　数：285 千字
版　　次：2020 年 11 月第 1 版
印　　次：2022 年 1 月第 2 次印刷

ISBN 978-7-5635-6231-2　　　　　　　　　　　　　　　　　定价：39.00 元

· 如有印装质量问题，请与北京邮电大学出版社发行部联系 ·

前　　言

作为20世纪最伟大的科技发明之一,互联网的出现改变了原有的商业形态,推动了经济的飞速发展。信息技术的不断发展及在金融领域的应用和渗透,形成了互联网金融这一种新兴金融业态。

我国互联网金融的发展主要分为以下三个阶段。

第一个阶段是2007年以前,互联网与金融初步融合。在这一阶段,多表现为传统金融机构业务的网络化。各银行纷纷开展网上银行业务,将互联网技术作为传统业务的技术支撑,开展业务查询、品牌推广、客服服务等业务。

第二个阶段是2007—2012年,随着互联网技术的快速发展,互联网金融逐渐深入金融业务,第三方支付逐渐发展起来。我国P2P网络借贷平台最早成立于2007年,之后发展较为迟缓。2011年,P2P进入快速发展阶段,众多平台踊跃进入。2012年,P2P平台进入爆发期。此外,2011年,人民银行开始发放第三方支付牌照,第三方支付机构进入规范发展阶段。

第三个阶段是自2013年开始,该年被称为"互联网金融元年",是互联网金融迅猛发展的一年。P2P平台快速发展,众筹平台开始出现,互联网金融的业态模式更加多样。银行、券商也纷纷以互联网为依托,对传统业务进行改造,加速创新。同时,政府部门开始关注并制定相关监管政策,为互联网金融的发展创造健康有序的环境。近两年,伴随着互联网行业、移动技术的快速发展,基于互联网的金融服务正在向金融领域不断延伸和深入,同时传统金融企业也在借助互联网技术涉足互联网金融领域。可以说,互联网企业在金融领域的渗透和发展已经成为一种新常态。

虽然互联网金融在我国发展得如火如荼,但是理论研究却进展缓慢,据中国知网可查文献,学术上与互联网金融相关的研究最早出现于2001年,以"互联网金融"为主题的文献最早出现在2012年,引起学者广泛研究始于2014年。希望本书能为我国互联网金融人才的培养贡献一份微薄之力。

前　言

　　本书作者长期从事大数据营销、金融科技研究，承担高校"互联网金融""公司运营与管理"等课程的教学工作，主持并完成多项科研项目，近年来发表在国内外期刊的学术论文主要聚焦于金融科技创新、众筹、网络投资理财、网络借贷、互联网消费金融等互联网金融细分业态，其研究成果被广泛引用。作者本人在教学过程中充分利用自己的实践经验，大量使用案例教学。本书在重点章节针对互联网金融的业态与发展特点引入了不少实际案例，以达到和读者共享和交流的目的。

　　本书共分为三个部分，六个章节。

　　第一部分是互联网金融的定义与发展概况，包括第一章和第二章。第一章是互联网金融发展回顾，主要讲述互联网金融的发展历程，结合我国的实际情况，对互联网金融发展的原因以及阶段性历程进行详细的分析。第二章是互联网金融导论，主要对互联网金融的内涵进行定义，比较互联网金融与传统金融的区别与联系，对互联网金融体系的组成进行描述，并通过一系列案例对国内外互联网金融的发展状况进行对比分析。

　　第二部分是互联网金融业态分类、发展模式与衍生物，包括第三章和第四章。第三章是互联网金融的业态与模式，主要对互联网金融的业态进行介绍，业态主要包括互联网支付、P2P网络借贷、众筹融资、互联网基金销售、互联网信托、互联网保险和互联网消费金融，概括各模式的定义、分类、发展历程、存在的风险和监管政策，并提供相关的案例。第四章是互联网金融的衍生物，主要介绍大数据金融、互联网征信、供应链金融、智能投顾、数字货币与区块链等互联网金融的衍生物，分别概括其定义、原理、发展现状、面临的问题和建议，并提供相关的案例。

　　第三部分是互联网金融面对的机遇与挑战，包括第五章和第六章。第五章是互联网金融的风控与监管，主要从互联网金融的风险识别、风险控制、监管的现状与问题等方面全面介绍互联网金融风控与监管的内容，以及与发达国家的对比，如美国、英国、日本等。第六章是互联网金融的发展前景，主要对比互联网金融与传统金融模式相比的优势和劣势，从合规性、监管力度、金融模式之间的相互影响等方面，结合移动网络的发展详细地阐述互联网金融未来的发展方向。

本书结构清晰，逻辑性强，综合国内外的理论研究与实际发展情况，系统梳理互联网金融的定义、特点、业态、风控、监管和发展，以同行大量的本领域研究为基础，对互联网金融的每个业态进行深度分析。本书应用大量的互联网金融案例进行实证分析，案例经典且具体生动，广泛涉及互联网金融业态，除对互联网金融传统业态进行深度分析之外，还提供了互联网金融衍生物的发展案例，具有一定的前沿性。本书的体例安排适合教学应用，结合经典案例讲述理论，便于学生分析讨论，对学生具有很高的启发性。

本书由北京邮电大学经济管理学院教授赵保国担任主编，北京邮电大学的研究生薛骊阳、盖念、张雅琼、王琨、乔浩杰、郑双月、王耘丰查阅了大量文献并参与了本书的撰写。

目　　录

第一部分　互联网金融的定义与发展概况

第一章　互联网金融发展回顾 ………………………………………… 3

第一节　互联网金融发展的基础 …………………………………… 3
　一、技术基础 ……………………………………………………… 3
　二、市场基础 ……………………………………………………… 7
第二节　我国互联网金融迅猛发展的原因 ………………………… 8
第三节　我国互联网金融发展的阶段性历程 ……………………… 11

第二章　互联网金融导论 ……………………………………………… 16

第一节　互联网金融的内涵 ………………………………………… 16
　一、互联网金融的界定 …………………………………………… 16
　二、互联网金融与传统金融的区别与联系 ……………………… 18
　三、互联网金融的本质 …………………………………………… 19
第二节　互联网金融体系 …………………………………………… 20
　一、互联网金融的基础设施 ……………………………………… 20
　二、互联网金融参与者：消费者和商家 ………………………… 21
　三、互联网金融机构、产品与市场 ……………………………… 23
第三节　国内外互联网金融发展现状与对比 ……………………… 25
　一、国外互联网金融发展现状 …………………………………… 25

二、我国互联网金融发展现状 …… 33
三、国内外互联网金融发展对比 …… 34

第二部分 互联网金融业态分类、发展模式与衍生物

第三章 互联网金融的业态与模式 …… 37

第一节 互联网支付 …… 37
一、互联网支付概述 …… 37
二、互联网支付的分类 …… 37
三、互联网支付的发展历程 …… 39
四、互联网支付的发展现状 …… 40
五、互联网支付的发展趋势 …… 46
六、互联网支付案例 …… 47

第二节 P2P网络借贷 …… 49
一、P2P网络借贷概述 …… 49
二、P2P网络借贷平台的分类 …… 51
三、P2P网络借贷的发展历程 …… 53
四、P2P网络借贷行业产业链 …… 54
五、P2P网络借贷的发展现状 …… 59
六、P2P网络借贷的发展趋势 …… 63
七、P2P网络借贷案例 …… 65

第三节 众筹融资 …… 69
一、众筹融资概述 …… 69
二、众筹的分类 …… 70
三、众筹融资的盈利模式 …… 75
四、众筹融资的发展现状 …… 76
五、众筹融资的发展趋势 …… 80
六、众筹融资案例 …… 81

第四节 互联网基金销售 …… 82

一、互联网基金销售的定义 …………………………………… 82
　　二、互联网基金销售的分类 …………………………………… 83
　　三、互联网基金销售的发展历程及现状 ……………………… 88
　　四、互联网基金销售的优势和劣势 …………………………… 89
　　五、互联网基金销售的风险与监管 …………………………… 91
　　六、互联网基金销售案例 ……………………………………… 94
　第五节　互联网信托 ……………………………………………… 96
　　一、互联网信托概述 …………………………………………… 96
　　二、互联网信托的分类 ………………………………………… 98
　　三、互联网信托的发展现状与趋势 ……………………………100
　　四、互联网信托的风险与监管 …………………………………101
　　五、互联网信托案例 ……………………………………………105
　第六节　互联网保险 ………………………………………………107
　　一、互联网保险的定义 …………………………………………107
　　二、互联网保险的分类 …………………………………………108
　　三、互联网保险的特征 …………………………………………109
　　四、互联网保险的优势 …………………………………………110
　　五、互联网保险的发展历程和趋势 ……………………………112
　　六、互联网保险的风险与监管 …………………………………117
　　七、互联网保险案例 ……………………………………………119
　第七节　互联网消费金融 …………………………………………119
　　一、互联网消费金融概述 ………………………………………119
　　二、互联网消费金融的分类 ……………………………………120
　　三、互联网消费金融产业链 ……………………………………123
　　四、互联网消费金融的发展历程 ………………………………125
　　五、互联网消费金融的发展现状 ………………………………126
　　六、互联网消费金融的发展趋势 ………………………………127
　　七、互联网消费金融案例 ………………………………………130

第四章　互联网金融的衍生物 …………………………………………134

　第一节　大数据金融 ………………………………………………134

目 录

一、大数据的定义 …………………………………… 134
二、数据的收集 …………………………………… 135
三、数据的挖掘 …………………………………… 135
四、资源的最优化配置 …………………………………… 136
五、大数据金融面临的挑战与风险 …………………………………… 137
六、大数据金融发展的策略实施 …………………………………… 138
七、大数据金融案例 …………………………………… 139

第二节 互联网征信 …………………………………… 139
一、中国人民银行征信中心 …………………………………… 140
二、互联网征信的建设 …………………………………… 140
三、互联网征信建设的意义 …………………………………… 143
四、互联网征信案例 …………………………………… 144

第三节 供应链金融 …………………………………… 144
一、供应链金融的含义 …………………………………… 145
二、供应链金融与大数据 …………………………………… 146
三、供应链金融的发展现状 …………………………………… 146
四、供应链金融案例 …………………………………… 148

第四节 智能投顾 …………………………………… 150
一、智能理念 …………………………………… 150
二、智能的原理 …………………………………… 151
三、智能投顾的发展状况 …………………………………… 151
四、智能投顾面临的问题 …………………………………… 152
五、智能投顾的发展建议 …………………………………… 153
六、智能投顾案例 …………………………………… 154

第五节 数字货币与区块链 …………………………………… 155
一、数字货币的起源 …………………………………… 155
二、数字货币的定义 …………………………………… 156
三、数字货币的风险 …………………………………… 158
四、比特币的诞生 …………………………………… 158
五、数字货币案例 …………………………………… 159

第三部分　互联网金融面临的机遇与挑战

第五章　互联网金融的风控与监管 ………………………………… 163

第一节　互联网金融的风险识别与风险控制 ……………………… 163
一、互联网金融的风险识别 ………………………………………… 163
二、互联网金融的风险控制 ………………………………………… 168
三、案例 ……………………………………………………………… 175

第二节　互联网金融的监管 ………………………………………… 176
一、互联网金融监管的现状和问题 ………………………………… 176
二、国际互联网金融的监管经验与启示 …………………………… 183
三、互联网金融的监管策略 ………………………………………… 186
四、案例 ……………………………………………………………… 189

第六章　互联网金融的发展前景 …………………………………… 191

第一节　互联网金融的发展机遇及挑战 …………………………… 191
一、我国互联网金融的发展机遇 …………………………………… 191
二、我国互联网金融发展面临的挑战 ……………………………… 192

第二节　互联网金融未来的发展方向 ……………………………… 194

参考文献 ……………………………………………………………… 201

第一部分
互联网金融的定义与发展概况

第一章 互联网金融发展回顾

　　回顾历史,每一次革命性的技术创新均对经济发展和社会发展产生颠覆性的冲击和影响,在这个过程中产生诸多新行业,或通过新技术改造传统行业。在人类三次重大的科技变革中,信息技术对社会与经济的发展影响极为深刻。作为20世纪最伟大的科技发明之一,互联网的出现推动了商业的飞跃式发展,改变了原有的商业形态,大量新型商业模式出现,开创了新经济时代。而互联网金融正是在互联网等新兴信息技术的基础上发展起来的新兴金融业态。

　　互联网金融的雏形可以追溯到20世纪末。20世纪80年代,互联网技术发展迅速,使银行利用开放式网络为所有客户提供服务成为可能。在20世纪90年代"新经济"浪潮的推动下,各银行出于竞争和发展的考虑纷纷开展网上营销。建立在信息革命基础上的网络经济对传统金融行业和金融理论产生了深刻的影响。随后,电子商务的发展促使网络支付诞生,移动互联的出现使得金融+互联网成为崭新的金融业态。原本被传统金融机构忽略的80%碎片化需求的小微金融服务市场被激发,互联网的长尾效应在互联网金融领域得到了充分的体现。随着网络技术的快速发展,互联网在降低金融服务交易成本、增进金融服务可得性方面的优势逐渐显现,不断冲击着我国金融体系的旧有运行模式和市场结构。

　　纵观互联网金融的发展历程,可以看到正是信息技术的不断发展及在金融领域的应用和渗透,促使了从电子金融到网络金融,再到互联网金融的发展。

第一节 互联网金融发展的基础

一、技术基础

　　创新理论鼻祖熊彼特在刻画技术创新对市场结构的巨大冲击效应时曾有一段精彩论述:"在市场中真正占据主导地位的并非价格竞争,而是新技术、新产品的竞争;它冲击的不是现存企业的盈利空间和产出能力,而是它们的基础和生命。这就好比用大炮轰一扇门,是打开它的最好方式。"

近年来互联网金融的迅猛发展又一次生动地诠释了熊彼特上述名言的内涵。作为20世纪最伟大的科技发明之一,互联网正在逐步改变金融体系的旧有运行模式和市场结构。自20世纪90年代以来,随着网络技术的快速发展,互联网在降低金融服务交易成本、增进金融服务可得性方面的优势逐渐显现。金融机构开始利用互联网技术改造传统服务,互联网技术与金融的融合发展趋势初现端倪。特别是移动互联网的发展以及大数据、云计算等新兴技术的应用,对金融业运营模式产生了根本的影响。

1. 信息技术

自20世纪五六十年代的第五次信息技术革命以来,伴随着电子计算机的广泛使用,信息技术行业不仅脱离了原来时间和空间上的限制,而且在所涉及的领域、传播速度与时效性方面都有了质的飞跃。通信卫星发射升空以及计算机网络系统遍布全球,使信息的收集、处理、存储、传递、应用等方面都达到了空前发达的程度。信息技术高速发展,集成电路的集成度和运算能力、性能价格比继续按每18个月翻一番的速度呈几何级数增长,支持信息技术达到前所未有的水平。互联网带宽由最初1~30 kbit/s发展到目前带宽大于10 Mbit/s的水平,极大地改变了信息传播的方式与速度,移动互联网带宽从2 Gbit/s到2.5 Gbit/s再到3 Gbit/s以及现在的4 Gbit/s,整个带宽行业情况呈现几何级的飞速发展。

信息技术是互联网金融的技术基础之一。互联网金融是将互联网与金融行业融合,将互联网在信息收集上的优势运用于金融领域,充分利用大数据、云计算与移动互联网等信息技术,开发更加针对客户需求的个性化产品,提升客户产品选择的自主性。

在金融体系中,信息处理非常重要,尤其是资金供需双方的信息,而互联网信息技术的发展就为信息处理带来了优势。人们对社交网络、搜索引擎的广泛应用以及互联网高速的信息传递效应,使得个人和机构的大量信息(包括财务状况、信誉行为、消费习惯、朋友关系网等)可以被互联网技术记录下来,以便查询和识别。而云计算技术的发展更是保障了处理海量信息的能力,使得互联网金融在信息生产和处理上具有效率优势,因而相较于传统中介机构,互联网金融可以在一定程度上有效地解决信息不对称问题。例如P2P网络信贷,资金的供需双方可以利用互联网平台发布自身的金融需求,通过初步匹配后,资金的供需双方可以直接"面对面"进行交流,中间不需要传统银行机构的参与。

2. 移动互联网

移动互联网是互联网金融得以迅速发展和普及的基石与媒介。在移动互联网技术支持下发展的互联网金融,具有支付便捷、市场信息不对称程度低、资金供需双方在资金期限匹配和风险分担等方面的成本低、资源配置去中介化等特点,在金融资源的重新整合上具有重要的意义。可以说,移动互联网是互联网金融持续发展和延伸的条件。

第一,移动互联网产业基础持续积淀,助力金融服务水平提升。近年来,移动互联网通信基础设施建设得到大力发展。中央政府通过减免相关产业税收、在用地规划中为通信设施建设优先预留资源等方式,对网络建设事业给予了很大支持。移动互联网产业的蓬勃发展,移动互联网客户覆盖率、接通速率以及稳定性的不断提升,为移动互联网金融服务在保证服务范围、服务效率及服务稳定性等方面提供了有效的基础性支撑。

第二,移动互联网进一步强化了互联网金融快捷、便利、普惠的概念。移动互联网应用的多种多样丰富了金融服务的多样性,而金融创新的不断推进也必然会带动移动互联网应用服务的不断发展,如手机银行、移动支付等。移动终端与用户行动的绑定,随时随地接入互联网,让金融服务与用户突破了地理和距离的界限,也消除了金融服务物理网点的定点时间要求。距离的缩短本身就令业务办理更为及时,省去了乘车、步行等交通和排队等待的时间,而服务时间的延伸使得很多业务更为及时、便捷、自由。

第三,移动互联网金融有更强的病毒式传播能力。金融产品与服务基于移动平台或社交网络平台推送,能在极短的时间内完成传播、购买、办理等各项操作。同时,作为移动终端的手机比 PC 终端具有更高的专属性与私密性,且用户使用时间呈碎片化、散点式分布,即时性强,因此基于移动端的金融服务与产品用户黏性更高。

第四,移动互联网智能终端性能大幅提升,价格不断下降,为金融服务在移动互联网环境下的进一步普及和拓展奠定了坚实的基础。以目前最主流的智能终端手机为例,伴随处理器芯片、存储设备、液晶屏幕等组成部件设计、制造工艺的进一步发展,智能手机主频速度普遍超过 1 GHz,内部存储器容量普遍在 8 GB 以上,并支持数量和内容丰富的外设接口,这使得智能手机在功能、性能和价格等方面能够逐步满足广大用户的需求,特别是在线上商城、社交应用、快捷支付等服务领域的应用需求,并使其消费市场呈现爆发式增长的态势。

近些年来,移动互联网智能终端还突破了手机的界限,逐步扩展到电视、汽车、手表等领域,进一步拓展了金融服务可能的供应渠道。

3. 大数据

金融业是大数据的创造者,同时金融业也高度依赖信息技术,是大数据驱动发展行业的典型代表。在互联网金融行业,数据已经成为金融核心资产,大数据的技术基础极大地撼动了传统客户关系、抵质押品在金融业务中的地位。

大数据技术引发了风控方式的变革。对于金融机构而言,其面临的最大问题仍是信息不对称。例如,银行只能获得贷款人的部分信息,而信息的缺失会影响对贷款人还款能力的判断,从而出现风险。通过大数据技术,金融机构能够有效收集和分析大量中小微企业用户日常交易行为的数据,判断其业务范畴、经营状况、信用状况、用户定位、资金需求和行业发展趋势,解决中小微企业财务制度不健全、无法获取信用信息的难题,从而可以加强风险的可控性和管理力度,实现精细化管理。以 P2P 网络借贷为例,平台企业就是通过大数据管理,将贷前、贷中以及贷后三个环节形成有效联结,向通常无法在传统金融渠道获得贷款的弱势群体批量发放"金额小、期限短、随借随还"的小额贷款,在有效管控风险的基础上,既为借出方提供了收益,又满足了资金需求方的信贷需求,创造了价值。

大数据技术可以实现精准营销与创新运营。大数据技术可以支撑企业作出更迅速、更灵活的决策,给企业带来更贴近客户需求的产品创新,对客户进行精准营销,提升推广效率。互联网金融借助社交网络等新平台产生了海量用户和数据,记录了用户群体的情绪,但大数据库自己无法总结人类行为模式的规律。计算机科学家、统计学家开始与社会科学家协同工作,找到将大数据策略和小数据研究相结合的新途径。利用互联网,金融企业也可以对其客户行为模式进行分析(如事件关联性分析),这类似于工程上的"对照实验",即观察、测试不同条件下机构投资者或普通金融消费者对产品的反应,识别其中的因果关系,提高客户转化率,改善服务水平,实现互联网金融的精准营销。

4. 云计算

互联网金融在诞生之初,就意在将互联网技术与金融两个因素相结合,用互联网技术来解决金融行业业务发展的瓶颈,这也限定了它是以云计算和大数据为基础的一种全新金融模式。在互联网金融所使用的技术中,云计算和大数据是相辅相成的,云计算为大数据的存储、处理和分析提供了技术基础,通过对大数据的收集、整理、分析、挖掘和深度应用来创新产品、技术、营销和风险管理。云计算为大数据的存储、处理和挖掘都提供了更高效且廉价的技术支持。

(1)大数据存储。客户在进行互联网金融交易的过程中会留下规模十分庞大的数据信息,如交易数据、支付数据、个人资料数据等。传统的关系数据库无法满足海量数据高效存储的要求,而云计算技术通过分布式计算可以使用更低的成本、更高效地完成数据存储。互联网金融企业可以通过使用云计算技术,将这些重要的数据信息存储在云端,不仅可以将大数据安全进行存储,而且可以随时提取海量数据。

(2)大数据处理。首先,云计算技术可以帮助过滤大数据中的无用数据信息。在互联网金融数据的首次收集过程中,无用信息所占比例一般较高,因此需要过滤出可用信息。在大量的无用信息中,重点需要过滤两大类信息,一是大量存储的临时信息,几乎不存在投入的必要;二是从防火墙外部接入内部的网络数据,价值极低。云计算可以提供按需扩展的计算和存储资源,用来过滤无用数据。其次,云计算技术可以高效分析数据。目前,基于云计算的数据处理技术包括数据并行处理技术、增量处理技术和流式计算技术。

（3）大数据挖掘。只有通过数据挖掘才能从低价值密度的数据中发现数据的潜在价值，而大数据挖掘技术的实现离不开云计算技术。数据挖掘需要在大规模数据上进行频繁的数据访问，这需要耗费大量的运算时间。数据挖掘领域长期受益于并行算法和架构的使用，GPU平台通过使用并行架构和并行编程方法，使得计算能力呈几何级数增长。

二、市场基础

较高水平的互联网产业基础是我国互联网得以发展的市场基础。

互联网相关行业是中国近二十年来发展最快的领域之一，无论是计算机、手机和通信设备等硬件制造，还是软件开发，中国都诞生了世界级优秀企业。在21世纪初，中国已经培育出从门户网站的新浪到社交网站的腾讯、电商领域的阿里和搜索领域的百度这些世界级企业，他们在自己的核心业务里拥有本土市场极高的知名度和市场渗透率。在互联网金融发展之初，中国已经有了全球最多的手机用户。

互联网相关产业的发展与普及培育了大批熟悉和信任互联网、习惯于通过线上方式满足自身需求的消费群体，人们开始渐渐习惯于在网络上做生意，交朋友，对于网上交易从不习惯、不信任，到逐步习惯甚至信赖，这是互联网金融产品早期市场化过程中最重要的用户群体。且早期互联网产业所培育的用户群体以低龄和白领人口为主，当他们转化为互联网金融的消费者时，随着年龄和资历的提高，其收入水平和投资能力都处在生命周期的快速发展期，这个用户群体的金融需求非常旺盛。

在中国"互联网金融元年"2013年，中国网民规模已达6.18亿，互联网普及率为45.8%，如图1.1.1所示，其中网络购物用户规模达到3.01亿，占网民规模的近50%，如图1.1.2所示；手机网民规模达5亿，移动互联网普及率高达81%，其中手机网络购物用户规模为1.44亿。截止到2019年6月，我国手机网络购物用户规模已达到6.22亿，占手机网民规模的73.4%（资料来源：中国互联网络信息中心（CNNIC）发布的《中国互联网络发展状况统计报告》）。

如果没有在互联网金融之前的其他互联网应用领域——搜索、新闻浏览、游戏、网上购物——的丰富经验，如果没有习惯于网上购物而产生的网络支付依赖，很难想象互联网金融产品能在短时间里吸引大批的用户。更为重要的是，由于互联网是新型行业，没有大型国有企业的垄断和政府的过多干预，诞生于其中的中坚力量都发端于"草根"企业，熟悉中国互联网行业的规律，经历过市场的优胜劣汰，因此具有极强的创新能力和探索精神。当他们不再甘于仅仅作为传统金融机构降低运营成本的工具，而是逐渐将其自身"开放、平等、协作、分享"的精神向传统金融行业渗透时，一场互联网金融革命席卷而来。

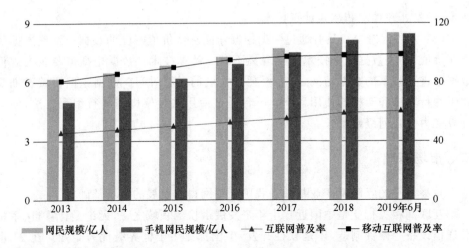

图1.1.1 我国网民及手机网民的规模和普及率

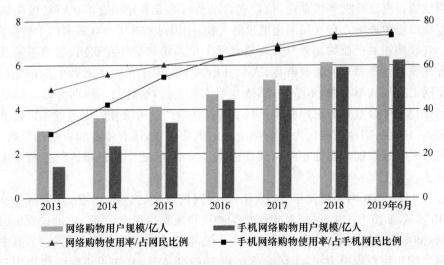

图1.1.2 我国网络购物及手机网络购物用户规模和占比

第二节 我国互联网金融迅猛发展的原因

美国和英国的互联网金融发展处于全球领先地位，是因为全球最大的资本市场、最重要的金融机构和最活跃的创新产品都集中在这两个国家，金融业的自由化及市场化程度很高，并且美国是互联网的发明地，重要的信息技术发明及全球顶尖的互联网企业也都发源于美国，这些也为互联网金融的诞生和发展提供了良好的基础。

可是虽然互联网金融诞生于美国，但互联网金融对于美国金融业的冲击及社会关注度远没有像在中国这样引起巨大的轰动和人们情绪的高涨。在欧美业界人士看来，网络支付、P2P网络借贷、众筹融资、PayPay版"余额宝"产品等各类基于互联网的金融服务并不新鲜，只不过是金融创新进程中泛起的一些耀眼的浪花，是其多元化金融体系的有益补充，并不会像在中国这样掀起滔天巨浪。

互联网金融之所以能够在我国发展如此迅猛，影响如此深远，冲击如此巨大，和我国独特的国内环境有着非常大的关系。在我国长期的金融发展中存在着不平衡、不充分的金融抑制等现象，所提供的金融产品与服务无法满足经济转型发展和人民美好生活的需要，而互联网金融的出现和发展破除了这一症结。

1. 金融抑制下的套利空间

金融抑制的主要形式包括存贷款利率限制和资本账户管制，政府采取的使金融价格发生扭曲的利率、汇率等金融政策和金融工具。

我国金融行业管制严格、自由化程度不高，资金主要由银行体系进行配置，金融资源大部分流向国有部门和企业。这种金融抑制现象即是近三十年来中国民间地下金融市场存在的原因，也是P2P网络借贷、众筹和小额贷款在中国民间受追捧的理由。而互联网金融正是利用了这种由于行业管制而可能产生的套利空间，它的出现摆脱了当前金融市场格局对资本在时间与空间上的限制，打破了传统金融行业的市场垄断地位和超高利润模式，应用更加便捷的技术使得民间地下金融市场以合法化的形式出现在公众面前，引发了金融业在内的行业融合，促进了多个产业之间技术、产品以及服务的相互渗透、交叉，拓宽了资本运作的方式和渠道，满足了资本对于保值增值的原始需求。

货币基金"余额宝"和P2P网络借贷的爆发式增长便是非常典型的例子。

余额宝是一个传统的金融产品——货币基金，它在短时间内吸引了众多投资者的原因，除了支付宝本身的影响力、低起点和高流动性设置外，最重要的是其早期的高收益率。而这个高收益率就是来自利率受到严格管制的存款市场与利率市场化的同业拆借市场之间的套利。

中国P2P网络借贷的特点是利率高，借助于线下的担保和抵押，这与美国Lending Club的纯线上和低于信用卡借款利率的定位是完全不同的。这种模式在中国能够盛行的原因是，正规金融渠道以极低的利率汇集的金融资源大部分配置到了国有背景及大型企业手中，民间的小微企业融资难问题极为严重，同时拥有日益增多的资金盈余的家庭和个人也在寻求回报率更高的投资渠道。长期以来中国庞大的民间地下金融市场的存在，就是绕过这一利率管制和贷款配额所造成的金融抑制的方法。P2P网络借贷的出现只是为这个市场提供了更便利的技术手段，以及暂时合法的身份。因此，可以说P2P网络借贷行业超乎异常的快速扩张也源于正规金融市场与民间地下金融市场的套利。

金融抑制造成的套利空间的存在很大程度上促成了我国互联网金融的繁荣。

2. 传统金融市场中存在大量未被满足的需求

我国传统金融业是政府管制严格、市场化程度低和垄断性强的行业,存在诸如资金配置低下、服务人群小众、产品创新不足、资金供给失衡等问题,这一系列因素造成了我国传统金融市场中存在大量未满足的需求。

在银行等主导的传统金融模式下,金融信息及资金高度集中在银行等传统金融机构部门。中国特殊的金融体制和社会征信体系的不完善造成了银行等金融机构"嫌贫爱富"的特点,国有大型企业或者经营业绩良好的大型民营企业获取资金比较容易,中小型企业却很难获得足够的金融支持,虽然国家投放了大量货币,但资金却不能充分通过债券、股票等直接融资方式进入金融实体经济或中小企业,导致资本市场资金配置效率低下。传统金融机构的风险偏好、盈利模式与风控措施基本上是围绕着大型企业与精英阶层"量身定做"的措施,因此这样的金融市场实现的是"金字塔"顶端少数大客户资金需求与精英阶层资金供给方的匹配,而大部分中小微企业的资金需求与普通民众保值增值的需求长期被排斥于传统金融市场之外,金融市场存在结构与功能的双重"缺陷"。

而正是这种缺陷使得理财需求得不到满足的资金供给方和面临融资困难的资金需求方均有突破传统金融束缚、寻找更佳渠道的需求,而身披"普惠"战衣的互联网金融有效缓解了这一问题。

互联网金融的出现打破了传统金融机构"平台"的垄断地位,互联网金融及其多种模式的不断创新,为金融市场注入了更多"平台"和"渠道",这样被排除在传统金融市场之外的中小微企业与普通民众的资金供求得以匹配,且在互联网金融模式下,资金供求双方可以直接建立联系,互联网金融仅仅是纯平台式的服务,而且资金供求方通过互联网金融平台实现了多元的交错匹配。同时,互联网金融企业还可根据消费者的消费习惯、风险偏好、信用情况、支付能力等来设计开发个性化金融产品和服务,消费者的选择范围更加广泛,需求得到最大化满足。

互联网金融一定程度上满足了我国传统金融市场大量未满足的需求,它的出现就像是给我国久旱的金融市场带来了一场酣畅的甘霖,而其如雨后春笋般的生长也就顺理成章。

3. 政府监管方面的原因

我国互联网金融得以迅速发展的另一个原因就是我国金融监管法律法规尚不完善,一直呈现先发展后监管的态势,而这就给了如第三方支付、P2P网络借贷等互联网金融在前期较为广阔的发展空间。例如,网上第三方支付工具PayPal于1998年在美国上线时,在注册方面受到《货币服务法》的规制,需要在各州申请牌照;在支付服务方面受到《电子转账法案》的限制,此外还要遵守消费者隐私保护、公平交易、反洗钱等相关法规。而2004年支付宝在中国面世时,遇到的法律方面的麻烦要远远少于 PayPal。

此外，在监管方面形成鲜明对比的还有 P2P 网络借贷行业。在 2012 年奥巴马签署 JOBS 法案之前，美国的 P2P 网络借贷平台的债权被美国证券交易委员会（SEC）要求进行证券登记，接受《1933 证券法》的监管，而这个注册过程复杂而困难，要求大量的文件以及律师和注册费用。为此 Prosper 不得不停业了一段时间，来自英国的 Zopa 平台则退出了美国市场。相比之下，中国的 P2P 网贷平台在很长一段时期都处在监管空白的状态下，运营 P2P 网贷平台只需进行简单的工商登记即可。这是中国 P2P 网贷平台迅速发展壮大的重要原因。

与此同时，在具体监管政策方面，政府改变了过去对风险"零容忍"的监管思路，强调"简政放权"，充分发挥市场在资源配置中的决定性作用，对互联网金融监管持以开放和包容的理念，尊重市场选择，鼓励创新，给予了我国互联网金融发展很大的创新和试错的空间，为互联网金融的发展提供了政策保障。

银监会在 2014 年初曾公开表示：对于互联网金融这样一类新出现的金融业态，需要留有一定的试错空间，过早、过严的监管会抑制创新。在同年的政府工作报告中，中央政府提出促进互联网金融健康发展，完善金融监管协调机制，密切监测跨境资本流动，守住不发生系统性和区域性金融风险的底线，让金融成为一池活水，更好地浇灌小微企业、"三农"等实体经济之树。2014 年政府工作报告对互联网金融的阐述可谓一次正面的定调，不仅意味互联网金融创新在政府层面正式获得认可，也彰显出了互联网金融行业在当前社会经济中不可或缺的地位和作用。

政府对互联网金融创新的正面阐述和政策支持为互联网金融提供了良好的发展环境。

第三节 我国互联网金融发展的阶段性历程

我国互联网金融的发展可以分为三个阶段：传统金融机构"触网"期、新型互联网金融初创期和互联网金融快速发展期。

第一个阶段：传统金融机构"触网"期（金融电子化阶段）（1997—2007 年）

该阶段发生在计算机及通信技术被引入金融领域的早期阶段，也可称为金融电子化阶段。金融电子化是在 20 世纪 90 年代随着金融业开始采用先进的计算机技术而发展起来的。在该阶段，网络金融的概念应运而生。网络金融是网络信息技术与现代金融相结合的产物，指的是传统的金融机构或传统的金融服务向互联网的延伸，其主要功能是在互联网平台上降低了金融交易的成本，增强了金融服务的可得性，最典型的代表就是网络银行和网络证券。

1997 年是中国的"互联网元年"，新浪、搜狐和网易均在这一年出现在中国。

在金融领域,招商银行率先推出了网上银行,首次通过互联网界面向消费者提供信息查询和账户交易等服务。之后,其他银行也相继推出网上银行业务。2000年左右,一些证券公司和保险公司也相继开展了互联网证券和互联网保险业务。不到十年的时间里,几乎所有的大型金融机构都设立了独立网站,成立了企业内部专门负责网络运营的部门,通过互联网这一新型的通道向用户提供服务,在一定程度上摆脱了物理网点和柜台人员的地域、时间限制。

虽然从起步时间看,我国的互联网金融并不晚于欧美发达国家,但由于受到特定金融市场环境的约束,如金融牌照许可、业务审批、利率和佣金限制等,这一阶段互联网金融的发展仅仅局限在传统金融机构体系内部以及已有产品业务结构上。对于银行、证券公司和保险公司来说,网上业务只是多了一个营销渠道,基于互联网特征的组织机构重置、产品形式创新和业务流程重构都没有取得明显的进展。

第二个阶段:新型互联网金融初创期(2007—2012年)

21世纪以来,互联网技术发展的步伐并未停下,互联网和移动通信网络的融合进程不断加速,大数据、云计算、社交网络、移动支付等新技术取得突破性进展,这些IT技术的新变革从供给面引领金融服务模式的变迁,并开始对既有金融模式产生巨大冲击。在需求与供给两端力量的共同推动下,以互联网技术为支撑平台的各类非传统金融机构大量涌现。

互联网不再甘于仅仅作为传统金融机构降低运营成本的工具,而是逐渐将其自身"开放、平等、协作、分享"的精神向传统金融业态渗透,从供求两端对金融业发展产生了重要影响。最先对传统机构形成冲击的是属于金融基础设施领域的第三方支付,随后,互联网对金融体系的影响力旋即从支付清算领域扩展到金融资源配置、风险管理等金融体系的核心功能领域。

2007年中国第一家P2P网络借贷平台"拍拍贷"上线,拉开了互联网金融在中国发展的新篇章。这一时期中国互联网金融发展的特征是非金融机构依托互联网技术在金融领域大显身手,第三方支付、互联网融资、互联网理财中介等崭新的金融创新非常活跃,对原有金融体系开始产生冲击。

在支付行业,2008年支付宝推出手机支付业务,开始支持水、电、煤、通信等公共事业缴费,这个中国最大的网上第三方支付工具开始从电子商务交易的辅助工具向通用支付工具发展,对由银行承担的第三方收费、银联和商业银行构成的银行卡支付清算等服务产生了替代效应。与此同时,财付通、汇付天下、快钱、拉卡拉等独立的第三方电子支付企业不断成长,针对现有以商业银行为中心的支付体系的"痛点"和"断点",不断进行产品业务创新,为消费者和一些特殊行业提供定制化的支付服务支撑,大大提高了支付清算效率。也是在这个时期,中国互联网监管的第一个行业管理办法——《非金融机构支付服务管理办法》于2010年出台,2011年开始颁发支付业务许可证,截至2012年底共有200多家机构获得了这个许可。这个时期,智能手机和移动互联网的快速发展也推动了网上支付从桌面计算机向移动终端的发展,移动支付以及近场支付的快速发展都开始出现端倪,近场二维码扫描支付也由支付宝在2010年推出。

在互联网融资方面,P2P网络借贷和基于大数据的小额借贷在中国市场有了快速的发展,并展现出了对传统金融融资方式的突破性创新。继2007年"拍拍贷"上线之后,人人贷、红岭创投、陆金所、宜人贷等一大批P2P网络借贷企业出现。这些平台面向长期被银行等传统金融机构忽视的小微企业和个人的融资需求,通过互联网进行信用评估和交易撮合,提供灵活、小额的长短期借款,并同时向个人提供利率和风险更加多样的可投资资产。据《中国P2P借贷服务行业白皮书2013》显示,2012年末,中国P2P网络借贷平台超过200家,可统计的P2P平台线上借款余额近100亿元,投资人超过5万人。虽然这个金额相比于当年15.76万亿的社会融资总额微乎其微,但增长速度和影响力却不容小觑。

此外,由电子商务巨头提供的小额贷款也在这一时期出现并获得了快速发展。2007年开始,阿里基于其阿里巴巴B2B、天猫、淘宝和支付宝等平台原始商户的数据积累,与建行、工行合作提供无担保无抵押的信用贷款,同时建立信用评价体系、数据库以及一系列风控机制。2010年开始阿里自建小额贷款公司,向平台电商提供贷款。由于多元化的数据积累和对交易信息的充分把握,"阿里小贷"保持了低于银行的不良资产率和快速的发展势头。2012年末,"阿里小贷"客户数已达到20万人,平均每户贷款余额为6.1万元。

在新型互联网金融初创期,中国互联网金融的发展特点是传统金融机构的互联网转型步伐缓慢,电商和IT背景的非金融机构在支付、融资和理财中介等领域表现突出。虽然新型的互联网金融业务在规模上尚无法与传统金融相比较,但其包容普惠、重视用户体验和与实体经济场景深度融合等特征克服了传统金融的局限性,为中国金融业在信息技术推动下的创新展现了良好的发展前景。

第三个阶段:互联网金融快速发展期(2013年至今)

事实上,直到2013年,"互联网金融"才作为一个专用词语被逐渐界定并频繁见诸报端,也成为中国独有的一个金融词汇。"余额宝"的上线让互联网金融真正进入了公众视线。

2013年6月17日,中国最大的网上第三方支付工具支付宝的平台上线了一款理财产品——"余额宝"。用户可以使用支付宝账户余额或银行卡购入余额宝,1元起购,上线时年化收益率在4%以上,可随时赎回。而当时的银行活期存款利率只有0.35%,一年期基准存款利率为3%。余额宝不仅为用户带来投资收益,还可以直接用于网上购物或支付账单。该产品一经上线,瞬间引爆市场,短短半年时间,余额宝的客户数突破4 000万,上线一年,用户数已达1.85亿人,规模达到5 789亿元。其连接的货币基金的发行企业——天弘基金从2012年底中国基金公司规模排名的第49位一跃到了首位。毫无疑问，余额宝创造了世界货币基金业发展的一个奇迹。支付工具与公募资金通过互联网的结合，极大地冲击了人们对于金融产品的既有理念。以余额宝为代表的"宝宝"类产品的高速发展颠覆了人们对于金融的理解与认识，通过互联网购买理财产品成为人们时髦的投资方式，互联网金融也成为全民热议的话题。也正是因为余额宝产生的一系列轰动效应，学术界和互联网金融实务界将2013年称作互联网金融元年。

除了余额宝的横空出世外，2013年还发生了许多中国互联网金融发展历史上的重要事件。

- 7月，京东旗下的专业金融公司"京东金融"开始独立运营。
- 9月，保监会批准了中国第一家纯网络保险公司的设立申请，这家公司叫"众安在线财产保险公司"，由阿里巴巴、腾讯和中国平安共同出资组建。
- 9月，民生银行率先宣布设立直营银行，并于2014年初上线，开启了国内商业银行设立直营银行的热潮。
- 2013年底，多家证券公司向证券业协会提交互联网证券业务方案，次年先后有三十多家公司获得了互联网证券业务试点资格。

从这些事件可以看到，从2013年开始中国的互联网银行、保险和证券业务都开启了新的篇章，以前高高在上的大型商业银行和券商深切感受到了来自新型互联网金融机构的威胁，拉开了其互联网转型所必需的组织结构重构和业务流程重造的序幕。与此同时，基于电商、搜索和社交等核心业务的互联网企业也把自身的发展重点转移到金融业务上，纷纷把附着于原始平台的金融相关业务剥离出来，成立了旗下独立的金融公司。其中，最具代表性的是阿里旗下的蚂蚁金融服务公司和京东旗下的京东金融。

也是从这一年开始，P2P网络借贷业务、移动支付、众筹等互联网金融服务业态进入快速扩张期，仅用一年时间，P2P网络借贷成交规模便从2013年的1058亿元增长到2014年的3291亿元，同比增长率超过200%。截至2019年，P2P网贷行业成交量已达9649.11亿元。移动支付交易规模在2013年时为9.6万亿元，到2018年交易规模已达277.4万亿元，增长了20余倍，用户规模也由2013年不到2亿人发展到2018年的6.59亿人。全国众筹行业在2013年及之前仅成功筹资3.35亿元，而2018年上半年全国众筹行业共成功筹资137.11亿元，截至2018年6月，全国众筹行业历史累计成功筹资金额达721.31亿元。

同时，提供支持服务的网上信用评级和金融产品销售等互联网金融服务业态形式不断涌现，在这一阶段中，中国的互联网金融发展呈现出传统金融机构和新型金融机构的创新齐头并进、相互合作并竞争的态势，互联网金融占整个金融零售业务总量的比重迅速提高。

当然，自2013年进入快速发展轨道以来，中国的互联网金融风险日渐突出，对专门监管法规出台的呼声也日益增高。P2P平台"跑路"和倒闭事件频频发生,使众多投资者的利益受到损害,也大大影响了互联网金融的市场声誉。2017年以来,行业洗牌明显加速,正常运营的P2P网贷平台及众筹平台数量均有不同幅度的下滑。在监管趋严、规范发展的金融监管大背景下,互联网金融也从野蛮增长逐渐向健康、稳定发展过渡。

第二章　互联网金融导论

第一节　互联网金融的内涵

一、互联网金融的界定

（一）互联网金融的概念

互联网金融（Internet Finance）是指传统金融机构与互联网企业利用互联网技术和信息通信技术实现资金融通、支付、投资和信息中介服务的新型金融业务模式。狭义的互联网金融仅指互联网企业开展的、基于互联网技术的金融业务；广义的互联网金融既包括作为非金融机构的互联网企业从事的金融业务，也包括金融机构通过互联网开展的业务。

互联网金融不是互联网和金融业的简单结合，而是在实现安全、移动等网络技术水平的基础上，被用户熟悉接受后，自然而然为适应新的需求而产生的新模式及新业务，是传统金融行业与互联网技术相结合的新领域。互联网金融依托大数据和云计算，在开放的互联网平台上形成的功能化金融业态及其服务体系包括基于网络平台的金融市场体系、金融服务体系、金融组织体系、金融产品体系以及互联网金融监管体系等，并具有普惠金融、平台金融、信息金融和碎片金融的不同于传统金融的金融模式。互联网与金融深度融合是必然趋势，将对金融产品、业务、组织和服务等方面产生更加深刻的影响。互联网金融对促进小微企业的发展和扩大就业发挥了现有金融机构难以替代的积极作用，为大众创业、万众创新打开了新局面。促进互联网金融健康发展，有利于提升金融服务质量和效率，深化金融改革，促进金融创新发展，扩大金融业对内对外开放，构建多层次的金融体系。作为新生事物，互联网金融既需要市场驱动，鼓励创新，也需要政策的鼓励和支持，促进发展。

互联网金融依托信息技术、移动互联网、大数据与云计算等，颠覆了传统金融的交易属性和范畴，具有成本低、效率高、覆盖广、发展快等优势，其目前的发展模式主要包括互联网支付、网络借贷、股权众筹融资、互联网基金销售、互联网保险、互联网信托、互联网消费金融等。

（二）互联网金融、金融互联网

与互联网金融相对应的是金融互联网，二者相互联系又各有不同。金融互联网是指传统金融行业的互联网化，利用互联网技术开展金融业务。互联网金融更侧重于去中介化，是一种利用互联网技术和信息通信技术实现资金融通、支付、投资和信息中介服务的新型金融业务模式。

发展理念方面，相比于金融互联网，互联网金融更具有开放性、包容性、普惠性，更加注重精细化。互联网金融强调全面发展，将互联网作为发展的一部分，最终实现去中介化；金融互联网将互联网视作平台工具，增加宣传使用金融产品或服务的渠道。

管理模式方面，金融互联网多为传统的管理模式，标准化组织架构，上传下达，实行层级制，分层管理领导，强调执行力，以财务指标为绩效。互联网金融氛围偏自由，以客户满意度为衡量指标，组织架构为社区制，侧重于非标准化、灵活性。

经营理念方面，互联网金融以用户需求为导向，针对目标用户开发满足其需求的产品，定期更新，并以适当的方式介绍给用户。金融互联网以风险最小化为目标，根据风险可接受度及盈利空间设计产品，并根据用户信用及违约概率提供给相关用户。

客户方面，互联网金融的用户群主要是被传统金融机构忽略的长尾用户，多以大学生、白领为代表的年轻群体为主。金融互联网的客户主要为信用良好，具有稳定收入来源，能够按期还款的群体。

技术应用方面，互联网金融更倾向于积极开发应用新技术，一方面通过新技术改善提高用户体验，以满足用户需求；另一方面，通过技术提高效率，并作为营销手段之一建立品牌信誉形象。金融互联网由于其自身特殊属性，更注重新技术的应用是否会存在潜在风险，是否符合监管要求等，技术相对来说是一种辅助工具。

监管体系方面，金融互联网的监管基本可由中国人民银行、中国银行保险监督管理委员会和中国证券监督管理委员会来管理，按照现有金融监管体系、法律法规执行；而互联网金融由于涉及业态多样，较为新兴，因此尚未有完全适合的法律法规进行约束。

（三）互联网金融、科技金融、金融科技

互联网金融不断发展，互联网与金融业务不断融合，在衍生出多种互联网金融业态的基础上不断成熟，人工智能、VR、生物验证等技术的突破促进了科技金融和金融科技的产生。互联网金融、科技金融、金融科技的产生发展，最终的目标都将服务于实体经济，促进提高实体经济发展质量。

互联网金融与金融科技二者相互联系，相互区别。金融科技是在互联网金融不断发展、规范的基础上产生的。金融科技主要指通过运用人工智能等新兴技术以在多样的金融场景下提升金融服务效率,更好地管理风险。金融科技最早产生于国外,而互联网金融是根据中国金融行业的发展特点产生的,现阶段,互联网金融逐渐向金融科技方向发展。金融科技相比互联网金融,更具有规范性。

科技金融落脚点在科技,主要是通过政府扶持、出台相关政策,银行、保险等金融机构创新金融产品,为科技企业提供融资服务和信贷等产品以促进科技进步,企业创新。金融科技落脚点在金融,运用人工智能、大数据、云计算、区块链等技术于金融领域,通过技术改进,推动金融模式、产品、服务的创新,提高风险识别能力,促进金融机构的改革。

二、互联网金融与传统金融的区别与联系

随着互联网的快速发展,社交网络、云计算、大数据等越来越多的互联网应用为传统行业业务发展提供支持,互联网不断加深对传统经济的渗透程度。

(一)互联网金融与传统金融的区别

支付、投融资和风险匹配是金融的三个本质功能,传统金融体系和互联网金融从本质上都行使这三个本质功能,区别在于互联网实现金融功能的方式、服务对象等方面不同于传统金融机构,具体体现在定位、模式、治理机制、优势四个方面。

1. 定位不同

互联网金融主要聚焦于传统金融业服务不到的或者是不够重视的客户,利用信息技术革命带来的规模效应和较低的边际成本,使客户在小额交易、细分市场等领域能够获得有效的金融服务。

2. 模式不同

传统金融机构与互联网金融机构都在积极地运用互联网技术,但是在模式设计上是有差别的。前者具有深厚的实体服务基础,线下向线上进行拓展,努力把原有的基础更充分地利用起来,提升服务的便捷度。而互联网金融多数是以线上服务为主,同时也注重从线上向线下进行拓展,利用便捷的服务手段,努力把业务做深和做实。

3. 治理机制不同

传统金融机构受到较为严格的监督,需要进行担保抵押登记、贷后管理等,互联网金融企业的市场化程度更高,通过制度透明的规则、建立公众监督的机制等来赢得公众的信任。现如今,越来越多的互联网金融公司逐步加强风险控制,审核机制越来越向银行靠拢。

4. 优势不同

传统金融机构具有资金、资本、风险管理、客户与网点方面的显著优势。互联网金融企业则具有获得客户渠道不同、客户体验好、业务推广快、边际成本低、规模

效益显著等优势。

(二) 互联网金融与传统金融的联系

虽然互联网金融与传统金融有着诸多不同,但从根本上而言,互联网金融是传统金融的延伸,因此两者间依然存在紧密的联系。

1. 金融的核心功能不变

互联网金融仍是在不确定环境中进行资源的时间和空间配置,以服务实体经济。具体表现在:支付清算、资金融通、股权细化、为实现经济资源的转移提供渠道、风险管理、信息提供、解决激励问题。

2. 股权、债权、保险、信托等金融契约的内涵不变

金融契约的本质是约定在未来不确定情形下各方的权利义务,主要针对未来现金流。

3. 金融风险、外部性等概念的内涵也不变

在互联网金融中,风险指的仍是未来遭受损失的可能性,市场风险、信用风险、流动性风险、操作风险、声誉风险和法律合规风险等概念及其分析框架依然适用。

互联网金融监管的基础理论不变,审慎监管、行为监管、金融消费者保护等主要监管方式也都适用,但具体监管措施与传统金融有所不同。

三、互联网金融的本质

互联网金融就是金融和互联网的结合,但绝不只是"在互联网上进行金融活动"这么简单。互联网金融的本质在于消除信息不对称,实现资源的低成本、高效率配置,促进交易的发生。例如,P2P平台、众筹、第三方支付等主要互联网金融领域都通过互联网共享、低成本、高效的优势链接资源的供需两端以达成最终交易。

伴随着互联网行业、移动技术的快速发展,基于互联网的金融服务正在向金融领域不断延伸和深入,同时传统金融企业也在借助互联网技术涉足互联网金融领域。可以说,互联网企业在金融领域的渗透和发展已经成为一种新常态。但是,不管互联网金融的呈现模式是什么,其本质仍然是金融。央行出台的被称为"新金融十条"的文件中,对互联网金融的定位为传统金融的补充,作为补充的互联网金融并没有改变金融的本质,互联网金融活动始终没有超出资金融通、信用创造、风险管理的范畴,更没有违背风险收益相匹配的客观规律,也没有改变金融风险的隐蔽性、突发性、传染性和副外部性的特征。

对于互联网金融来说,不管是从监管层面还是自律层面,必须保持金融本质,重视合规化,才能持久、稳健发展。

第二节　互联网金融体系

一、互联网金融的基础设施

互联网金融领域的基础设施包括以下三个层面：一是法治环境，主要包括法律法规和互联网金融各业态的行业管理办法，法律法规不仅要能覆盖所有相关领域，还要与时俱进、适时调整，其目的在于保障金融体系稳定运行，规范从业机构的经营活动和互联网金融行业秩序，保护金融消费者和投资者权益。二是服务环境，互联网金融行业在逐步发展和完善的过程中，需要培育一批信用、会计、审计、法律、咨询、研究等中介服务机构，为从业机构提供专业化的市场服务，使其不断完善内部治理机制，得到稳步成长。三是系统环境，包括信用基础设施数据库、支付结算系统、金融资产交易系统等"硬资源"，系统环境是消除信息不对称、降低交易成本、实现规模效应的必要条件。

其中，系统环境体现的是"互联网金融"中"互联网"所代表的范畴，即通过网络和信息系统促进不同机构之间的业务流、资金流、信息流更加有序运转，通过建立信用基础设施数据库实现行业信用信息共享，通过完善交易体系促进金融资产流转模式升级，通过大数据技术提高风险定价能力和风控水平。因此，"互联网＋金融"可以看成"基础设施＋金融"，基础设施所体现的是以互联网和新兴技术为依托的数据分析能力、清算结算能力、风险控制能力和运营保障能力。系统环境中，基础设施可分为电子认证体系、支付结算体系、信用体系和交易体系。

1. 电子认证体系

完善的电子认证体系是在互联网环境和移动终端开展金融活动的必要前提，是构成网络信任体系的重要组成部分。为了适应互联网金融业务发展，满足用户多样化、个性化的线上金融服务需求，新的账户类型不断涌现。在当前的政策环境和技术条件下，需要建立集中和可信的认证环境，为账户主体提供权威的校验信息库，以满足线上金融服务场景的需求。

2. 支付结算体系

随着网络信息技术的发展以及与支付产业的深度融合，我国支付结算体系的发展呈现如下趋势：一是支付账户的虚拟化。与传统的介质账户相比，虚拟账户不依托于实体卡，适合在各种终端上实现输入和读取，可在互联网和移动互联网环境中使用，为互联网金融的蓬勃发展奠定了基础。二是支付工具的场景化。以支付宝、微信支付、Apple Pay为代表的支付工具构建了线上线下互通的支付场景，将支付渗透到日常生活的各个方面。三是支付组织的多层次化。人民银行跨行支付系统发挥着核心作用,成为连接社会经济活动及其资金运行的"大动脉"。在渠道层面,网上支付、移动支付迅速发展,向广大客户提供多元化和个性化的支付服务,第三方支付机构与货币市场基金、银行、保险等紧密结合,在支付服务领域发挥着越来越重要的作用。整体而言,支付服务专业化分工格局基本形成。

3. 信用体系

长期以来,银行体系在我国信用关系的建立过程中起着主导作用。与传统银行信用体系相比,互联网金融背景下的信用体系建设包括三个方面的内容:一是金融信用信息基础数据库建设,建立多维度、多渠道的信用信息获取机制,调动各方力量整合账户主体分布在不同地区、不同主管部门、不同机构中的行为数据,在不同行业基础数据库之间建立对接通道,不断拓展数据采集的深度和广度,提高数据利用的有效性和及时性,反哺互联网金融机构进行产品设计和风控体系建设。二是配套服务体系建设,积极培育一批专业的信用中介组织,完善信用评级机制和增进机制,降低小微企业融资成本,促进资本市场的公正和诚信。三是信用管理机制建设,加大违约行为的披露和惩戒力度,逐步改善市场信用环境。

4. 交易体系

交易体系的发展应与多样化的金融机构体系、复杂的金融产品体系和不断开放的金融市场相适应,并配套建立标准化、规范化的交易流程和风控机制。在互联网金融领域,金融资产往往以分散和小额为主,利用信息化平台能够为参与方提供信息交互、交易撮合、资信评估等服务,解决信息不对称的问题,增强资产的流动性。

二、互联网金融参与者:消费者和商家

互联网金融消费者及商家是互联网金融行业的参与者,同时也是互联网金融的主体。他们创造剩余收益并分享剩余收益。互联网金融的消费者大致可分为两类,一类是资金的需求方,即借款人,通过互联网金融平台获取资金。该类主体往往由于征信不足无法从传统金融机构获取服务,或平台借款利率低于传统金融机构而使用互联网金融平台。另一类为资金的供给方,即投资方,通过平台向有借款需求的用户提供资金以获取收益,该类用户往往基于投资回报高于传统金融机构而进入。

互联网金融满足了部分传统金融领域无法覆盖的消费需求。互联网金融的产生本质上来讲是利用互联网解决消费者的金融需求,其中消费需求占较大比例。以第三方支付为代表的业务模式为满足消费需求,打破线下和线上渠道阻碍,提供了重要的"桥梁",增加了消费的便利性,打破时间和空间的限制。此外,互联网金融的不断成熟使得消费者的消费观念、理财观念等逐渐改变。网络操作的便捷性、网络理财产品的高收益,降低了消费者的消费成本,增加了财产性收入的渠道。

互联网金融的消费者多以 80 后、90 后、00 后年轻群体为主，一方面，其在平台上的消费理财行为最为活跃，成为消费主力军。该类群体在互联网环境中成长起来，对互联网金融的消费模式较为习惯，对新兴事物的接受能力更强、接受速度更快。另一方面，年轻消费群体由于收入来源不稳定，多为传统金融机构服务覆盖范围之外的长尾用户，对于有理财需求的年轻用户来说，可申购理财产品的资金较少，无法购买传统理财产品，在互联网金融平台上理财产品门槛较低，消费者可获得更为多样的金融服务。

互联网金融的另一主要参与者为商家，通过互联网金融平台获取小额贷款以促进短期资金流转，同时接入平台扩大服务范围，增加用户体量，降低获客成本，联合互联网金融平台提供一系列促销活动提高营业收入。以蚂蚁金服为例，平台致力于为全球消费者和小微企业提供安全、便捷的普惠金融服务。打造蚂蚁金服商家中心网站，提供多样支付方式接入、营销等服务，使得商家能够在互联网金融时代下享受普惠金融服务。

互联网金融背景下的商家与传统线下商家经营方式相比主要体现在策略、定价、运作方式的改变。传统金融以产品策略为重，面向消费者提供不同种类的金融产品及相关服务。然而在互联网背景下，产品发生了从"物质"到"理念"的改变，互联网金融产品不再只是实物或有形的服务，而是一种围绕消费者需求，开发并提供迎合其兴趣及需要的包括金融产品及服务、产品形象、文化等的综合性服务。此外，传统金融产品在设计过程中忽视同消费者的交流，存在一定的信息滞后性，无法及时掌握消费者兴趣偏好及需求的变化，无法准确地把握产品的饱和期和滞后期。借助于互联网，商家能同消费者直接沟通，清楚了解消费者偏好，及时获取产品反馈，加快产品更新迭代速度，使得产品保持活力。

定价方面，由成本主导转向需求主导。传统上产品的定价取决于生产开发成本，考虑成本、利润空间等计算单位产品价格向消费者提供商品。互联网金融下商家依据消费者和市场的需求容量计算满足某类产品需求时所需要的成本。该定价方法主要以市场和消费者为出发点，以产品满足需求为核心制定价格。

运作方式方面，传统金融在营销、管理方面受到强烈的地域限制。由于地域因素影响，服务范围划分为不同区域，各服务地区业务覆盖、消费者消费水平、特点等存在显著差异，使得地域在运作过程中成为主要考虑因素之一。一方面，互联网的发展使得地域不再作为主要考虑因素，互联网金融的业务范畴能延伸至任何网络可到达的地方，营销宣传不再受地域的限制，同时也打破了时间的限制，消费者能在任何时间、任何地点了解互联网金融相关产品及服务。另一方面，商家通过平台能够实现高效管理，实现商家内部、商业信息以及同客户的实时沟通，大大缩减了管理成本，同时能够拉近同消费者的距离，了解消费者的购买使用意向，以便对商品进行及时改进。

目前互联网金融平台类型多样,发展质量参差不齐。作为互联网金融参与的主体,消费者和商家承担着不同的风险。对于投资者而言,面临着平台跑路、借款者违约等风险;对于借款者而言,面临着高利率、隐私泄露等风险。对于商家而言,由于互联网平台具有虚拟性,存在信息不对称问题,用户很可能利用该特点在获取服务时隐藏信息发生违约等行为,使得商家无法对用户真实水平进行区分,进行风险防控。

三、互联网金融机构、产品与市场

1. 互联网金融机构

以银行类为代表的传统金融机构具有较强的特殊性,主要体现在以下三个方面:负债性,各类存款通常以商业银行的负债形式存在,是一国货币的重要组成部分;法定准备金,按照规定金融机构须将吸收的存款按照一定比率交存央行,通过调整法定存款准备金率调节金融机构的信贷扩张力度;银行的"银行",中央银行是金融体系的核心,充当商业银行和其他金融机构的最后贷款人,为金融体系提供最后的流动性支撑。

互联网金融机构主要有三种基本的企业组织形式:网络小额贷款公司、第三方支付公司以及金融中介公司。网络小额贷款公司主要通过网络平台获取借款客户,综合运用网络平台积累的客户经营、网络消费、网络交易等行为数据、即时场景信息等分析评定借款客户信用风险,确定授信方式和额度,并在线上完成贷款申请、风险审核、贷款审批、贷款发放和贷款回收等全流程的小额贷款业务。第三方支付公司是指具备一定实力和信誉保障的独立机构,开展通过与银行支付结算系统接口对接而促成交易双方进行交易的网络支付业务模式。从事第三方支付业务的公司必须具备相应牌照。互联网金融中介公司连接资产端和资金端,在资金供求者之间起媒介或桥梁作用,本身不承担信用风险。

互联网金融凭借其信息处理和组织模式方面的优势,在金融功能的发挥上相比于传统金融更有效率,交易成本、风险管理成本更低,大大扩展了金融服务的覆盖范围。同时,其服务模式在一定程度上促进了直接融资占比的提高,使得金融结构得到一定的优化。但是互联网金融的独特性也为传统金融带来了挑战,互联网技术的成熟,各业务模式的发展使得消费者减少了对纸币的依赖,货币的流动性大大增强,同传统模式存在差异;此外,互联网金融机构的融资交易情况无法为金融机构完全掌握管控,这为传统金融机构对宏观风险的把控带来了难度。

互联网金融机构同传统金融机构的关系主要表现为"竞合"。一方面,互联网金融机构很难去撼动传统金融机构根深蒂固的地位,传统金融机构也无法忽视互联网金融机构的快速发展。另一方面,二者在发展过程中相互需要,相互促进,传统机构借助于互联网金融的技术和组织模式得以实现快速调整转型,互联网金融机构同传统金融机构合作,提高服务能力及效率,提升自身品牌价值。

2. 互联网金融产品

互联网金融产品按照产品品类不同,可以分为互联网基金、互联网债券、互联网货币及互联网保险等产品;按照发行公司的平台类型不同,可以分为互联网平台类、银行类、基金直销类、电信运营商类等。

互联网平台根据平台业务领域不同,可细分为电商类(如阿里巴巴旗下余额宝、招财宝,腾讯理财宝,京东商城小金库)、门户网站类(网易旗下现金宝、新浪微财富)、搜索网站类(好贷网)等。银行类互联网金融产品主要是银行在原有产品基础上通过同基金公司、互联网公司的进一步合作,推出银行系互联网理财产品,如中国银行的活期宝、工商银行的薪金宝。基金直销类主要是传统基金直销类的互联网金融理财产品,本质仍为货币基金。电信运营商类主要表现为电信运营商进军互联网金融领域推出的理财产品,如北京电信与银华基金推出的"添益宝",广东联通与百度、富国基金合作推出的"沃百富"等。

互联网金融背景下,产品模式多种多样,消费场景逐渐细化。产品的服务模式逐渐向客户体验、关注个体用户转变,以网点为中心的面对面服务模式逐渐为以互联网金融平台为中心的自服务取代。互联网金融平台成为消费者同产品的主要接触渠道,消费者通过平台了解产品详情,产品通过消费者反馈不断改进完善。平台一方面要通过不断开发创新业务,满足消费者多元需求,确保平台业务承载能力;另一方面要以消费者需求为出发点,关注细节,打造更加完善、优化的服务环节,提升消费者的服务体验。

3. 互联网金融市场

互联网金融市场由服务需求方、服务提供方、中介平台及监管方等组成,呈现迅速发展、不断扩大趋势。市场吸纳了无法从传统金融机构获取服务的大量"长尾用户",用户群体庞大。这也使得平台看到市场盈利空间,纷纷进入,市场体量不断扩大。

互联网金融市场的参与者众多,主要可分为草根系、电商系、门户网站系、电信运营商系、传统金融机构系、小微金融系以及其他企业系。

草根系互联网金融的主要特点为创始人是自然人或民营企业,不具备金融牌照,不属于地方政府管理范围内的准金融企业,例如人人贷、拍拍贷、红岭创投、宜信、融360。该类平台在后期快速发展,获得社会广泛认可及大量融资,是互联网金融行业的先行者。

电商系互联网金融作为主要参与者,具备大量的用户基础,掀起了互联网金融创业热潮。通过电子商务平台搭建消费场景,提供多方位的服务,同时积累了庞大的用户、数据基础,为开展后续业务提供基础,典型平台有阿里巴巴、京东、腾讯等。

门户网站系平台借助成熟的搜索引擎业务,搭建场景提供相关互联网金融服务,包括同传统金融机构合作推出产品、借贷服务、网络支付、第三方理财等,代表性平台有百度、新浪、搜狐等。

电信运营商的基础运营网络系统是网络经济得以实现的物理基础,为避免在互联网金融市场竞争中趋于管道化,电信运营商也参与进来,凭借其在用户数量、用户数据方面的天然优势,广泛布局金融业务,例如中国电信推出的翼支付、中国移动"和包"支付平台。

传统金融机构系借助互联网推出一系列产品,以确保在同互联网金融机构的竞争中处于稳定态势。传统金融机构系的主要特点为在互联网平台上推出基金、保险、证券等产品,优化改造传统流程,以适于在互联网环境下生存发展。

小微金融机构主要包括小额贷款公司、融资担保公司、融资租赁公司、典当行以及商业保理公司等。该类机构以自有资金和银行授信发放贷款、开展业务,主要面向中小企业提供服务,以满足其融资需求。互联网金融同小微金融机构的用户群体存在高度重合,为小微金融机构带来大量发展机会,同时小微金融机构的快速发展也丰富了互联网金融生态。

其他企业系主要指国有企业、上市公司、IT 公司凭借其各自的优势,借助互联网金融开展相关的服务。一方面,互联网金融的兴起引起了众多参与者进入,提高了市场活跃度。但另一方面,互联网金融市场仍存在诸多问题。平台质量参差不齐,频繁出现平台跑路、不合规经营等问题;监管缺位,缺乏相应的防范约束机制。互联网市场的规范有序发展,离不开用户理性作为、平台规范运营、监管措施到位。

第三节 国内外互联网金融发展现状与对比

一、国外互联网金融发展现状

基于传统金融发展环境和通信技术发展基础,互联网金融在不同国家呈现出不同的发展特点。美国是互联网金融发展最为活跃、业态最为丰富的国家。欧洲、日本也独具特色。此外在经济欠发达地区,由于传统金融服务发展尚未充分,监管制度也尚未健全,为互联网金融的发展提供了广阔的空间。

(一)美国

美国作为互联网金融的创始者,各平台模式发展更为成熟稳健,主要业务包括:传统金融业务的互联网化,如银行、证券、保险、基金等借助技术来丰富传统业务的金融形式;金融支付的互联网化,如第三方支付、移动支付;信用业务的互联网化,如存贷款、众筹等;虚拟货币,如比特币。

以下主要介绍美国典型性平台模式,包括互联网支付、P2P、众筹、互联网保险。

1. 互联网支付

美国的互联网支付工具主要可分为三类:一是以 PayPal 为代表的网上第三方支付工具。PayPal 于 1998 年 12 月创立,总部位于美国加利福尼亚州圣荷塞市,以提供在线清算、第三方担保服务为主,是目前全球使用最为广泛的第三方支付工具之一。二是以 Square 为代表的 O2O 交易移动支付工具。Square 向用户和商家提供移动读卡器,通过在智能手机上绑定应用程序,完成线下各个场景的消费支付和收款。三是以 Google Wallet、Apple Pay 为代表的非接触式进场支付工具。该类支付方式以 NFC 技术为支撑,通过下载相关应用程序绑定信用卡、储蓄卡进行支付操作。

2. P2P

P2P,Peer to Peer Lending(或 Peer to Peer)的缩写,即个人对个人、伙伴对伙伴,是互联网金融点对点借贷平台。以 P2P 平台为中介,借款人和投资人就贷款金额、利率、偿还期限等达成协议,建立直接的借贷关系。其可分为营利性和非营利性平台。

在美国,非营利性平台以 Kiva 为代表,营利性平台以 Prosper、Lending Club 为代表,它们是该行业的两大寡头,占据 90% 以上的市场份额。平台充当交易中介,发布借贷信息,提供连接渠道,不承担其他责任。此外,同已有征信机构合作,获取借款人信息,进行等级评价,确定借贷利率防控风险。

3. 众筹

众筹(Crowd Funding)是以互联网为媒介,聚集创业投资者,为各类创业者提供启动资金的融资模式。Indiegogo(2008 年)和 Kickstarter(2009 年)上线后,美国众筹业快速发展。Kickstarter 目前是美国最大也是全球最大的产品众筹平台,以原创性作品为主,涉及艺术、科技、电影、游戏等。Indiegogo 是美国目前最大的国际化众筹融资平台,融资项目更为广泛,不设限制。

4. 互联网保险

美国的互联网保险主要体现在三个方面:销售渠道互联网化,由传统的人员销售、代理人销售到以网上销售为主;保险公司主体互联网化,出现纯网上保险公司;保险产品及服务互联网化,通过线上 App 和网页服务增加客户与保险公司的互动,实现保险相关服务的线上化。此外,美国出现以 Mobile Health 为代表的健康险、以 Usage Based Insurance 为代表的车险等创新型产品。

5. 案例

(1) PayPal

PayPal 于 1998 年 12 月由 Peter Thiel 及 Max Levchin 建立,是一个总部在美国加利福尼亚州圣荷塞市的在线支付服务商。PayPal 也和一些电子商务网站合作,成为它们的货款支付方式之一;但是用这种支付方式转账时,PayPal 收取一定数额的手续费。

2002 年,PayPal 在纳斯达克首次上市。随后被电商平台 eBay 收购。2014 年 9 月,eBay 宣布拆分旗下的支付业务,拆分后组成的新公司 PayPal Holdings Inc. 于 2015 年 7 月在纳斯达克上市,旗下拥有全球著名第三方支付平台 PayPal、电子支付系统 Braintree 和移动支付软件 Venmo 等。

① 账户类型

PayPal 账户分两种类型:购物账户和商家账户(个体/企业)。用户可根据实际情况进行注册,购物账户可以升级为商家账户。

购物账户主要适合以网购为主的个人使用。用户可从世界各地的数百万家网店购物,买家通常无须支付手续费,但在进行跨境交易时,可能需要支付币种兑换费用,且符合条件的交易享受 PayPal 买家保障。

商家账户(个体/企业)适合于以收款为主的个人商户及企业。只有成功收款才需支付交易费,支持用户在 200 多个市场接收 100 多种币种付款,符合条件的交易可以享受 PayPal 卖家保障。

② 支付流程

通过 PayPal 付款人欲支付一笔款项给商家或者收款人时,主要包括以下几个步骤:付款人通过电子邮件注册登录并开设 PayPal 账户,通过验证成为其用户,并提供信用卡或者相关银行资料,增加账户金额,将一定数额的款项从其开户时登记的账户(例如信用卡)转移至 PayPal 账户下;当付款人启动向第三人付款程序时,必须先进入 PayPal 账户,指定特定的汇出金额,并提供收款人的电子邮件账号给 PayPal;接着 PayPal 向商家或者收款人发出电子邮件,通知其有等待领取或转账的款项;如商家或者收款人也是 PayPal 用户,其决定接受后,付款人所指定之款项即转给收款人;若商家或者收款人没有 PayPal 账户,收款人需按照 PayPal 的电子邮件提示进入网页注册取得一个 PayPal 账户,收款人可以选择将取得的款项转换成支票寄到指定的处所、转入其个人的信用卡账户或者转入另一个银行账户。

③ 进军中国

PayPal 于 2005 年正式进军中国,自 2010 年央行加强对第三方支付市场的规范后,PayPal 因其外资身份未能取得人民币第三方支付牌照,不得不退出中国市场。PayPal 在中国运营的第三方支付业务主要是针对中国从事跨境电商的企业提供跨境支付业务,以及为境内消费者提供跨境支付业务。

(2) Prosper

Prosper 是美国第一家 P2P 网贷平台,于 2005 年成立,2006 年其网站正式上线运行。Prosper 业务模式既包含 P2P 业务,还包含 P2C 业务。它仅仅提供平台,不参与交易,是非常纯粹的中介形式的 P2P。Prosper 最初开展的业务模式是采用拍卖模式,它不会对每笔贷款申请进行定价,而是采用撮合借贷双方完成意向交易。借款人发布需求,投资人竞拍。其中,借款人需在发布时同时设定个人意愿支付的最高利率,借款范围从50美元到2.5万美元。投资人在竞拍时以该利率为基准。拍卖模式的初衷是为了以最低的利率借款,但是这种模式在实际操作中需要花费很长时间才可以促成交易。并且这个方式的信用评级标准过于单薄,仅仅依靠FICO评分,导致很高的贷款违约率。

2008年10月,美国证券交易委员会(SEC)认为P2P平台的销售与证券相关,停止了Prosper的所有业务。2009年Prosper面向投资者提供两种选择——双重模式:拍卖方式或者接受平台根据信用评级计算差价的差别定价。实践发现,超过一半的人选择了差别定价的模式,Prosper决定,将双重模式取消,只采用差别定价的方式,首先由借款人自己公开信用情况,将相关信息提供到网站上,Prosper则会进行相应的评估和审核。Prosper也开始将中心转移到信息等级更高的地区,申请的要求从520分到640分,平台抽取1%~3%的手续费用。

借鉴Facebook的相关经验,Prosper平台也将社交网络的概念加入平台的设计中,用户可以自行组成群组,借款人可以根据共同的特征或者是相似的职业来组成一个团队,但是现在这种群组的状态已经失去了很多的意义,很大一部分原因是机构投资者的进入,这些投资者仅仅关注评分的高低,很少关注用户的特征,因此该群组淡化了其功效。

① 收入来源

主要收入来自借贷双方,包括手续费、逾期费用、投资者管理费。根据借款人的信用评级不同,借款人在成功获得借款时,向Prosper一次性支付每笔借款金额的1%~5%作为手续费,而在出借人处Prosper按年总出借款的1%收取服务费。此外,Prosper还会收取还款失败费和逾期罚息。其中,还款失败费是指若无法从借款人银行账户自动扣取每月应还资金,将被收取15美元的费用,该金额为Prosper Funding所有。

② 风险控制

Prosper的风控系统采用大数据学习技术,更新频率为年。Prosper将客户分为不同的利率等级,每个等级都有自己的风控模型,模型采用多个变量,其中包括基本的金融信息,如收入、负债、偿还情况等。

③ 融资能力

Prosper具有丰富的资金来源以及分销渠道。此外,对接资本市场、将机构和个人投资者连在一起是其独特之处。

Prosper的钱只有20%来自个人投资者,其余80%来自银行、家庭理财、对冲基金以及欧洲、亚洲和拉美的投资机构。机构投资者购买整包的债权,个人投资者购买零散的债权。

更多的债权分销商也意味着更多的困扰。2016年4月12日,Prosper结束了和花旗集团的合作,因为花旗集团销售的大量Prosper债权受到投资者冷遇,影响了Prosper的声誉。

④ 金融服务平台

Prosper有其金融服务平台,即手机应用Prosper Daily,是一个和P2P完全不同的业务。

Prosper Daily是一个个人财务管理手机应用,涵盖多种功能,包括信用分数查询、个人资产负债表生成、信用卡支付、识别可疑交易等。

Prosper Daily的前身是Bill Guard,这是一家拥有140万美国用户的以色列公司,通过追踪社会安全码为用户提供信用卡安全监控服务。2015年底,Prosper以3 000万美元收购了该公司。Prosper Daily目前的盈利模式是收取固定服务费,费用按照服务级别分为四档。

(3) Lending Club

Lending Club成立于2007年,是美国规模最大的P2P公司之一,公司位于美国旧金山,其运作模式是通过网络平台接受借款客户的借款请求,得到授权后,根据信用等级自动算定利率,发放给客户相应的Lending Club的凭证,投资者购买凭证后,第三方银行可以进行资金转移,发放给借款人。平台在每一笔交易中抽取佣金,向借贷双方抽取相应的手续费。

Lending Club上线之初采用"本票模式"开展业务,在该模式下,当贷款需求被成功认购后,借款会员向Lending Club签发贷款本票,Lending Club随之将借款会员签发的贷款本票转让给相应的投资会员。但是根据美国的贷款条例,需要取得各个州的借款执照,并要求每笔贷款的利率低于各州利率上限,使得Lending Club无法以统一标准在全国开展业务。

自2007年成立以来,Lending Club贷款项目数和贷款额度不断增加,2007—2012年,小企业贷款平均增长速度为92.85%,其他类型的贷款平均增长速度为181.32%。贷款根据目的可分为四类:偿还信用卡贷款、偿还债务贷款、家装或者购房贷款、小企业贷款。

① 定价过程

Lending Club的初始评分模型会赋予每个借款人一个基础分,再用这个借款人的评分进行各阶段的评估,首先每笔借款被归于1~25个等级,其次再细分各个层面。平台的注册投资者有两种投资方式,分别为自动投资组合工具和手动选择,手动选择是指在网页上从中选择合意的贷款项目并且自行匹配投资额度。Lending Club首选合作银行是美国联邦存款保险公司FDIC担保的犹他州特许银行WebBank,贷款发放完毕之后,放贷行再将这笔贷款进行资产证券化处理。

② 收入来源

Lending Club 的主要收入包括三方面：向借款人收取 1%～6% 的交易费；向投资者收取 1% 的服务费；向机构投资者收取每年 0.7%～1.25% 的账户管理费。同时采用大数据技术，严格要求 FICO 分数 660 分以上的借款人才能接受后续审核。

(4) Kickstarter

Kickstarter 于 2009 年 4 月在美国纽约成立，是专为具有创意方案的企业筹资的众筹网站平台。网站创意来自其中一位华裔创始人 Perry Chen，其正式职业是期货交易员，由于热爱艺术，他开办了一家画廊，并参与主办一些音乐会。2002 年，因资金问题被迫取消了一场筹划中的、在新奥尔良爵士音乐节上举办的音乐会，后来他开始酝酿建立起一个募集资金的网站。

作为全球知名的众筹平台，Kickstarter 平台上众筹的项目包括艺术、电影、新闻、工艺品、时尚、设计、漫画等 15 个品类。2016 年 7 月，Kickstarter 与 Amazon 合作销售众筹产品，专门开设 Amazon Launchpad 页面提供 Kickstarter 的 300 多款产品，包括家居、厨房、影视、书籍、玩具等。

① 运作模式

Kickstarter 的运作模式为：项目、创意的提供者（即资金的需求方）在 Kickstarter 平台上进行申请，Kickstarter 会对项目进行审核，通过后放在网站上向公众筹集资金。资金需求方通常会设立一个筹资期和筹资目标，如果募资超额即项目完成，相关投资人可以根据不同的价位获得相应的回报，Kickstarter 也会收取募集金额的 5% 作为佣金。如果募资不及目标，则宣告项目融资失败，所募的资金将自动返还。

② 收费方式

Kickstarter 以信息中介平台形式存在，为发起人和支持者搭建直接融资的桥梁。对于项目人，平台会在每笔成功的融资中收取 5% 的服务费；对于支持者，平台不收取任何费用。

③ 审核流程

Kickstarter 在运营初期，为降低发起人欺诈风险，避免出现支持者财物尽损的情况，聘请专业人士对项目进行严格审查。此外，推出自动算法机制，识别发起人上传项目的特征并与历史项目进行对比，项目通过可直接在平台上展示；项目未通过则会对项目进行人工审核。

(二) 欧洲

欧洲各国基于经济格局不同，其互联网金融发展状况也各不相同。其中，以英国、法国、德国为代表发展最为成熟。这些国家的互联网金融业态发展更为完备，业务规模和企业数量更为庞大，创新力度、市场活跃度更强。

1. 互联网支付

欧洲各国的互联网金融发展情况较为接近,以英国、德国更为领先。其中英国互联网支付市场发展更成熟,以 Monitise 和 Transferwise 为代表。Monitise 以智能手机为终端,连接运营商、银行、零售商等机构,为用户提供手机支付等服务。Transferwise 于 2011 年在伦敦成立,主要提供 P2P 在线货币兑换和转账服务。平台通过 P2P 方式汇聚各种方向的货币汇兑服务,省去货币转换环节,减少了相关费用。

2. P2P

欧洲的 P2P 平台以英国的 Zopa 和德国的 Auxmoney、Smava 影响最大。Zopa 是世界上第一家 P2P 网站,创建于 2005 年,以收取佣金为盈利点;Auxmoney 为仅次于 Zopa 的欧洲第二大 P2P 网络借贷平台,以向个人和小微企业提供融资为主营业务。Smava 成立于德国,平台鼓励投资人承担更多风险,将相同信用等级的贷款项目进行分组,一旦造成本金损失由组内各投资人分摊。此外,存在针对国际汇款转账方面开展业务的 P2P 平台,如英国的 Transferwise。平台开展在线货币兑换和转账服务,通过 P2P 方式对各种方向的货币兑换服务进行聚拢,为消费者在跨境汇款时减少货币转换环节。

3. 众筹

英国的 Crowdcube 是欧洲具有代表性的股权众筹平台之一,其于 2011 年 2 月成立,是全球首家股权众筹平台。该平台作为中介,连接融资者和投资者。融资者提出申请并提交相关材料待平台审核后进行发布,投资者根据偏好同融资者沟通进行投资。平台以收取咨询管理费、手续费为盈利点。

4. 案例

(1) Zopa(Zone of Possible Agreement)

Zopa 是世界上第一家 P2P 网贷平台,于 2005 年 3 月在英国伦敦成立,是最早提供个人对个人网络借贷服务的网站,为 P2P 网贷鼻祖。联合创始人主要有 7 位:吉尔斯·安德鲁(Giles Andrews)毕业于牛津大学,任 CEO;其余 6 位均为英国 Egg 网络银行高管。

① 风险管理

Zopa 将超过 4 个月未还款的贷款确定为违约贷款,违约率基本一直维持在 1.5% 以下。Zopa 平台在收到投资者的投资申请后,会将投资者的资金分成 N 份,每份 10 英镑,借给不同借款者,待到借款者被分到足够借款金额时,Zopa 再将钱汇给借款者。

在信用评级上,Zopa 与评级机构 Equifax 达成了合作,参照其在 Equifax 上的信用评分将借款者分到 Zopa 里不同的贷款市场中。贷款市场分为 A* 到 E,目前 Zopa 只给评级为 A* 到 C 的借款者发放贷款。投资者可以清楚地看到自己的钱借给了哪种贷款市场,有多大的风险。

在 2013 年 3 月,Zopa 启用了安全保障基金,并专门成立了一家非营利性机构

P2PS Limited 对基金进行单独管理。超过 4 个月借款未清偿,安全保障基金就会介入,赔付贷款人的本金和利息。

此外,Zopa 是英国网贷公司自律组织 P2PFA 的创始成员。它将借贷资金与自身的运营资金分开,存于苏格兰皇家银行(RBS)单独的账户里,因此即使 Zopa 倒闭,投资者也可以安全收回本金。

② 产品种类

Zopa 的借款者要求是 20 岁以上,在英国居住 3 年以上,年收入最低 1.2 万英镑(税前),并且拥有信用记录。Zopa 向他们提供提 1～5 年期的贷款,金额 1 000～25 000 英镑不等。借款者还清本息后还需要向 Zopa 缴纳 30～610 英镑不等的手续费。

Zopa 向贷款者提供的贷款种类主要有车辆贷款、装修贷款和债务重组。车辆贷款在总贷款中所占比例最大。

住房装修改进类贷款也是 Zopa 重要的消费贷款业务。2016 年 10 月,Zopa 与 Airbnb 达成了突破性合作,进一步实现业务拓展。

为了更快地清还债务,Zopa 向客户提供债务重组服务,一次性偿还银行信用卡借款,然后以更低的利率向 Zopa 借款。2016 年 9 月,与英国理财应用 Pariti 达成合作,进一步拓宽了 Zopa 的用户来源。

投资者方面,Zopa 到目前主要采用过 4 种投资产品,包括 Zopa Core、Zopa Classic、Zopa Access 以及 Zopa Plus。其中,Zopa Core、Zopa Classic、Zopa Access 具有安全保障。在特殊情况下,Zopa 允许投资者转售贷款合同,但如果是 Zopa Plus,还需要再付 1‰ 的费用。

2017 年 5 月,Zopa 正式宣布取消了 Access 和 Classic 系列产品,只留下利率为 3.9% 的 Zopa Core 和利率为 6.1% 的 Zopa Plus,并且宣布从 2017 年 12 月起,所有新的借款将不再受到安全保障基金保护。

(2) Crowdcube

Crowdcube 于 2011 年在英国艾克赛特大学创新中心成立,是英国最早的股权众筹平台之一。2011 年 Crowdcube 实现了当时众筹平台的最大融资规模,达 100 万英镑。

初创企业可在 Crowdcube 选择股权众筹模式或 EIS 基金投资模式进行融资。股权众筹模式下,初创企业以转让股权的方式在平台上进行融资,单个项目融资金额一般在 20 000～150 000 英镑。Crowdcube 平台会对项目融资者提供一系列的专业支持服务,包括定制化的财务预测服务以及推荐撰写商业计划书、制作视频的第三方机构等服务。此外,Crowdcube 向企业提供"提名人结构"股权融资模式,以帮助企业简化股权结构,在"提名人结构"股权融资模式下,融资企业直接同 Crowdcube 平台进行沟通。

EIS 基金由专业基金公司 Larpent Newton 管理,该公司与 Crowdcube 合作,将资金全部投入 Crowdcube 上的股权众筹项目以构建投资组合。用户可投金额为 2 500~1 000 000 英镑,享有 30% 基金份额所产生投资收入的税率减免。

Crowdcube 不收取会员费、项目展示费,对投资者完全免费。平台在项目融资成功后,收取全部融资金额 6.5% 的融资成功费、1 250 英镑的管理费以及 1 250 英镑的公司服务费。

(三) 日本

日本于 2000 年前后出现互联网金融,以科学监管为主,同时给予合理公平的发展空间。由于日本在通信、金融等相关领域国有化程度较高,因此互联网金融发展同其他国家存在较为明显的差异。

以移动支付为例,手机移动支付可分为近场支付和远程支付两种类型。近场支付是指消费者在购买商品或服务时,即时通过智能手机向商家进行支付,支付的处理在现场进行,使用手机射频(NFC)、红外、蓝牙等通道,实现与自动售货机以及 POS 机的本地通信。相比于远程支付发展较为成熟的欧美,日本移动支付业务多以近场支付为主。2004—2005 年,日本的移动通信服务商 NTT Docomo、KDDI 及 Softbank 先后推出了移动支付产品,手机近场支付开始全面普及。

(四) 南非

随着美国 Lending Club 和英国 Zopa 平台的建立,类似的网贷平台在南非也逐渐兴起,如 Lendico、RainFin。Lendico 总部设在德国,2014 年 4 月,同非洲互联网控股公司合作推出上线。RainFin 为其本土在线贷款平台,连接寻求低利率的借款人和寻求比银行更大回报的出借人。此外,RainFin 在其信用评级体系之外,设立专为相互熟悉信任的借贷双方提供服务的平台,RainFin 在其中起中间人作用,以解决该类用户在借贷过程中可能产生的分歧。

二、我国互联网金融发展现状

我国互联网金融的出现及发展自互联网与金融初步融合开始,在这一阶段,多表现为传统金融机构业务的网络化。各银行纷纷开展网上银行业务,将互联网技术作为传统业务的技术支撑,开展业务查询、品牌推广、客服服务等业务;随着互联网技术快速发展,互联网金融逐渐深入金融业务,第三方支付逐渐发展起来,P2P 行业也产生并不断成熟。我国 P2P 网络借贷平台最早成立于 2007 年,随后发展较为迟缓。2011 年,P2P 进入快速发展阶段,众多平台踊跃进入。2012 年,P2P 平台进入爆发期。此外 2011 年,人民银行开始发放第三方支付牌照,第三方支付机构进入规范发展阶段。2013 年被称为"互联网金融元年",这一年是互联网金融迅猛发展的一年。P2P 平台快速发展,众筹平台开始出现,互联网金融的业态模式更加多样。银行、券商也纷纷以互联网为依托,对传统业务进行改造,加速创新。同时,政府部门开始关注,并制定相关监管政策,为互联网金融的发展创造健康有序的环境。

2015 年,互联网金融整体发展越发成熟,互联网金融逐渐向集团化发展。互联网金融行业各细分领域高速发展,网上银行、互联网支付、P2P借贷、众筹、网络保险、移动支付等交易规模大大增长,互联网金融迎来行业发展风口,吸引了大量人才和资本进入,使得互联网金融行业处于活跃状态,市场竞争激烈。在客观环境下,一方面,具有巨头垄断地位的互联网金融企业更加追求精细化、多样化,在平台内提供丰富的功能满足用户各方面需求,增加用户黏性;另一方面,普惠性是互联网金融的特点之一,也是行业发展、品牌建立的关键宣传点,因此决定了经营互联网金融业务的企业需要通过多种手段多方面发展满足用户需求。此外,在需要具备特定牌照经营特定业务的政策要求下,全牌照的互联网金融企业快速建立品牌形象和商业价值,也使得将单项服务串联起来向综合发展。

随后两年互联网金融发展出现诸多问题,P2P倒闭跑路、暴力催收、裸贷、高利贷等不合规经营现象频发,我国互联网金融政策开始收紧,互联网金融行业进入整顿期。曾十分火爆的现金贷被叫停,各领域牌照发放限制增加,互联网金融开始回归金融本源。同时,互联网金融行业同传统金融机构不再是激烈的竞争关系,开始在业务等方面寻求融合合作的可能。2018年后互联网金融的发展不断完善、内涵不断丰富,在互联网金融多种业态的基础上衍生出科技与金融业务的融合。从整体发展情况来说,受宏观环境的影响,金融行业业务规模、资产质量下滑,监管力度不断加大,使得行业发展进入缓慢期,在行业趋于严监管的环境下同时推动互联网金融行业规范化、成熟化。

三、国内外互联网金融发展对比

尽管互联网同金融相结合的模式最早出现在欧美等发达国家,但并未对其传统金融模式产生颠覆性的影响。相反,在我国互联网金融的出现及快速发展对传统融资体系及金融服务模式产生了较大的冲击。这在很大程度上是因为我国同欧美等发达国家在金融环境、传统金融发展体系等方面存在差异。

金融环境方面,欧美等发达国家信用体系完善,利率市场化发展程度高,传统金融机构能够很好地按照市场规则提供服务,开展竞争,因此绝大部分个人及企业用户的金融需求能被金融机构满足。而在我国,由于信用体系发展不完善,存在大量无法从传统金融机构获取服务的长尾用户,使得大量金融需求无法被满足,为互联网金融提供了发展空间。

金融发展体系方面,国外金融发展环境具有较高的包容性,银行多采用混业经营模式,服务对象范围广泛。在我国,金融业多为国有企业或国有控股企业,银行拥有特权及垄断收益,市场竞争压力小,重在防控风险其次才是获取收益,因此服务对象具有一定的局限性。

第二部分
互联网金融业态分类、发展模式与衍生物

第三章　互联网金融的业态与模式

第一节　互联网支付

一、互联网支付概述

1. 互联网支付的定义

目前,传统的现金支付已经"退居二线",各种在线支付方式成为人们日常消费的主要支付方式。银行推出的网银以及民营企业推出的各种各样的第三方支付平台大大方便了人们的生活,互联网支付终端也从计算机终端扩展到移动终端和电视等多种形式的终端上,互联网支付变得无处不在。《关于促进互联网金融健康发展的指导意见》指出,互联网支付是指"通过计算机、手机等设备,依托互联网发起支付指令、转移货币资金的服务"。

2. 互联网支付的起源

中国互联网支付起源于1998年招商银行推出的"网银——网上支付业务"。1999年,以环迅支付为首的第三方支付平台的诞生解决了小型商户的支付问题,为电子商务的发展提供了条件。2000年以后,电子商务发展迅速,互联网支付时代到来。随着商业银行网上银行业务的发展和第三方支付平台的发展,我国网上支付业务开始步入发展的快车道,网上支付市场规模从2004年的75亿元猛增至2005年的196亿元。中国人民银行发布的《2018年中国支付体系运行总体情况》报告显示,2018年,我国通过网上银行、电话银行和手机银行等电子渠道发起的支付业务共1 751.92亿笔,金额2 539.70万亿元,非银行支付机构发生网络支付业务5 306.10亿笔,金额208.07万亿元。

二、互联网支付的分类

互联网支付一般可分为银行主导的网银支付以及第三方支付机构主导的第三方支付。第三方支付是指具备一定实力和信誉保障的独立机构,采用与各大银行签约的方式,通过与银行支付结算系统接口对接而促成交易双方进行交易的网络支付模式。目前,国内的第三方支付产品主要有支付宝、微信支付、百度钱包、PayPal、中汇支付、拉卡拉、财付通、融宝、盛付通、腾付通、通联支付、易宝支付、中汇宝、快钱、国付宝、物流宝、网易宝、网银在线、环迅支付 IPS、汇付天下、汇聚支付、宝易互通、宝付、乐富等。

  支付宝、微信支付等支付产品在支付领域占有很大的份额,这些对传统银行形成了不小的挑战,银行业在积极应对互联网金融的挑战,越来越多的银行开始加强争夺移动支付市场。移动支付不仅仅是传统电子支付的移动化,还需要实现"丰富应用场景"和"拓展线下资源"双重目标,才能实现其价值。因此,在抢占移动支付市场的过程中,商业银行纷纷选择"扫码支付",这样既可以集合广阔的线下市场,同时又与日常生活结合,提升交易黏性。2016 年 7 月,工商银行正式推出工银二维码支付,支持主扫和被扫两种模式,主扫模式支持的平台包括融 e 行、融 e 联、工银 e 生活和微信;被扫模式则支持融 e 行、融 e 联及微信。2017 年 4 月起,工行二维码陆续支持微信、支付宝、银联二维码及主要第三方支付二维码产品,开展二维码支付业务。2016 年 10 月,建设银行发布支付组合产品"龙支付",不仅支持微信、支付宝、银联、百度等二维码支付,更是打造了丰富的场景,利用近场支付、二维码创新支付等解决方案将线上线下渠道有机结合,推出了公交卡充值、校园卡充值、医院挂号缴费等移动支付应用场景。2016 年 11 月,兴业银行推出融合移动扫码支付产品"钱 E 付",可以将支付宝、微信、QQ 钱包、掌柜钱包等移动支付方式集成并提供给银行及其合作商户使用。2016 年 6 月,中信银行推出"中信全付通",该产品是一款便捷的收款终端应用,以微信、支付宝等支付为收款方式,集合交易流水、收银员管理等多种服务,一个应用轻松解决商户收款、流水、核销、统计、管理等多种需求。无设备约束,安装到手机即可使用;一经开通,商户可自行添加多个收银员,轻松满足多处收银、统一管理的需求。2016 年 12 月,民生银行推出"二维码收银台",支持一码多付,不管何种付款方式,利用同一个二维码即可快速收款。顾客可自主选择付款方式,目前支持微信、支付宝等扫码付款。顾客扫码支付成功后,商户注册手机还可收到提示收款成功的信息,有效避免错收漏收,自动清算到银行卡,资金安全,无须手动提现。同时,"二维码收银台"支持退款操作,可逐笔对账。此外,商户通过"乐收银"商务平台还可进行交易查询及对账单下载,方便商户进行账款管理。各大商业银行扫码支付产品对比如表 3.1.1。

表 3.1.1 商业银行扫码支付产品对比

银行	产品名称	业务种类	应用场景
工商银行	工行二维码支付	付款扫码、收款扫码、跨屏支付	消费、购物
农业银行	"农银快 e 付"PC 端扫码支付	跨屏支付	消费、购物

续表

银行	产品名称	业务种类	应用场景
中国银行	二维码支付	付款扫码、收款扫码、个人转账	C2C 转账、C2B 消费
建设银行	龙支付二维码收付款	付款扫码、收款扫码、个人转账	C2C 转账、C2B 消费
交通银行	立码付	收款扫码、个人转账	向商户付款、个人客户间扫码收付款
华夏银行	二维码收款应用	付款扫码	校园吃、住、行、购等服务
民生银行	"民生付"扫码	付款扫码、收款扫码、个人转账	C2C 转账、C2B 消费、个人收单和商户收单

三、互联网支付的发展历程

1. 商业银行主导阶段(1998—2010年)

互联网的飞速发展为商业银行网上银行的兴起提供了硬件设施基础和庞大的用户群。1998年2月,招商银行推出"一网通"服务,成为国内首家推出网上银行业务的银行。此后,我国网上银行业务开始蓬勃发展,中国银行、中国建设银行、中国工商银行等纷纷开展网上银行服务,极大扩展了业务规模领域。各家银行通过网上银行为搜狐、新浪、8848和南方航空等电商企业提供电子支付服务,拉开了商业银行发展电子支付业务的序幕。随着智能手机的普及,移动式金融服务不断深入人心。各家商业银行为提升服务质量,继而推出手机银行服务,以手机作为提供金融服务的载体。从2010年开始,网上银行交易规模的增速就有所放缓,一方面,商业银行将网上银行作为传统银行服务方式的延伸,将支付、查询、转账、外汇买卖等传统业务移植到网上,并没有对支付业务进行深耕细作;另一方面,网上支付的安全值得关注,网上支付工具的滞后性、社会诚信体系的不完备以及相关法规的缺乏,严重制约网上支付的发展。

2. 第三方支付平台主导阶段(2011—2013年)

随着国内互联网的发展,电子商务的崛起使得越来越多的第三方支付开始出现。2005年被称为第三方支付的元年,阿里的支付宝和腾讯的财付通都是在2005年成立的,除这两家以外,先后又有50家第三方支付公司在同年成立。尽管国内的第三方支付很早就出现了,但受限于市场需求和环境影响,前期的发展速度极其缓慢,官方对第三方支付的认证也迟迟未进行,直到2011年,央行才正式发放第一批支付牌照,共有27家支付公司获得,2015年底,获得支付牌照的公司达到了267家。交易额上,从2009年起,第三方支付交易额几乎以每年50%的速度增长,2015年,第三方支付全年交易额达到31.2万亿元,同比增长35%左右。第三方支付以支付业务为核心开展线上业务,快捷支付类服务的推出加速了第三方支付的发展。

第三方支付平台通过便捷、开放、人性化的支付体验以及将商务、理财、物流、结算等环节高度融合的特性满足了越来越多的支付需求,动摇了传统银行的支付垄断地位,银行从原来支付体系中的唯一主体演变为目前电子支付链中的最末端,第三方支付业务直接冲击了商业银行的电子支付业务,不仅对网上银行业务产生替代作用,而且直接抢占了商业银行的生存和发展空间。

3. 融合发展阶段(2014年至今)

一直以来,第三方支付业"出招",商业银行"接招"。现实中第三方支付业的灵活创新与延伸服务不断地"倒逼"商业银行做出相应的改变。2013年,余额宝的出现成为中国互联网金融元年,作为基础功能的电子支付也引起广泛关注。以电子支付为基础的第三方支付机构在满足电子商务发展的基础上,结合理财、消费信贷等业务,不断在电子商务服务中创造出新的金融服务需求。商业银行正式意识到电子支付的主要地位。一方面,商业银行开始以支付为入口,创建综合性金融服务模式。无论是直销银行还是银行系电商,都突破了商业银行传统的服务方式,在服务中为客户提供金融服务。另一方面,第三方支付公司也全面进军金融领域,蚂蚁金服、京东金融、网商银行、微众银行,无一不是基于电子商务和电子支付建立的金融体系。此外,随着互联网金融发展的深入,商业银行与第三方支付也逐步进入融合发展阶段,两者的合作不再仅限于某项业务,而是进入战略、资本层面,双方已经在O2O、跨境支付、移动支付等领域开展更深层次的合作。电子支付的蓬勃发展也引起了监管的高度重视,2014年以来,针对电子支付密集出台了相关的政策和法规,对规范和监管商业银行和第三方支付机构的发展起到重要作用。政府监管部门积极推动商业银行和第三方支付企业在网络支付安全方面的合作,也在推动商业银行和第三方支付企业在电子商务融资、数据挖掘、交叉营销和移动金融等方面开展深入合作,促进彼此商业模式的创新和融合,共同构筑高效、平衡、健康的电子商务和互联网金融生态圈。

四、互联网支付的发展现状

中国人民银行发布的《2018年中国支付体系运行总体情况》报告显示,2018年,银行业金融机构共处理电子支付业务1 751.92亿笔,金额2 539.70万亿元。其中,网上支付业务570.13亿笔,金额2 126.30万亿元,同比分别增长17.36%和2.47%;移动支付业务605.31亿笔,金额277.39万亿元,同比分别增长61.19%和36.69%;电话支付业务1.58亿笔,金额7.68万亿元,同比分别下降0.99%和12.54%。2018年,非银行支付机构发生网络支付业务105 306.10亿笔,金额208.07万亿元,同比分别增长85.05%和45.23%。银行支付和非银行支付机构是我国电子支付市场的两大主要市场。

1. 银行支付市场情况

Analysys易观产业数据库发布的《中国网上银行市场季度监测报告2018年第四季度》数据显示,2018年第四季度,中国网上银行客户交易规模为501.7万亿元人民币,环比增长2.8%,如图3.1.1所示。

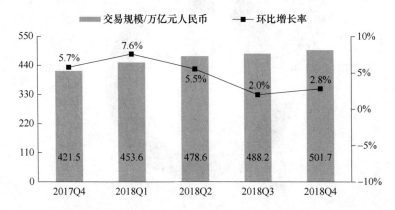

图3.1.1　2017年第四季度到2018年第四季度中国网上银行客户交易规模

(数据来源:Analysys易观)

由于手机银行和第三方支付的快速发展及其对个人网银的替代效应,个人网银交易规模下降;受益于企业网银用户数增长、功能不断丰富、用户体验提升等因素,企业网银交易规模保持增长,从而带动整体网上银行交易规模增长。

如图3.1.2所示,在2018年第四季度中国网上银行市场格局中,工行、建行、农行、交行、中行五家大型国有银行合计拥有71.1%的市场份额,招商银行以6.9%的市场份额位居第六位。从具体网上银行来看,建设银行个人网银用户数已超3亿,企业网银用户数757万,为该行网上银行的发展奠定了用户基础。招商银行充分发挥企业网银的优势,持续加强企业网银客群的基础建设,推进启动重塑客户体验的"网银焕新"项目,企业网银客户规模及交易额均有所增长。

Analysys易观发布的《手机银行服务应用App季度监测报告2019年第三季度》数据显示,2019年第三季度,手机银行服务应用行业活跃用户规模为38 003.8万户,环比增长5.2%,从具体App应用来看,中国工商银App、中国建设银行App、农行掌上银行App继续位列前三位,活跃用户分别为8 391.8万户、8 346.6万户、6 582.4万户,环比分别增长8.3%、8.5%、8.4%,如图3.1.3所示。

Analysys易观分析认为,在宏观经济下行、监管政策趋严等背景下,零售银行战略重要性日益凸显,手机银行作为零售银行线上服务的主阵地,持续聚焦零售银行获客及经营,手机银行逐渐从线上渠道变成银行开放及综合服务平台,连接用户、合作伙伴、金融及生活,同时,服务用户从持有本行账户的用户扩展到他行用户,致力于为全量用户提供一站式金融及生活服务,基于此,手机银行用户规模及活跃用户数稳步增长。

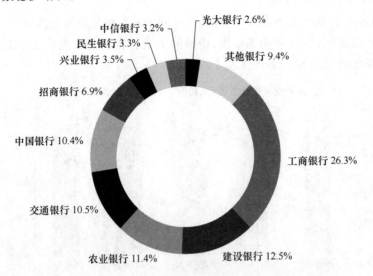

图3.1.2 2018年第四季度中国网上银行客户交易份额
（数据来源：Analysys 易观）

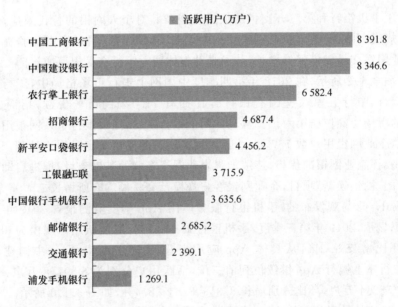

图3.1.3 2019年第三季度手机服务应用App活跃用户规模
（数据来源：Analysys 易观）

其中，工行、建行、农行等大行手机银行凭借庞大的用户基础以及ETC推广、营销活动等因素影响，活跃用户继续保持领先；招商银行App、新平安口袋银行得益于零售业务的快速发展,手机银行用户渗透不断提升,且注重提升高频生活场景使用率,第三季度活跃用户均超 4 400 万户。

从 2019 年第三季度手机银行服务应用 App 启动次数来看,中国工商银行 App,为 14.4 亿次,其次是中国建设银行 App 为 9.1 亿次,招商银行 App 为 9.0 亿次,如图 3.1.4 所示。

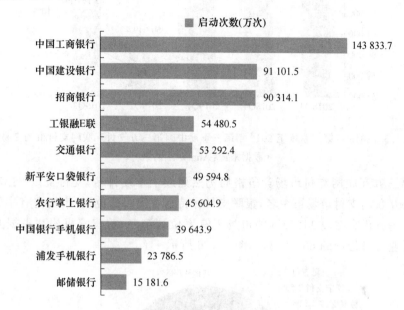

图 3.1.4　2019 年第三季度手机银行服务应用 App 启动次数

(数据来源:Analysys 易观)

具体来看,工商银行针对老年客户群体推出"幸福生活版"手机银行,围绕"亲情、智能、安全、简单"的特点,着力解决老年客户使用痛点;兴业银行手机银行为客户提供智能菜单、智能功能模块、智能信息推送服务,并根据客户画像智能推荐金融产品及活动,为客户提供个性化、定制化服务;江苏银行手机银行 5.0 推出刷脸转账功能,通过人脸识别加强验证,提升线上转账的安全性和转账额度;农行掌上银行持续打造"周四羊毛惠"活动品牌,于每周四规律性地推出系列主题活动,包括交易专享、新人专享、特惠专享等,该活动联动掌上银行投资、信用卡、生活版块,助力产品销售额提升及获客。

2. 非银行支付机构

易观发布的《中国第三方支付互联网支付市场季度监测报告 2019 年第三季度》数据显示,2019 年第三季度中国第三方支付互联网支付市场交易规模为 62 131.1 亿元人民币,环比升高 2.44%,如图 3.1.5 所示。

图 3.1.5　2018 年第三季度至 2019 年第三季度中国第三方支付互联网支付市场交易规模
（数据来源：Analysys 易观）

第三方互联网支付市场竞争格局仍然延续上季度排名，支付宝以 28.59% 继续保持互联网支付市场第一名，银联支付保持行业第二的位置，市场占有率保持在 25.57%；腾讯金融以 11.52% 的市场占有率位列第三，前三家机构共占据互联网支付行业交易份额的 65.68%，如图 3.1.6 所示。

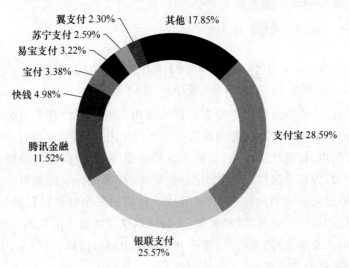

图 3.1.6　2019 年第三季度中国第三方支付互联网支付市场交易份额
（数据来源：Analysys 易观）

易观发布的《中国第三方支付移动支付市场季度监测报告 2019 年第三季度》数据显示，2019 年第三季度中国第三方支付移动支付市场交易规模为 518 886 亿元人民币，环比升高 5.68%，如图 3.1.7 所示。

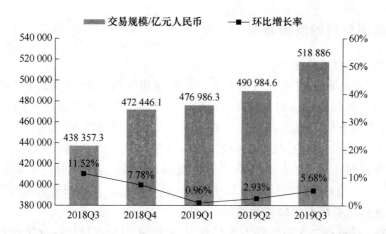

图 3.1.7　2018 年第三季度至 2019 年第三季度中国第三方支付移动支付市场交易规模
（数据来源：Analysys 易观）

第三季度以刷脸支付为代表的移动支付线下硬件产品的改造和推广掀起热潮。线下创新刷脸机器的受理范围逐渐铺开，增强了用户临场体验，丰富了支付场景。目前，刷脸支付主要服务于部分具有一定业务规模的市场头部和腰部商户。易观分析认为，随着 5G 时代的到来，对于硬件端口的掌握或许将成为巨头争取用户的重要因素之一。

2019 年第三季度，移动支付市场前三名的位次保持不变，但份额继续发生变化。支付宝第三季度继续以 53.58％的份额保持市场第一的排名，如图 3.1.8 所示。

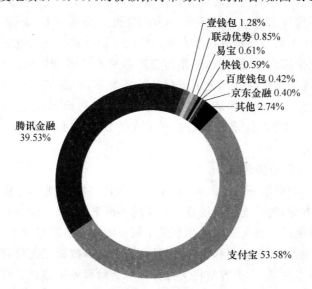

图 3.1.8　2019 年第三季度中国第三方支付移动支付市场交易份额
（数据来源：Analysys 易观）

五、互联网支付的发展趋势

1. 移动支付成为主流

随着移动互联网技术的飞速发展，4G 网络服务的改善和智能手机的快速普及，移动支付的便利性得到不断提高；同时，市场参与主体从产品研发、市场拓展和客户引导等全方位向移动端转移，客户对移动支付的使用度、信赖度和接受度不断增加，使移动支付成为互联网支付的主体，并继续呈现高速增长的态势。2014—2016 年的数据显示，商业银行移动支付交易笔数和金额的增长率始终保持在 100% 以上，非银行支付机构移动支付的交易笔数和金额均达到数倍的增长规模。

2. 支付服务场景化趋势明显

传统金融机构加大布局线上新兴支付方式，非银行支付机构继续拓展线下支付场景，支付产业链由基础设施延伸至增值服务。市场参与主体依托支付产业链，积极开展大数据挖掘，不断衍生出新的增值服务，致力于构建良性的金融消费生态圈。消费服务场景已经成为新兴支付发展的有力引擎，支付战争已经逐渐转化为场景服务的战争。支付入口、支付场景和支付服务对整个产业发展起到关键作用。各类支付服务提供商均不断加强线下日常消费场景的移动支付应用布局，移动支付线下场景的拓展和建设成为支付战略布局的热点，在各方的努力下，移动支付场景将在短时间内快速丰富，线上线下融合的大生态体系正在孕育之中。

3. 支付助推产业融合

以支付为入口，纵向与横向整合资源成为产品融合的重要方向。对于支付机构来说，支付手续费水平的不断降低，一方面降低了交易成本，拉动了交易与消费，另一方面也迫使非银行支付机构改变盈利模式。商业银行与支付机构都需要通过整合产业链，提供综合金融服务，开拓增值服务来改善盈利能力。支付与商务、消费、金融、社交等领域的融合促进了支付的快速发展，开辟了广阔的市场空间。此外，互联网支付成为产业集团进入新金融行业的天然跳板和基础入口。万达、小米等产业集团通过收购非银行支付机构，利用支付节点，增强资源整合能力和进入互联网金融的能力。

4. 支付金融化趋势明显

随着互联网金融服务的不断发展，基于支付服务衍生或者关联的金融服务将快速增长。一方面，随着支付市场费率水平的不断下降，单一的盈利模式发展空间有限，支付主体推动支付关联服务和金融化服务的驱动越来越强。另一方面，支付天然就是金融服务，连接商户和消费者，具有资金流和数据流优势，在大数据、云计算、云存储等技术背景下，更容易将支付资源与金融服务相结合。商业银行需要通过布局支付场景完善、收拢数据，提升自身的金融服务水平；非银行支付机构需要通过支付搭建金融服务通道，搭建金融需求的场景。因此，通过支付来创建新型的金融服务模式成为各方参与主体的共识。

六、互联网支付案例

2013年8月,微信5.0上线微信支付。微信支付在早期确定了4个发展方向:社交、线上、线下、海外。其中微信支付最大的难点在线下。由于腾讯自身多年的社交属性,微信在商家资源、行业专业性和商务能力上有着天然的短板。基于这些,微信在策略上做了最适合自己的选择。

1. 拓展场景

微信虽然坐拥3亿用户,但大部分用户还停留在只是使用社交工具的状态。在用户的使用场景方面,微信做了非常全面的市场拓展。

(1)出行场景:2013年8月底,摇摇招车接入微信支付。

(2)零售场景:2013年8月,微信与友宝售货机合作,在天津开启微信支付,同年10月,在北京也推出了类似服务。

(3)电商场景:除了腾讯系的易迅网开通之时入驻外,聚美优品在2013年9月16日接入微信支付。同年9月22日唯品会也入驻微信支付。

(4)线下路演:2013年10月10日,腾讯旗下的支付平台财付通在广州启动微信支付的街头路演,在正佳广场、天河城、中华广场等重点商圈,用户可以体验微支付扫码购物。

(5)安全场景:与PICC合作,解决安全问题。安全一直是微信支付推出后的劣势,无论是京东还是阿里,都以安全为借口进行封杀。与PICC合作后,微信推出全额赔付保障,承诺"你敢付,我敢赔",解决了消费者心理上的不安全问题。

(6)购物中心:2013年10月24日,微信与新世界百货合作,开启商户合作拓展。

(7)招募商户:2013年12月份,微信开始招募商户,其中包括综合B2C商城、垂直B2C商城和品牌商,支付费率最低0.6%,要求保证金5万元。在2014年3月,保证金又降至2万元,同年9月,微信取消保证金。

这些场景的成功拓展让微信支付有了较好的开局,从用户熟悉的营销活动到安全保险的推出,再到商户的招募,微信支付的2013年一直在打造自己的基础。冷启动中真正的破冰则是微信红包的出奇制胜。

2014年的春节,"微信红包"的上线让微信支付在冷启动阶段成功破冰。每年春节前后,腾讯的深圳总部都会发大量的红包慰问员工,叫作"开工利是"。微信红包的第一个版本其实就是团队做出来内测,让老板们过年发红包用的,并没有正式发布在微信平台上。结果内部员工对外分享之后,微信红包就导致了病毒式的传播。整个春节期间,超800万用户使用了测试版的红包,超过4 000万个红包被领取。事后马化腾把微信红包称为"社交金融游戏"。因为微信红包属于社交性的金融游戏,自带金融属性和游戏功能,所以才会造成具有如此深度和广度的传播。仅一年后,微信红包在2015年的除夕登上了春晚舞台,真正来了次全民抢红包,从此中国无人不知微信红包。这一战也逆转了支付宝原有的竞争优势。

2. 结合双边优势,发挥微信主场

移动互联网时代,线上与线下业务结合是传统商家转型必然要经历的阶段。在用户价值上前面已经介绍过微信支付在O2O中的定位。而发展业务的关键,在于双方共同发挥优势,达到共赢。

但有些事是微信不可能做到的。首先是实物体验。用户在线上无法真实地触摸商品,也无法知道它的材质如何,对商品无法形成真实的感受。其次是服务体验。在线上能享受到的服务当时可能就只是通过聊天工具与卖家聊天,问什么回答什么。而在线下进入一家门店的时候,我们在里面享受到的是更具亲和力的服务,导购会问我们需要什么,并且给我们介绍商品,可能还会根据我们当时的心情状态推荐合适的商品,这种服务是线上没有办法提供的。最后是社交体验。其实,线下的购物才会有更好的社交体验。因为我们去购物的时候,往往是和闺密、男(女)朋友一起逛街,可以感受到大家互相讨论、撒娇打趣等愉悦体验。

所以不论线上、线下,它们都有一些特性是对方取代不了的。上面也有提到,当时的传统行业对互联网是陌生的,对用户是没概念的,所以会更希望去了解用户,和用户产生互动,并产生长久的联系。微信选择在其中做一个桥梁,连接企业和用户,让商业成为自己的主场。

3. 开放微信生态,补足能力短板

如果微信支付团队要给一家大型的购物中心提供支付解决方案,需要单独成立一个团队去深入了解购物中心行业的全产业链,了解产业从最上游到最下游运作过程中所有的问题、痛点和潜规则,之后才能设计出一个合适的支付方案。但微信做一个行业还好,而国内线下有如此多的行业,每个行业还有各自的区域性特点。所以面对不同的行业和企业,微信支付团队没有能力去解决这些个性化的问题。

这种境遇下,微信支付唯一的选择就是开放一切接口给第三方,只做平台,并作为平台方着力营造一种"开放共赢的生态"。于是微信变成了一个连接器。连接了信息、社交关系,还有用户的钱包。商家有了这个连接器,就可以根据自身情况设计相应的解决方案。商家能力不足时,还有每个行业的第三方,也就是各种软件开发商、服务商、系统集成商。他们有这个能力去利用微信这个连接器,把它做成符合各个行业需求的系统和解决方案。最终,每一个行业、每一个商户的痛点都可以通过微信和第三方,打造出适合自己的解决方案。

微信支付从2013年8月发布到现在,几乎改变了每个人的支付习惯,中国也成了世界上少数几个可以只带手机就出门的国家。

第二节 P2P 网络借贷

一、P2P 网络借贷概述

1. P2P 网络借贷的定义

P2P 网络借贷是指贷款人通过网络借贷平台而不是通过金融机构与借款人之间产生的无抵押贷款，其主要是通过网络平台将具有闲置资金的贷款人和有资金需求的借款人的信息集合起来，再由平台依据借贷双方的信息诉求进行撮合和匹配，并自动生成标准借贷合同，实现资金划转完成交易。P2P 网络借贷平台最早出现在英国，它为陌生的个人与个人之间提供了交易的可能，在提高资金的实用效率的同时也降低了双方的交易成本。

2. P2P 网络借贷的起源

相关资料表明，英国是最早使用 P2P 网贷平台的国家，Zopa 于 2005 年在伦敦成立。它用发达的互联网络，将金融贷款的流程进行优化，使用能够随时在线的互联网络进行平台展示，开展金融贷款业务。我国 P2P 网络借贷业务始于 2007 年，2015 年达到高峰，有 5 000 多家平台，其中打着 P2P 名义非法集资的公司也不在少数，逾期"爆雷"倒闭和老板跑路的新闻不断出现，给我国金融秩序带来了不小的风险。2016 年 4 月，国务院办公厅印发《互联网金融风险专项整治工作实施方案》，对 P2P 网络借贷进行重点整治。2020 年 6 月底只有 29 家在运营，8 月进一步缩减到 15 家，9 月底只剩 6 家，而到了 10 月底，则仅剩 3 家。

P2P 网络借贷平台从小额借贷模式演化而来，产生于 20 世纪 70 年代，主要用于向没有资产作抵押的穷人发放信用贷款，扶助和解决贫困，主要对象是从事农业生产的贫农。这其中最具代表性也最成功的就是孟加拉国经济学家穆罕默德·尤努斯创建的"乡村银行"——Grameen Bank，也称格莱珉银行。格莱珉银行是一个公益性的小额借贷银行，发放的基本上是 50~100 美元的小额贷款，用以帮助低收入阶层和弱势群体开展小微创业或改善生产条件，让其拥有一个可持续创收的生产方式。格莱珉银行采用的是类似银行的借贷模式，但不同之处是主要发放无抵押担保的信用贷款，其公布的公开数据显示，贷款对象绝大部分是贫困农村妇女，贷款违约率只有 1.2%。尤努斯教授在全球首创了独特的小额贷款、微型金融、微型商业等金融理念和实践应用，他因此被授予 2006 年的诺贝尔和平奖，这表示这种小额借贷模式得到了全球的认可。

进入 21 世纪后，小额借贷的服务人群范围逐步扩大，除了社会低收入阶层之外，还扩展到一些中收入人群、个体工商户和民营中小企业等有着小额贷款需求的人群，且伴随着互联网的普及和信息技术的迅速发展，小额信贷开始与互联网技术相融合,主要形式也演变成了"网上"模式,这就出现了 P2P 网络借贷平台。由于其交易成本的低廉、信息获取性广泛以及手续方便快捷,P2P 网络借贷迅速被越来越多的人群所接受并参与其中,随之而来的就是越来越多的各具特色的 P2P 网络借贷平台的涌现。

3. P2P 网络借贷的特点

P2P 网络借贷平台之所以发展得如此迅速,是因为符合当下个人以及小企业对贷款的需求,以及 P2P 网贷平台自身的特点。作为中介平台,将贷款人与借款人联系在一起,方便交易顺利进行;且网贷平台的年利息较高,使得交易双方可以快速收益;以互联网作为依靠,使得交易能够突破时间和空间的限制,随时随地快速地进行,扩大了交易人群,减少了地域带来的不便;同时借贷模式多种多样,有助于各种需求、各种类型的个人及小微企业借贷,既降低风险,又提高了效率。

(1) 关系扁平化

网络借贷平台比起传统的个人民间借贷来说,特点具体表现为以下两个方面:第一,借款人与贷款人之间是直接接触关系,网络借贷平台只起到中介工具的作用,本身并不过多地参与资金的借贷,借款人与贷款人之间的借贷利息也比传统借贷关系的利息要低,增加了借贷的吸引力;第二,由于网络借贷平台只作为媒介工具使用,不会增加借贷关系中的风险。

(2) 收益可观

线下传统金融机构贷款年利息为 3%～5%,而网络贷款平台的年利息则为 8%～18%,吸引了绝大多数出借人的注意力,跟传统金融机构的贷款利率相比,网贷平台的年利率较高,并且由于网贷平台借款方便、还款可靠,因此大部分人最后还是选择在网贷平台上交易。

(3) 突破时空限制

以往通过传统银行筹资时,往往审核严格,手续复杂,还需要拿东西作抵押;在公益信贷机构筹资时虽无须抵押,但一般执行起来较困难,审核也比较烦琐;在民间借贷时还要看地域和时间,如果有些中小企业或者个人急需贷款,时间和地区不行就会延误融资时机。有互联网作为依托,P2P 网贷借贷平台就可以通过网络达成借款协议,借款人可以随时随地在网上进行交易,资料的提交与审核也可以通过网络实现,不受任何时间和空间的限制,降低了时间和空间上的限制对借贷双方产生的影响。同时还把五湖四海的贷款人和借款人都联系在了一起,借贷不再仅仅拘泥于本市或者朋友之间的小圈子,而是扩大到了全国范围。这大大增加了贷款人的收益率,节省了中小企业或者个人的融资时间。

(4) 借贷模式灵活

网络借贷平台存在多种类型,网贷平台为了降低自身资金风险,采取了担保贷款的模式,以及企业融资加担保的模式。每一家网络借贷平台公司根据自己的技术优势,灵活地采取不同的贷款模式进行放贷,不但保障了贷款人的利益,而且大大提高了借款的速度,一笔资金可以由多个借款人进行借贷。这笔资金的管理可以分别处于不同阶段,资金管理非常灵活,有利于提高资金的使用效率,同时也降低了资金借贷的风险。

二、P2P 网络借贷平台的分类

我国 P2P 网贷平台的分类多种多样,每种分类方式都满足了一定人群的投资需求,在不断的发展中衍生出了丰富的网贷途径,在降低单一平台选择风险的基础上,满足了不同人的选择需求。这些分类的不同标准有:融资渠道、有无担保、股东背景、公益性等。

1. 按融资渠道分类

按融资渠道分类可分成纯线上模式以及线上与线下相结合的模式。纯线上模式有两种表现形式,一种是通过 PC 端的网站进行平台贷款服务业务,另一种是通过手机客户端进行网络贷款服务。通过互联网搭建数据平台,连接出借人和借款人,使他们之间形成借贷关系,并通过互联网高速审批的效率,快速完成对贷款的申请、相关资料的审核以及贷款的发放等。在这个过程中还会涉及双方的信用审核问题,这就需要借助一些客观证据和资料进行认定,才能将双方的借贷关系风险降到最低。纯线上模式从效率的角度来讲,充分地利用了互联网的高效性以及便利性,但是相比传统的贷款审核模式,风险也会相应增加。

线上和线下相结合的模式是指借款人与贷款人之间,通过高效、快速的线上交易与稳定、安全的线下选择相结合的方法,开展借贷业务。借贷平台不断拉拢需要借款的客户,并将客户介绍给具有资金的出借人,从中收取相应的介绍费用。线上和线下相结合的模式能够使销售最大化,并使相关的债权风险降到最低,也是对债权进行销售的最便捷的模式。

线下实体借贷相对线上借贷具有降低信贷风险的作用,它能够直接接触借款人,并根据借款人的信誉风险等作出客观的风险评估;还具有较低的坏账率,线下网贷的坏账率比线上网贷的坏账率低 5%。因此,越来越多的线上网贷平台开始设立自己的线下实体店铺,这样既能提高客户质量,又能避免坏账的情况。

2. 按有无担保分类

我国 P2P 网贷平台根据有无担保机制,可分为无担保模式和有担保模式。P2P 网贷平台的担保模式可以降低交易双方在平台进行交易时所产生的风险。

无担保模式是指 P2P 平台仅联系借款人和出借人在平台上进行交易,以及对交易双方的资料进行审核,且所提供的所有借款都是无担保的贷款。借款人根据自己的能力和制定的相应还款期限来选择借款方式,一旦出现还款逾期的状况必须由借款人自己承担,平台不承诺任何保障,也不提供任何资金帮助。

有担保模式是指平台与第三方担保机构合作,平台作为中介形式存在,不参与任何有风险的服务,第三方担保机构承担全部的资金保障服务,其中第三方担保机构通常为担保公司。平台进行金额交易时,资金不再在平台上流动,而是由托管方接手,大大降低了风险,使出借人的资金更加安全,平台交易更加规范。采用这类担保模式的有陆金所、有利贷等平台,其中陆金所全称为上海陆家嘴国际金融资产交易市场股份有限公司,是中国最大的网络投融资平台之一,其担保公司为平安系担保机构。

3. 按网贷平台股东背景分类

平台由国有企业投资入股的叫作国资系平台,具有国企背景。当前国资系的P2P平台分为以下两种模式:一种是由国企控股参与管理的模式;另一种是由国企独资承办的模式。好又贷就是由几家大型银行和知名企业共同投资创办的典型代表之一。此类平台投资起点较高,平台的年化收益率也相对偏低,基本为 $8\%\sim12\%$;但是由于有国企信用作支撑,所以风险较低,安全系数高,适合高收入且追求稳定收益的人群投资。

平台由银行投资入股的叫作银行系平台,具有银行背景。银行系的模式主要分为以下三种:一种是由银行所属集团投资运营的平台模式,一种是银行独立投资运营的模式,还有一种是通过子公司入股建立新平台的模式。例如,陆金所是通过平安集团控股成立的。此类平台的特点就是因为有银行背景,所以平台的安全级别高,风险低,平台交易稳定、易操作,适合追求稳定且不急着索取回报的投资人群。

平台由民营企业家合作建立的叫作民营系平台,具有私企背景,是目前P2P市场的主力部队,像红岭创投、拍拍贷等平台都属于民营系的P2P平台。此类平台收益高,收益率基本都在 $9\%\sim15\%$;投资准入门槛较低,因此受到了大量投资者的热捧。但是相比其他两种派系平台,这种平台风险最高;跑路、关闭现象时有发生,因此更适合能够承担高风险的人群投资。

4. 按公益性分类

按公益性可以分为公益性和非公益性网贷平台。公益性平台通常有一定的倾向性,比如助农贷。中央一号文件明确说明:加快对农村金融制度的创新,强化金融机构对农村的职责部署,于是助农贷出现了。助农贷是将城市中愿意热心帮助农民的高收入人士与有贷款需求的低收入农民联系起来,不以营利为目的进行交易,帮助有困难的农民。而国外的Kiva网贷平台也是针对低收入的个人和资金困难的小企业,Kiva以帮助低收入群体为使命,提出了"投资25美元,帮助一群人"的口号。此外,还有一些平台不作为借贷主体,仅为相关有需求的个人和公司提供金融服务和解决方案,比如我国的融合贷等平台。

非公益性平台是指线上贷款平台利用自己获取大量精准客户的优势,结合当地产业链中需要贷款的微小企业,进行资源整合;同时开展线上网贷业务,服务整个产业链中的上下游企业,为他们及时提供贷款资金,也为借款人提供稳定的借款收入。这种通过线上的网络借贷平台与线下的金融贷款相结合的方式,使得风险在客观数据的支撑下变得有可控性,既减少了贷款中间环节,提高了产业效能,还增加了金融产品的创新性。

三、P2P 网络借贷的发展历程

我国 P2P 借贷市场的起步可以追溯到 2007 年,到如今已有超过十年的发展历程。网络借贷在我国市场的关注度非常高,也带来了很多问题,下面将具体对我国 P2P 网络借贷的发展历程进行介绍。

综观 P2P 网络借贷在国内的发展历程,自 2007 年至今经历了如下四个阶段。

1. 初始发展期——以信用借款为主(2007—2011 年)

2007 年,拍拍贷成立标志着网络借贷正式进入中国,进入初始发展期。由于市场认可度低,交易规模和平台数量都处于较低水平,且借贷流程简单,以信用借款为主。借款人提供个人资料,经平台审核得到一定授信额度,基于授信额度即可在平台上发布借款标。由于网贷平台审核与保护制度不够完善,主要通过线上审核,一旦出现借款人违约,贷款人的利益得不到保护,平台也容易出现挤兑、跑路现象。

2. 快速扩张期——以地域借款、高息自融为主(2011—2014 年)

在这一阶段,国内网络借贷平台数量呈现爆发式增长。2012 年 3 月平安系网贷平台陆金所上线;2013 年国内各大银行开始收缩贷款,网贷市场凭借行业优势规模大幅度扩大;2014 年 3 月国家在政策上给予网贷平台大力支持,鼓励互联网金融健康发展,市场竞争更加激烈。该阶段网贷平台和交易规模都经历了高速扩张,但野蛮增长的背后行业问题凸显,问题平台不断出现,跑路现象频繁出现。由于互联网推广有限、行业信任度不高,这一阶段主要以地域借款、高息自融为主。

3. 政策调整期——以规范监管为主(2014—2019 年)

在这一阶段,国家颁布一系列政策给予大力支持,鼓励互联网金融创新。2015 年 7 月《关于促进互联网金融健康发展的指导意见》出台,明确了网贷平台为信息中介,监管部门为银监会;2015 年 9 月国务院印发《关于加快构建大众创业万众创新支撑平台的指导意见》,鼓励互联网企业设立网贷平台;2015 年 12 月 28 日《网络借贷信息中介机构业务活动管理暂行办法(征求意见稿)》正式出台,监管政策落地。一系列政策的颁布标志着网贷行业进入规范化发展的道路。很多关注网络借贷平台而又害怕政策风险的融投资者大规模进入互联网金融领域,网贷行业的交易规模进一步扩大。2015 年 12 月宜人贷赴美上市,为我国网贷平台登陆资本市场开启了先河。

4. 清退转型期——以整顿取缔为主(2019 年至今)

2018 年 12 月 19 日,互联网金融风险专项整治工作领导小组办公室发布的《关于做好网贷机构分类处置和风险防范工作的意见》明确表示，坚持以机构退出为主要工作方向，除部分严格合规的在营机构外，其余机构能退尽退，应关尽关。2019年10月16日，湖南省地方金融监督管理局官网发布公告，取缔国金所、星火钱包、蜂投网等24家网贷机构的P2P业务。湖南省成为国内第一个要求全面清退P2P平台的省份。同时2019年11月27日，国家互联网金融整治办公室和国家网络借贷整治办公室共同发布了《关于网络借贷信息中介机构转型为小额贷款公司试点的指导意见》(83号文)，文件表示将引导部分符合条件的网贷机构转型为小贷公司，而已退出的网贷机构不得申请转型为小贷公司。紧接着，山东、湖北、重庆等地相继发文要求全面取缔P2P平台。截至2020年3月，全国已有共计12个省份通报全面取缔P2P平台。中国人民银行也在2020年金融市场工作电视电话会议上提到，2020年要彻底化解互联网金融风险，建立完善互联网金融监管长效机制，基本化解存量风险，加大整治P2P平台乱象的力度。

四、P2P网络借贷行业产业链

近年来，互联网技术的高速发展为我国P2P网贷平台的快速发展提供了基础，经过近几年的发展，我国的P2P网络贷款行业产业链已初步形成，如图3.2.1所示，其核心为网络借贷平台，主要参与方为出借方和借款方，其他参与方围绕产业链的核心，确保网络贷款行业的有序发展，主要包括监管部门、第三方支付平台、资金存管机构、担保公司、风控机构、行业门户、催收机构等。这些机构为我国P2P网贷的快速发展提供了有力的支撑，成为网贷行业的重要组成部分。

图3.2.1 中国P2P网贷行业产业链

下面将分别具体阐述产业链各环节的参与者在其中的作用和价值。

1. 网络借贷平台

网络借贷平台是 P2P 行业中的信息中介平台,也是网贷行业的核心,是投资方和借款方的交易渠道。P2P 网贷平台于 2007 年引入中国,截至 2015 年末,在我国累计上线成立的网贷平台已达 3 600 多家,其中 2 500 家左右正常运营。2007 年国内首家 P2P 小额信贷服务机构在上海成立,随后点点贷、人人贷、哈哈贷、拍拍贷、安信贷、红岭、盛融、易贷 365、808 信贷、微贷网、E 速贷、融信财富等数十个较大规模的网络信贷平台如雨后春笋般相继发展起来。

在网贷平台的初始发展期,是以拍拍贷为代表的纯线上模式,只要借款方在平台上提供个人资料,平台进行审核后就给予一定授信额度,借款方基于授信额度在平台发布借款标。网贷平台对出借方不提供担保,投资方风险自担,因此在初始阶段并未得到投资者的广泛认可。在此后的发展阶段,网贷平台相继引入了线上线下放贷模式、本金垫付制度、第三方支付机构、担保机构、存管银行等,发展至今网贷平台已经成为多种类、多模式并存的现状。虽然我国 P2P 网贷平台种类繁多,但各平台在业务处理上都有着相似的步骤,具体流程如图 3.2.2 所示。

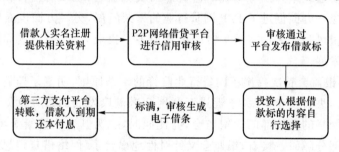

图 3.2.2 我国 P2P 网贷平台业务操作流程图

2. 出借方

P2P 网络借贷出借方主要指该类借贷关系中的资金供给者。P2P 的投资门槛相对较低,多数平台只需几百元即可参与投标,因此广大中小投资者均可参与网贷平台的投资,P2P 理财的热情日益高涨。但要注意的是,虽然 P2P 网络贷款对于中小投资人来说门槛较低,但是投资人在进行网贷投资时还是需要具备一定的风险识别能力和相应的风险承受能力。P2P 网贷涉及的中小借款人众多,目前出现的问题也比较突出。P2P 平台风险可能不会像金融危机那样产生直接的、系统性的冲击,但成千上万的个人投资者的数万亿资金无法收回,不可避免地会影响社会秩序的稳定。一方面说明网贷行业依然鱼龙混杂,另一方面也说明投资人在进行网贷投资时的风险识别能力依然欠缺,容易被虚假信息欺骗以及被高额收益吸引。

3. 借款方(融资者)

P2P 网贷中的借款方通常是具有资金需求的中小微企业或个人。P2P 产业链中的借款方通常选择在小贷平台上和P2P平台上进行借款。一般而言,其他的贷款渠道很难有效地解决中小微企业及个人的贷款需求,如银行贷款通常更倾向于大中型企业,中小微企业若通过银行贷款,通常要面临授信额度低或放款速度慢等难题。而P2P网贷为其提供了一条有效的融资渠道,能够帮助中小微企业解决融资难的问题,因此受到大力支持。P2P网贷与银行形成互补形式,有效解决了中小微企业融资难的问题,并且相比银行而言具有放款速度快、授信额度较高的优势。对于个人而言,有借款需求的也可以选择在P2P网贷平台上发布借款信息申请借款,相比于银行贷款来说,金额更加灵活,放款速度更快。

融资者在网贷平台进行借款时,根据其融资目的的不同和金额的大小,通常需要提交相应的证明材料(如收入证明、个人信用记录等)以供平台审核,必要时需要提供相应的担保品进行担保,审核通过后方可借款。

4. 监管机构

与国内P2P网贷行业发展的火爆情况形成鲜明对比的是监管层面的异常冷静。这种冷静直接导致了P2P网贷行业长期处于无人监管的局面。网贷行业在最初几年发展过程中并没有明确的监管部门实施监管,也没有出台相应的监管细则。这种现象一方面促进了P2P网贷行业的繁荣发展,另一方面也滋生了P2P网贷行业的大量风险。大量问题平台的出现损害了投资人的利益,进而阻碍了网贷行业的健康发展。

2014年银监会首次提出了网贷行业监管的十条原则,明确了监管红线。2015年7月18日,央行发布了《关于促进互联网金融健康发展的指导意见》,该指导意见明确指出网贷的监管部门为银监会,与此同时,也为其合法性给予界定,为行业发展扫清了部分障碍。接着,银监会又针对性地出台了《网络借贷信息中介机构业务活动管理暂行办法(征求意见稿)》(以下称办法),中国网贷行业迎来首个正式的监管文件。办法以负面清单的形式明确了网贷平台的禁止行为,办法的出台给网贷行业的健康发展指明了方向。2016年8月24日,银监会、工信部、公安部、国家互联网信息办公室联合发布了《网络借贷信息中介机构业务活动管理暂行办法》,明确了网贷业务规则和监管细则,明确了"鼓励创新、防范风险、趋利避害、健康发展"的总体要求和"依法、适度、分类、协同、创新"的监管原则。

目前我国P2P网贷行业的监管机构主要分为以下三类:一是国家监管部门,包括银保监会、工信部、公安部、国家互联网信息办公室等。二是风险和自律组织,一些民间自律组织同样发挥着监管作用,目前北上广深等互联网金融发达的一线城市均纷纷成立了P2P行业自律协会,发布了一系列关于P2P网贷的自律协议及章程。2016年3月25日,中国互联网金融协会在上海正式挂牌成立,互联网金融迎来国家级自律组织。16家网贷平台入围首批单位会员。互联网金融的健康规范发展,既离不开政府监管,也离不开行业自律。中国互联网金融协会将推动包括网络借贷在内的互联网金融行业的健康规范发展。除中国互联网金融协会之外，各省、地方也相继成立地方性互联网金融协会，这些地方性互联网金融协会也对推动网络借贷行业的健康发展起到积极的作用。三是第三方数据监测平台，目前一些第三方数据平台也能够对P2P网贷业务进行检测，有助其健康稳定的发展。

5. 资金存管机构

2017年2月，中国银监会办公厅发布《网络借贷资金存管业务指引》，指出委托人开展网络借贷资金存管业务，应指定唯一一家存管人作为资金存管机构。2017年12月7日，中国互联网金融协会正式下发《互联网金融个体网络借贷资金存管业务规范》和《互联网金融个体网络借贷资金存管系统规范》，规范适用于网络借贷资金存管业务，即商业银行作为存管人接受委托人的委托，按照法律法规规定和合同约定，履行网络借贷资金存管专用账户的开立与销户、资金保管、资金清算、账务核对、提供信息报告等职责的业务。

上述文件说明资金存管机构即存管人应为在中华人民共和国境内依法设立并取得企业法人资格及商业银行经营许可证的商业银行。该商业银行应具有明确的总行一级部门，该部门负责管理并负责运营全行网络借贷资金存管业务，该部门设置能够保障全行存管业务运营的完整与独立，不应外包或委托其他机构代理进行资金账户开立、交易信息处理、交易密码验证等操作；应具有自主管理、自主运营且安全高效的网络借贷资金存管业务技术系统；应具有完善的内部业务管理、运营操作、风险监控的相关制度，并在全行范围内发布并实施；应具备在全国范围内为客户提供资金支付结算服务的能力；应承诺向委托人备案登记所在地的有关金融监管部门报送监管所需数据；应符合国务院银行业监督管理机构提出的其他要求。

同时网贷资金存管业务有关当事机构应当遵循"诚实履约、勤勉尽责、平等自愿、有偿服务"的市场化原则，促进网贷行业规范发展。商业银行应确保客户网络借贷资金与委托人自有资金隔离，同时应确保对各个客户的资金进行分账管理；作为资金存管机构开展网贷资金存管业务，不视为对网贷交易行为提供的保证或担保，不承担借贷违约责任。

6. 第三方担保机构

担保公司是为有贷款需要的企业或者个人提供融资性担保服务的中介型机构。它的产生顺应了市场经济的发展，是同时在政府和市场的双重力量下产生和建立的，用以解决参与者在信息、利益等方面存在不平等，交易不顺畅所带来的融资难问题，从而满足中小微企业和个人的担保需求。国内很多P2P平台为了吸引投资者、扩大平台规模，在交易中引入第三方担保机构，并承诺承担完全的本息担保责任，担保的核心作用其实是为了分散平台的风险或者说是将自身的风险传递出去。

引入第三方担保的积极意义有：第一，有助于平台提高运营水平和可靠度。通过借款人与第三方担保机构的合作,能够解除平台对借款人信用和借款项目的担保,从而使平台具有独立性和中介地位,使平台有足够的精力去改进自身的运营水平和安全。第二,提高了出借人资金的安全性,增强了市场和出借人对P2P网贷的信心。第三,通过与P2P网贷行业的对接,可以推动担保公司扩大资金规模,完善公司的内部控制和风险管理机制,推进各项担保业务的科学化、规范化发展。

目前,P2P网贷存在多种担保模式,但没有一种能够完全消除出借人面临的投资隐患和风险,引入担保同样也造成了一些消极的影响,主要有:第一,担保公司过度担保,担保额超出偿付能力,一旦担保项目出现了问题,将会产生极为严重的连锁后果。第二,不利于培养理性合格的出借人,担保的存在会让出借人对风险失去必要的警惕,从而导致非理性的跟风投资。出借人一般缺乏必要的风险识别能力,平台也没有很好地把握风险,给投资人带来了较大的风险,但引入担保机构后会对投资人心理上产生安慰,投资数额和规模相继变大,进而触发非理性投资。第三,提高了借款人的融资成本,有的担保机构会要求借款人提供一定的保证金和抵押物,同时收取一定比例的担保费作为自身承担风险的对价,无形中增加了借款人的负担。

7. 小贷公司

国内一些P2P网贷平台采用线下与小贷公司合作的模式,小贷公司对融资者进行全面的身份审核,验证融资者的资料,形成小贷公司与融资者的审核机制,由此确保融资者信息的真实性和项目来源的可靠性。优质的小贷公司是确保优质项目来源的基础。从P2P网贷平台的层面来看,与线下小贷公司的合作是平台第一道有力的风控保障。但由于小贷公司和网贷平台均在小额信贷领域,彼此间存在业务竞争关系,双方合作仍存在不少问题。比如,小贷公司推荐给网贷平台的项目往往是经过小贷公司自身筛选过后的,较好的优质项目通常留给小贷公司自己。因此,互补的合作模式需要双方建立更深层次的合作关系,实现共同价值。另外,网贷平台应不断增强线上风险审核能力,完善平台建设,控制平台风险不断降低,增强自身实力,并逐步回归线上本质。

8. 征信机构

就P2P网贷行业在我国的实际发展情况来看,存在先天性的短板,主要表现为我国的征信体系(特别是个人征信体系)严重滞后,相较于欧美等发达国家市场化程度不高,且存在覆盖面较低、数据较分散、指标体系不够完善等问题。近年来征信机构的出现对该问题有一定的缓解,征信机构有权对借款方进行信用评级,网贷平台通过与征信机构合作可以掌握借款方的信用等级,针对不同的信用等级给予相应的授信额度,从而进一步降低借款的信用风险。2015年1月,央行授权8家民营公司作为个人征信试点,进一步促进了民营征信体系的构建。但对于征信的标准和体系的完善还有很长的路要走。

9．其他机构——信息门户网站

信息服务类门户网站的主要作用是为投资者提供有效资讯、数据、分析等服务。搜索交易类门户网站主要汇集众多网贷平台的产品，及时发布投资标的信息，通过与网贷平台合作，可以充分接入平台产品，方便投资者比较和交易，给投资者带来方便的投资体验。信息门户网站的形成大大促进了投资者交易，并提供了便利的投资渠道，利于网贷行业的发展，可以纠正行业错误，促进行业风向趋于健康。需要注意的是，门户网站的信息宣导与舆论引导应加以规范，避免误导。

五、P2P 网络借贷的发展现状

（一）行业规模

1．平台数量

2019 年，伴随着平台清退工作逐步发力，多地区消息称将取缔辖内全部 P2P 网贷业务，P2P 网贷平台正常运营平台数量继续下滑，其中对于中小平台以清退为主，而大平台多以转型小贷、网络小贷、助贷、消费金融等为主要方向。此外，为加强征信体系建设，增大对失信人的惩戒力度，对逃废债行为产生一定程度的制约，不少平台将全面完成征信接入。

截至 2019 年 12 月底，P2P 网贷行业正常运营平台数量下降至 343 家，相比 2018 年底减少了 732 家，如图 3.2.3 所示。从全年 12 个月的正常运营平台数量走势看，伴随着监管部门多次发声表示 P2P 网贷平台整治仍将以出清为主要目标，引导平台退出和转型，正常运营平台数量不断下降，截止到 2020 年 10 月底，实际运营的 P2P 平台仅剩 3 家，按照国家整顿清理要求，2020 年底全部整顿转型完毕，进入正常监管。

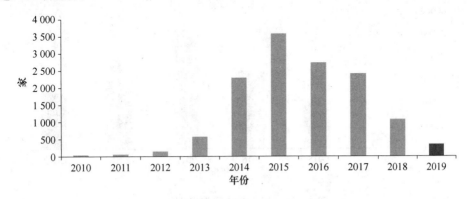

图 3.2.3　各年 P2P 网络借贷平台数量

（数据来源：网贷之家研究中心）

2．网贷成交量

2019 年全年 P2P 网贷行业成交量达到 9 649.11 亿元，相比 2018 年全年 P2P

网贷成交量(17 948.01亿元)减少了46.24%,从数据可以发现2019年全年成交量创了近5年的新低,如图3.2.4所示。截至2019年底,P2P网贷行业历史累计成交量约为9万亿元,单月成交量呈现上半年高、下半年逐渐走低的态势,四季度成交量维持低位。成交量逐步走低与部分大平台逐步转型、监管"三降"、出借人对行业谨慎的态度密不可分。

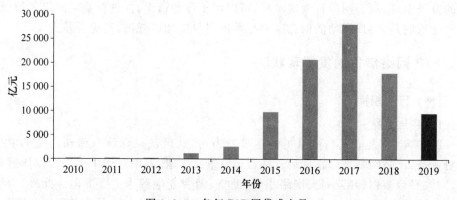

图 3.2.4　各年 P2P 网贷成交量
(数据来源:网贷之家研究中心)

3. 网贷贷款余额

随着成交量逐步下降,P2P 网贷行业贷款余额也同步走低。截至 2019 年底,P2P 网贷行业总体贷款余额下降至 4 915.91 亿元(如图 3.2.5 所示),同比 2018 年下降了 37.69%。这主要是由于 2019 年行业清退力度加大,平台继续按照监管"三降"要求降低贷款余额。此外,多家大平台开始业务转型,停止发标导致贷款余额急剧下降。诸多因素的影响使得行业贷款余额在 2019 年出现了明显的下降。

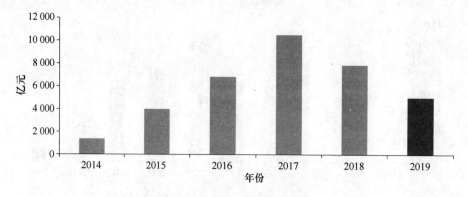

图 3.2.5　各年 P2P 网贷贷款余额
(数据来源:网贷之家研究中心)

从各省市分布上看,北京、上海、广东三个地区的贷款余额排名全国前三位,2019 年底的贷款余额分别为 2 709.02 亿元、1 118.38 亿元、576.92 亿元,如

图 3.2.6 所示,三个地区占全国贷款余额的比例为 89.59%。浙江、江苏紧随其后,2019 年底的贷款余额分别为 239.58 亿元、13.77 亿元。

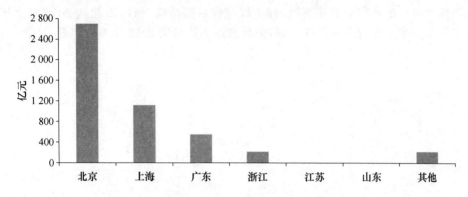

图 3.2.6　2019 年底主要省市 P2P 网贷贷款余额
(数据来源:网贷之家研究中心)

(二) 行业特点

1. 平均借款期限

2019 年 P2P 网贷行业平均借款期限为 15.42 个月,相比 2018 年拉长了 2.77 个月。如图 3.2.7 所示,从 2014 年开始 P2P 网贷行业的借款期限一直呈现拉长的趋势,这主要是因为行业清退过程中,中小平台的发标规模愈发下降,大体量平台集中度更高,而这些平台更倾向于发布长期项目标的,从而带动行业平均借款期限拉长。

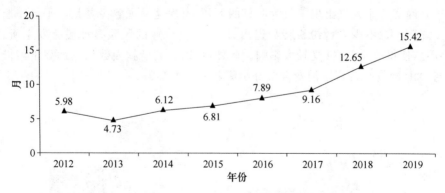

图 3.2.7　各年平均借款期限走势
(数据来源:网贷之家研究中心)

2. 网贷综合收益率

2019 年 P2P 网贷行业总体综合收益率为 9.89%,如图 3.2.8 所示,相比 2018 年 P2P 网贷行业总体综合收益率上升了 8 个基点(1 个基点=0.01%)。2019 年综合收益率继续小幅回升,主要原因在于 2019 年上半年几家大平台出现"爆雷",为避免出借人信心不足、资金大幅流出,不少平台为提高出借人留存率,进行了加息活动。不过,后期随着平台发标数量的大幅度减少,资产端监管加码,借款端利率下降导致出借端利率也出现下滑,行业综合收益率持续下行,因此从2019年全年看综合收益率呈现前高后低的局面,但是总体仍然相比2018年略有上升。

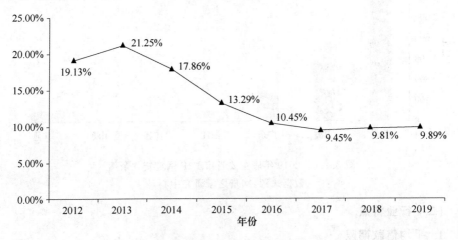

图 3.2.8 各年综合收益率走势
(数据来源:网贷之家研究中心)

3. 网贷人气

据测算,如图 3.2.9 所示,2019 年 P2P 网贷行业出借人数与借款人数分别约为 726 万人和 1 156 万人,较 2018 年分别下降 45.44% 和 41.97%。从数据可以看出,P2P 网贷行业人气出现了较为明显的下降,出现这一现象主要是由平台普遍贯彻"三降"要求、不少平台纷纷转型退出、P2P 网贷行业的风险事件屡有发生所致,诸多因素使得成交、人气受较大影响。此外,可以看到借款人数仍然远高于出借人数,与 P2P 网贷平台多以消费金融等小额业务为主有关。

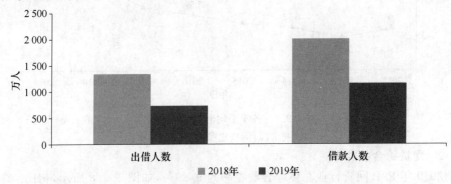

图 3.2.9 2018 年、2019 年网贷投资人数与借款人数对比
(数据来源:网贷之家研究中心)

(三)平台结构

截至2019年底,如图3.2.10所示,正常运营平台数量排名前三位的是北京、广东、上海,数量分别为94家、69家、28家,浙江紧随其后,正常运营平台数量为15家,四地占全国总平台数量的60.06%。可见2019年随着行业清退力度加大,正常运营平台数量出现大幅度下降,导致全国所有省市正常运营平台数量均跌破百家。此外,正常运营平台数量排名尾端的地区,河北、山西、重庆、四川、甘肃、云南和湖南共7个地区的正常运营平台数量已经跌至0家,宁夏、黑龙江、天津和西藏正常运营平台仅为1家。

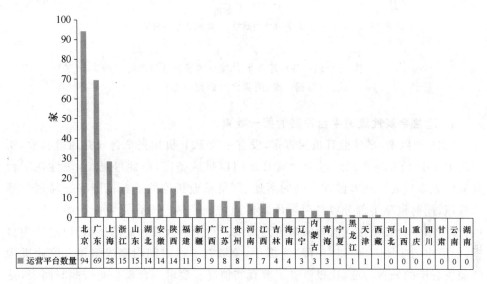

图 3.2.10 2019 年底各省正常运营平台数量
(数据来源:网贷之家研究中心)

2019年监管信号密集释放,P2P网贷清退速度明显加快,多地均发布清退当地所有平台的消息。据统计,2019年全年退出行业的平台数量为732家,由于正常运营平台数量基数下降,2019年停业及问题数量相比2018年有所减少,如图3.2.11所示。不过2019年退出的平台对行业的影响较大,数家待收规模上百亿的平台开始转型退出,转型方向以助贷业务为主,这些平台披露的数据显示,机构资金占比逐级上升。

六、P2P网络借贷的发展趋势

细数P2P在中国的发展历程,从国外模式的简单模仿,发展成为当下结合本土特征,引入第三方担保与监管措施的稳定模式,监管制度不断完善,用户对P2P网贷的接受程度也得到了显著提高,未来我国P2P网络借贷将呈现以下发展趋势。

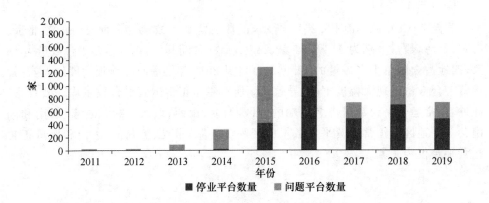

图 3.2.11　各年停业平台及问题平台数量走势
（数据来源：网贷之家研究中心）

1. 运营合规性成为平台发展的第一要素

2019 年以来，多地监管机构宣布，没有一家 P2P 机构完全合规并通过验收，所有的 P2P 网贷业务也未经过金融监管部门审批或备案，由此可见，合规性在平台发展中尤为重要。随着监管细则的落地，网贷从业机构的业务范围和交易逻辑逐渐规范，同时剔除了部分容易引发风险传递的资产端。平台资金必须纳入第三方银行存管，平台必须接入监管实时监测系统。对于不合规企业的整治，以出清为目标，以退出为主要方向，以"三降"为抓手，争取在一段时间内完成整顿。停业机构要加快资产的处置力度，让投资者了解真实情况。要求不合规企业按照时间表，兑付投资者的投资款。对没有接入监管实时监测系统的，限期停止发新标，限期退出市场。

2. 网贷机构向小额贷款公司或消费金融公司转型

为了最大限度地减少出借人的损失，维护社会稳定，促进普惠金融规范有序发展，将无严重违法违规行为、有良好金融科技基础和一定股东实力的机构转型为小贷公司。对于极少数具有较强资本实力、满足监管要求的机构，可以申请改制为消费金融公司或其他持牌金融机构。

平稳引渡正在运行的机构。本着坚持机构自愿和政府引导、坚持市场化和法制化的处置、坚持原则性和灵活性相结合的三项原则，当地政府结合合规检查情况，引导符合转型条件的网贷机构通过转型化解存量业务风险。拟转型的网贷机构应符合合法合规经营的条件，其股东和管理团队应符合条件，能够出具可行的转型方案，另外，该机构应具有较强的科技金融实力。

七、P2P 网络借贷案例

1. 拍拍贷

（1）公司概况

拍拍贷是中国成立的最早的 P2P 网贷平台，于 2007 年在上海成立，是国内第一家通过工商部门批准的无担保网贷平台。据网贷之家数据显示，拍拍贷于 2012 年通过红杉资本完成首个 A 轮投资；2014 年通过光速安振中国创业投资、红杉资本及纽交所上市公司诺亚财富完成了首个 B 轮投资；2015 年 4 月拍拍贷宣布完成了 C 轮融资。

（2）运营模式

拍拍贷网络借贷平台是一个典型的纯线上网贷平台，交易模式如图 3.2.12 所示。拍拍贷成立之初已经受到了互联网借款人的热捧，从申请和发放贷款到手，以及贷款的回收，全部过程都在线上完成。通过完善的线上借贷管理平台，轻松实现了借款人资金发放的管理以及贷款人利息的计算等。为了培养贷款人的分散投资理念，拍拍贷只对多笔贷款进行本金的综合担保，不对小笔的贷款进行担保。

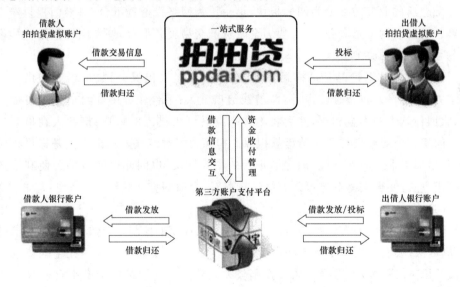

图 3.2.12 拍拍贷平台的交易模式

（3）规模收益情况

拍拍贷在网络借贷平台的盈利模式主要有两个：第一个是借款人与出借人形成借贷关系时的手续费用；第二个是第三方平台的资金充值付费。还有其他收费渠道，就是逾期未还本金的利息费用。由于拍拍贷的整个借贷过程都在线上进行，所以它的运营成本相对传统金融机构来说尤为低廉。因为借助了 24 小时都能高效运作的网络借贷系统,所以它能够无限放大借贷收益以及管理规模。网贷之家机构数据显示,2015 年 P2P 平台平均利率保持在 12%～18%,根据业务种类的不同有所区别。

(4) 特点

网络借贷平台虽然在时间和空间上有绝对的优势,但是在信用审核以及风险控制方面存在明显不足,主要体现在以下几个方面:第一,网络借贷平台没有很完善的信用评价体系,所以风险评估审核都是在追求利益最大化的前提下进行的;第二,对借款人本身风险评估不够专业,提高了借贷风险,导致整个网络借贷数据不能很好地及时预警和发现借贷风险的存在。

2. 陆金所

(1) 公司概况

2011 年 9 月,平安斥资 4.2 亿元,成立上海陆家嘴国际金融资产交易市场股份有限公司,简称"陆金所"。其旗下的网络投融资平台由中国平安集团一手打造,于 2012 年 3 月正式上线运营。

(2) 运营模式

陆金所的业务主要分为两大板块,第一块为网络投融资平台,是专门提供给个人客户的互联网金融服务;第二块为金融资产交易服务平台,是专门提供给机构客户的互联网金融服务。

陆金所的 P2P 产品是这样运作的:在线同时联系担保公司、出借人和借款人三个方面,出借人将资金转入平台,借钱给借款人;平台作为中介给借款人发放贷款,收回借款人的本金利益,然后将本金利益转到出借人的账户;借款人在借款的同时向担保公司递交材料申请借款担保。担保公司对借款人和出借人都提供担保服务,增加了平台的安全性,确保了平台的中介性质,也因此保证了平台便利快捷的操作方式,使得交易双方可以直接进行配对,合适则直接签约。

(3) 特点

因为陆金所有平安银行的担保,所以在一定程度上控制了风险;各方面技术过硬,成本低,吸引了更多借款人和出借人在平台上进行交易。但同时此金融背景也带来了相对的短板,使得线下风险控制较差。陆金所的网络投融资平台还具有高速的流动性,借款者自身可以有多个身份相互转换,提高了平台效率,降低了平台风险。

3. 安心贷

(1) 公司概况

安心贷平台于 2011 年 11 月正式上线运行,是由原网下实体的小额借贷担保公司图们市鑫友投资开发并运作的。安心贷的全称叫安心网络借贷担保平台,从名字上就可以看出其不同之处——担保平台。安心贷开通网络借贷平台以扩大客户群,并为借贷双方提供全面的借贷经纪和借贷担保服务。安心贷对平台上每笔借款申请都会认真地审核,包括实地调查、担保手续、审批贷款和贷后管理。因此,安心贷并不是简单的线上借贷,而是将网下审核担保后的贷款申请放到网上进行筹资撮合,这不仅扩大了筹资资金来源,同时也为线上投资人提供了可靠的贷款标的。安心贷开创了一个"平台担保""网上筹资""网下放贷"的崭新网络担保平台模式。

(2) 运营模式

安心贷的运营模式如图3.2.13所示。与其他平台一样,安心贷平台用户也是通过注册、审核、验证成为会员,然后进行网贷申请,获取担保,发标筹款,标满放贷。与其他平台运营模式最大的不同就是安心贷提供的专业担保服务,安心贷在审核阶段要进行网申资料和实地调查的双重审核,获得平台的担保后才可在网上发标筹款。

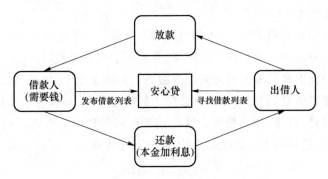

图 3.2.13　安心贷的运营模式

借款人可选择的借款方式有四种。第一种是抵押性贷款,适用于安心贷开展抵押贷款业务的区域,必须是拥有被安心贷认可的实际价值的抵押物,并且信用历史良好的个人。抵押贷的可贷资金额度为10万元起,采用到期还本付息的方式。第二种是商贸联保,用于融资者在专业化市场或商场具有实体经营且业绩优良的商户,三个以上商家就可组成一个联合组,平台将为联合组组员提供担保贷款。第三种是信用贷,用于有正当固定职业、收入稳定的机关、企事业等单位的正式人员,或拥有良好效益和信誉的网店或实体店个体经营者。但因为是信用贷,额度就制定得较小,一般为2 000~6 000元不等,还款周期也要求比较短,为1~6个月。第四种是周转贷,适用于安心贷特权用户投资人,但其须有待收本息总额2 000元及以上,目的为用于短期资金周转,期限从1天到3个月。

(3) 特点

安心贷最大的特点是其慈善性,它积极与多家慈善机构合作,模仿美国的公益性平台 Kiva 的模式通过网络借贷平台发布慈善信息,获取更多爱心资金的帮助。由此平台也成为国内较早开展 P2P 在线慈善资助的网络中介平台。安心贷平台在成立后的两年内屡获殊荣,有"中国网络借贷担保客户信赖首选品牌",中国教育电视台"3·15"调查特别报道组、中国消费者协会联合颁发的"3·15"消费者信得过品牌,以及"2012(担保行业)年度影响力企业"等荣誉。

4. 宜信

(1) 公司概况

宜信公司是 2006 年在北京成立的。在成立之初,宜信公司的理念是想通过创建"精英贷""新薪贷""助业贷""助学贷""宜农贷"等多种新型小额借贷模式的网络平台,结合中国本土的社会信用状况,为城市及农村中的高成长性人群,如工薪阶层、大学生、小微企业主和农户等,提供快捷方便的普惠金融服务。目前宜信已经在北上广深等一线城市,武汉、郑州、成都、沈阳等多个省会城市,20多个农村建立了服务网络。

(2) 运营模式

宜信早期的运营模式是"线上信息的收集沟通+线下实体店的规范运作"。宜信积极构建了遍及全国的实体经营网络,并推出了规范的品牌产品体系,为有投融资意向的客户提供高品质的投融资信息服务。如图 3.2.14 所示,客户在其网站上注册发布投融资信息,宜信通过具有公信力的信用平台,对有需求的双方进行信息的评估筛选、匹配对接、签约服务。这类似于民间借贷中介机构的运作模式,在整个借贷过程中,借贷双方是真正的主体,宜信只是提供一个促成交易的平台。

图 3.2.14 宜信的运营模式

(3) 特点

宜信公司试图成为国内普惠金融的倡导者和实践者,并想逐步成长为一家集财富管理、信用风险评估与管理、信用数据整合服务、小额借款行业投资、小微借款咨询服务与交易促成、公益理财助农平台服务等多种业务于一体的综合性现代服务业企业。

第三节 众筹融资

一、众筹融资概述

1. 众筹的定义

众筹是指大众筹资或者群众筹资，从广义上而言，一切金融活动本质上均属于众筹。众筹形式按照对投资人的回报种类进行分类，互联网金融背景下的众筹可分为捐赠众筹、奖励众筹、股权众筹、债权众筹，是指利用在线平台将社会闲散资金聚拢，并由企业或个人在平台上发布融资需求，目的是寻找合适的投资人，并通过报酬或投票权等形式回报对方。另外，投资人也可以通过众筹平台找到高回报投资项目，实现自身财富积累。众筹平台按其回报模式，可分为互联网非公开股权融资型（简称为股权型）、权益型、公益型、物权型和综合型平台等。互联网众筹融资的出现使供需双方能够直接通过互联网平台进行交易，发挥一定的金融脱媒作用。在这个过程中交易信息更加透明，交易成本更加低廉，显著降低信息的不对称程度，互联网众筹对传统融资渠道运作模式也产生一定冲击。截至 2018 年 6 月底，我国互联网众筹平台总数为 854 家，其中正常运营的为 251 家，2018 年上半年已成功项目有 40 274 个，成功项目的实际融资额达 137.11 亿元。

2. 众筹模式的起源

国外众筹模式的起源可以追溯到 18 世纪，其主要服务对象是文艺作品，艺术家们意识到采用此种模式募集资金比较合理，他们将大众募集的资金用于艺术创作，而作为回报，通常会将亲笔签名或者书籍等赠予曾经帮助过他们的人。1885 年的自由女神像基座项目就是通过众筹资金的方式完成的，每位资助者依据其资助的金额，可以获得相应英寸的自由女神像，这充分说明了众筹在西方的悠久历史。2003 年 Artistshare 正式成立，其融资项目主要是面向音乐节的艺术家及其粉丝，它的出现标志着互联网众筹模式的诞生。2009 年在美国成立的 Kickstarter 具有代表性，是一家专为具有创意方案的企业融资的众筹网站平台。

国内方面，最早的实体众筹主要以一些基于同样兴趣的团体会组织而成，而到了 21 世纪，互联网和计算机的普及带动了互联网众筹的迅速发展。2011 年 7 月国内首家众筹网站点名时间上线，标志着我国网络众筹的开始，它是一家偏向文化创意项目的综合类众筹网站；其后出现的天使汇众筹平台也成为当时国内最大的一家股权众筹平台。众筹模式在我国兴起不到 10 年的时间内，成为发展最为迅速的互联网金融模式之一。随后随着象征国内混合众筹平台建立的垂直网站的出现，到淘宝众筹、京东众筹等纷纷成立，国内众筹模式的业务规模迅速扩大。

京东众筹板块创立于2014年7月1日,致力于作一家投资门槛低、新奇、使全民都有参与感的众筹平台,其凭借率先一步众筹的原则,仅在半年内,便成功地坐到互联网权益类收益的头把交椅。京东众筹平台采取基于硬件为主形式,并考虑在将来,扩展为全品类方式的众筹形式,其众筹产品将会覆盖具体事物、公益产品、房地产产品及影视产品等。淘宝股权众筹形式是淘星愿通过创新转型转变而来的。淘宝众筹虽然起步较早,但也经过一系列的摸索,才逐步走上正轨,并最终确定了众筹的几个方向,具体为科技、设计、农业、工艺和娱乐。淘宝众筹在整个过程中,推广力度一直较强,有时候会和一些已经转型的预售网站展开竞争,并在一系列事物产品的众筹竞争中,取得较好的筹资市场。据不完全统计,2016年我国众筹行业的筹资额已经突破百亿大关,相比于成立之初,同比增长了近600%。每天都有大量的众筹项目上线,加之当前很多电商平台加入众筹行业,更是推动了众筹市场的迅速发展。

3. 众筹的主体

众筹主要由三类参与主体构成,分别是项目筹资人、项目投资人和众筹平台。

(1) 项目筹资人

项目筹资人一般是在众筹平台上发布项目的责任人,通常是项目筹资人在对市场进行前期考察后,通过自身能力获得了新的想法或好的创意,但是没有足够的资金将产品或服务市场化。筹资人会依靠平台,让投资人参与具体的产品创新与研发,试生产及产品推广等步骤,并依靠这一系列活动来获得较为理想的市场效应。

(2) 项目投资人

项目投资人通常是数量庞大的互联网用户,对平台上发布的感兴趣的项目进行评估,之后付出一定比例的资金给筹资人,筹资人承诺给予一定利息作为回报,待到约定时间,筹资人会连本带利一并返还给投资人,投资人获得实物或红利等回报。

(3) 众筹平台

众筹平台是实现线上展示项目和线下撮合的平台,在众筹过程中主要扮演着居间中介的角色,是连接筹资人和投资人的媒介,其主要职责是依据相关法律法规,并且依托网络技术支持,将项目发起人的融资需求和项目信息介绍发布在互联网平台上,以供投资人选择。平台在筹资前期需要筹资人的信息进行审查,确保筹资人资质和项目的质量,筹资成功后有一定的监督义务。

二、众筹的分类

(一) 众筹形式的分类

众筹形式按照对投资人的回报种类分类如下。

1. 捐赠众筹

捐赠众筹是发起人利用互联网通过众筹平台向社会公众请求援助的一种个人求助方式。在捐赠众筹中，投资人作为赠予人的角色，筹资人作为受赠人的角色，筹资人在众筹平台上发布关于众筹的慈善意义的项目，其本质是向投资人发出一定目的、性质的要约。捐赠众筹过程是不求任何经济回报的，并且这种关系具有无偿性的特点，同时也具有一定的法律效力。

现阶段，一般意义上的捐赠众筹其目的是尽可能地帮助筹资人完成其既定项目，如生病、财产损失及自然灾害等。在整个捐赠众筹中，受赠人必须将捐赠人的善款用以约定的用途，而不得挪为他用。

捐赠众筹方式在国外比较成熟，近些年在我国也有一定程度的发展。"水滴筹"自 2016 年 8 月成立起，其发起的众筹爱心计划都多次创出国内同类众筹的数额最高纪录。该平台发起的捐赠众筹均属于公益性质，实际的项目实施过程中，也会向投资人承诺一定的实物报酬或者服务报酬，如颁发一些奖状、荣誉证书等，而这些报酬的货币价值会远低于投资人的投资。以 2016 年 10 月"水滴筹"发起的"大爱清尘 一缕阳光加氧站公益众筹计划"为例，介绍"水滴筹"捐赠众筹的运作模式。项目上线后立刻获得众多爱心人士的关注和支持。目标是在 2016 年 12 月 10 日前筹集到 50 万元人民币，用于当前农民工"尘肺"的治疗和预防。经互联网平台及多方共同努力，尽可能地多筹集资金。著名演员陈坤委托东申童画公司通过"水滴筹"平台，给"大爱清尘一缕阳光加氧站公益众筹计划"捐助 10 万元。陈坤强大的号召力让这个众筹项目得到了更广泛的关注和认可。项目结束前获得了 1 016 180 元的支持，筹资率达到近 200%。据统计，"水滴筹"发起的这次众筹项目共计获得 84 021 人支持，不仅实现了"关注就是力量，行动改变命运"的公益理念，还成功完成了捐赠众筹计划。

2. 奖励众筹

奖励性众筹，又称为权益型众筹、商品众筹。奖励众筹的概念界定如下：具体指的是投资人将所闲置的资金投资给筹资人，用作商品或者服务在研发初期的资金支持。待该商品开发成功批量生产时，筹资人要按照当时的筹资约定，将特定数量的商品或基本服务以无偿或低于市场价的方式提供给投资人。结合奖励众筹的概念，此种形式的众筹是商品没有生产出来，筹资人所采取的一种特定的预售行为，此行为需要投资人在对筹资人的产品方案有较清楚的了解后，进行预付款。

奖励众筹的商业逻辑是完全以顾客为中心所展开的众筹行为。奖励众筹既具有赠予性，也具有买卖性，可以将奖励众筹划分为综合性和回报式奖励众筹，当前综合性奖励众筹作为现阶段一种"大众创业"形式广泛采纳的众筹方式，被筹资人广泛采用。

"点名时间"是当前国内综合性奖励众筹平台的代表，平台支持的项目类别众多,目前支持体育、出版、娱乐、艺术、农业、商铺七个行业的项目,平台吸引的投资人也相对较多,竞争优势也较为显著。到2016年12月,"点名时间"已经累计发起成功奖励众筹项目1 382个,募集资金1.34亿元。"点名时间"众筹运作链条可以划分为四个阶段,分别是项目发起—项目审核—项目上线—项目启动,在这一流程中实现在项目发起人和项目投资人之间的信息流和资金链。

"点名时间"的项目运作流程为:第一,项目发起。项目发起人在"点名时间"平台按照相应流程和规定完成项目信息填报。第二,项目审核。由"点名时间"负责审核项目的可行性、真实性及合理性。第三,项目上线。"点名时间"将符合要求的项目发布,进入资金筹集环节,并规定筹资期限和筹资金额。第四,项目启动。在规定期限内完成筹资额度,"点名时间"收取相应费用,如项目不成功或无法启动,则不收取佣金。

2015年3月,"点名时间"在北京、上海等地的硬件和软件支持下发起线上线下"点名时间10×10大会",每场投资者直接以打款的方式支持项目的推进,盈利模式为项目筹资成功后向筹资人收取总筹资额的5%的费用获取利润。该众筹项目最终成功获得实施,成功地吸引了2 000多名支持者,共筹集资金超过100万元,远超过既定的30万元的计划,投资人也获得既定利润作为投资回报。

"点名时间"的奖励众筹模式与Kickstarter平台十分相似,其运营模式适应了时代发展的潮流。然而伴随着行业竞争的不断加剧,"点名时间"在未来也将面临更大的调整。如伴随着国家科技振兴计划的实施,科技类奖励性众筹平台将不断增加,而"点名时间"目前并未设置"科技板块",有可能导致平台佣金利润的下滑。

3. 股权众筹

股权众筹概念界定如下:具体指的是公司让出自身一定比例的公司股份,并将这一比例的股份面向社会普通的投资人,社会投资人通过投资方式,完成入股公司,从而获得一定利益的行为。此种众筹方式一般基于互联网展开,让股公司通过在众筹平台中发布关于公司的实际情况、发展目标、出股及每股情况等,吸引投资人对公司完成融资行为。

股权投资的另一种合理解释为:公司股权私募互联网化。一般意义上的股权众筹可以分为两类。其一是无担保股权众筹,具体指的是投资人在完成对某公司股权的众筹过程中,没有经过第三方公司对其经济利益责任实行担保行为,而完全出于自愿投资的。其二是有担保的股权众筹,顾名思义,指投资人在完成对某特定募集资金公司的投资时,由第三方公司对其投资行为进行担保,担保期限在众筹平台会有明确的规定,对于此种形式的担保,在后期投资人收到经济回报后,担保公司会自动按照之前约定,扣除相应的担保报酬。由于现阶段互联网上以担保意义存在的担保公司数量不多、相关制度不够健全等原因,基本都是采用无担保形式的股权众筹,且局限在一些资质、信誉较大的公司。

以"创投圈"为案例对股权众筹的运营模式进行分析。当前"创投圈"平台的主要业务是为创办初期企业的种子期融资提供平台，并在平台上为投资人推荐合适、高质量的投资项目，使得更多创业初期的企业能够接触到更多顶级的投资人群。股权众筹不仅致力于撮合创投双方的合作，同时也致力于打造线上线下的投融资过程。"创投圈"平台的股权众筹流程如图 3.3.1 所示。

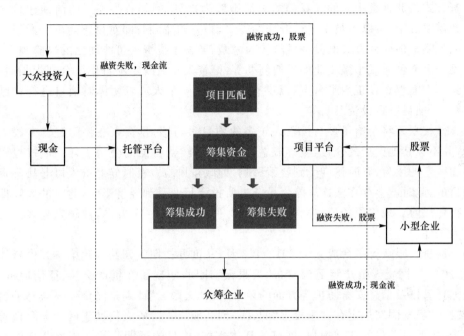

图 3.3.1 "创投圈"股权众筹的运作流程

在第一阶段，筹资发起企业根据自己的融资需求，在"创投圈"平台递交股权筹资项目申请，并发行一定量的股票。在此过程中，筹资发起企业必须要根据规定披露一系列信息，作为"创投圈"和投资人的参考，一般包括企业的财务报表、商业计划、财务预测报告等，并由"创投圈"平台对项目进行审核。审核通过后公开发布投资项目，投资人根据筹资发起企业披露的信息，选择合适的投资项目，自主决定投入的金额，并将相应的资金托管到"创投圈"平台。此时"创投圈"平台发挥的是第三方托管功能。投资人选择投资项目，并逐渐募集资金。在第二阶段，达到筹资期限后由"创投圈"对筹资成果进行判断，如果该项目筹资成功，则股权融资密保达成，企业将获得相应的资金，投资人可以获得股票。"创投圈"根据平台预设的费率从筹资金额中抽取相应的服务费。如果筹资失败，则股票退回企业，现金返回投资人。

在类似"创投圈"平台之类的互联网股权众筹中，众筹项目的发布对外是公开透明的，能够激发投资人的参与热情。然而由于平台审核水平或审核标准的限制，很有可能出现优质项目和低劣项目鱼龙混杂的现象。股权众筹平台为了提高自己的信誉度,吸引更多投融资者的关注,往往会在项目的审查方面加大力度,但如何确保上线项目的质量仍然是股权众筹平台需要解决的问题。

4. 债权众筹

债权众筹指的是借贷型为主的一种投资方式,也就是现在互联网流行的借贷投资方式。此种类型众筹在我们的生活中较为常见,例如有些工厂的前期建设与生产需要资金,可以由员工进行资金的筹集,当公司盈利时即对投资的员工给予一定的报酬。但此种方式的投资风险较为隐蔽,增加了投资人可能面临的风险损失,多见于早期创业或小微企业的早期创办等,筹资人在对既定项目作出合理规划后,将具体方案发布在正规平台上,以供有投资想法的个人或者团体对项目进行详细了解、对项目进行投资参与等。

债权众筹将会给予参与投资人较多的项目参与感,投资人在将闲置资金投出后,并不像其他类型的众筹,坐等收益,而是像在经营自己的公司一样。债权投资存在一定的风险,有时候会受到政策影响,即政策风险。有时候筹资人以非法集资为目的,此时就会存在法律风险。投资人所投资行业受到经济影响,此时的风险即为行业风险。现阶段的债权众筹也是 P2P 平台转型的一个方向,被越来越多的投资人关注。

网贷天眼众筹平台成立于 2012 年 3 月,从创办初期就开始构建第三方借贷体系,2015 年网贷天眼众筹平台发布"天眼云"计划,实现了在资产交易、征信服务、证据托管以及信息安全防护等方面的云系统。"天眼云"计划是网贷天眼众筹平台继发布"投友圈""乐定存""乐投宝"的又一创新成果。筹资人借助于网贷天眼众筹平台,主要对项目的前期规划、项目的具体实施、项目的近期收益期望值及远期规划进行说明,并对项目投资人的具体投资回报进行说明。截至 2016 年 12 月底,网贷天眼众筹平台的注册用户已经突破 50 万人,成为国内网络借贷投资中最具权威性的第三方平台之一,为中小微企业发展提供助力。

2014 年,福建泰果仔企业管理有限公司在网贷天眼众筹平台发起了债权众筹项目。在该项目的发展初期,福建泰果仔企业管理有限公司便在平台上发布了泰果仔项目债权众筹,泰果仔众筹项目在收益方面,也较先前的债权众筹项目有着较大的革新,即投资人在投资 12 个月内,不出现撤资现象,便可获得福建泰果仔企业管理有限公司 12% 的年化固定收益。此外,如若店铺在全年的营业额出现高于 18 万元的情况时,该债权众筹项目投资人便可获得店铺当月营业额的 5% 作为投资奖励回报。承诺对投资人进行收益保底,即没有实现营业额超过 18 万元的情况时,企业也要将事先承诺的固定 12% 年化收益率以补贴的方式,向所有投资人发放。

(二)众筹平台的分类

众筹平台按其回报模式,可分为互联网非公开股权融资型(简称为股权型)、权益型、公益型、物权型和综合型。

1. 股权型众筹平台

股权型众筹平台是指为筹资人和投资人提供股权众筹项目的平台，平台特色为公司出让一定比例的股权，面向普通投资人，投资人通过出资入股公司，获得未来收益，典型代表如人人创、众筹客等。

2. 权益型众筹平台

权益型众筹平台是指为筹资人和投资人提供权益型众筹项目的平台，平台特色为投资人对项目或公司进行投资，获得产品或服务。权益型众筹又称为奖励型众筹或商品众筹，典型代表如点筹网、淘宝众筹等。

3. 公益型众筹平台

公益型众筹平台是指为筹资人和投资人提供公益型众筹项目的平台，平台特色为不以营利为目的，通过互联网或其他媒介向不特定大众筹集资金，用于救助灾害、救济贫困等公益事业，典型代表如水滴筹、腾讯乐捐等。

4. 物权型众筹平台

物权型众筹平台是指为筹资人和投资人提供物权型众筹项目的平台，平台特色为通过互联网面向大众筹集资金，用于收购实物资产，通过资产升值变现获取利润，其回报分为经营分红、租金分红以及物权的未来增值收益，典型代表如维C物权、智仁科等。

5. 综合型众筹平台

综合型众筹平台是指为筹资人和投资人提供综合型众筹项目的平台，平台特色为众筹平台上项目类别较丰富，包括智能科技、影视娱乐、音乐书籍等类别的项目，典型代表如苏宁金融、众筹网等。

三、众筹融资的盈利模式

1. 中介费模式

中介费即众筹服务费，平台在项目融资成功之后，向筹资人收取一定比例的成交中介费（或称为佣金、手续费等），通常是融资额的3%～5%不等，视各家平台实际情况而定，没有固定比例。就目前来看，几乎所有的全球主流的众筹平台都选择向成功项目按照募资总额的一定比例抽取佣金作为自己的主要盈利来源。例如，美国著名众筹平台Kickstarter的收取比例是项目融资额的5%，而另一家众筹平台Indiegogo的收费比例则为4%。如今，众筹平台与投融双方基本上都达成了这样的共识，只有众筹成功的项目才会交费，而若没有完成预期融资，即众筹失败，众筹平台则会将项目已筹资金返还给投资人。

2. 股权回报模式

股权回报模式是众筹平台获得在其平台上成功融资的项目的部分股权作为回

报收益,实际上是股权投资行为。有的平台不仅收取融资顾问费,还要求获得融资项目的部分股权;也有平台仅仅只获取股权回报,而不收取其他中介费用,大部分服务于种子期、天使期的平台往往采取这种模式。例如全球最大的股权众筹平台 AngelList 有两种投融资模式:Syndicate 模式和基金模式。Syndicate 是由领投人发起、跟投人跟投的投资承诺关系。投资人需要在 Syndicate 里公开其投资计划,包括每年预期投资项目数、一般投资金额和收益分成。AngelList 可以拿到每笔 5% 的附带收益。AngelList 平台上运作着由该平台募资的基金。该基金类似于指数型基金,用于投资早期科技公司,每个基金有不同的投资主题。该基金由 AngelList 的一个投资委员会管理,每个基金投资大概 100 个初创企业。该基金给没有专业背景又想分散风险的投资人一个投资初创企业的机会。

3. 增值服务模式

增值服务主要指合同、文书、法律、财务等方面的指导工作,创业者可以把融资的所有事项都外包给众筹平台处理,而众筹平台会因此收取相应的费用。众筹平台的第三项收入则是流量导入,包括合作营销、广告分成之类。

众筹平台通过提供围绕项目在投融环节的风控、策划、合同、文书、法律、路演、财务等方面的常规服务收取费用。特别是股权众筹平台还能结合自己的平台优势及线下资源提供专业咨询服务,还可以更大程度地参与到资本的运作当中,以此收取相应的费用。例如,Indiegogo 建立 InDemand 平台为融资者提供后续服务,将其项目的进程转入下一个运营阶段。融资者可以在专属的 InDemand 平台上与用户进行交流,开放产品预售并对平台上的顾客数据进行分析,甚至还可以在平台上继续融资。InDemand 面向所有的项目融资成功者开放,并允许在其他众筹平台上融资成功的项目进驻 Indiegogo。

4. 后端收费模式

对于众筹平台来说,后端收费模式放弃了从项目端收费,而是通过分享投资人的项目增值收益。后端收费模式一般应用于股权型众筹平台,例如投壶网就是采用这种方式,但这种方式相对于中介费这种主流盈利模式,还有待完善。

四、众筹融资的发展现状

(一)众筹平台的发展情况

据众筹家旗下人创咨询统计,从运营中平台的数量走势来看,2016 年运营中的众筹平台数量达到顶峰,共有 532 家,其中物权型平台有 155 家,在五种类型中数量排名第一。从 2017 年开始,各类平台数量开始下降,截至 2019 年 6 月底,运营中的众筹平台仅有 105 家。虽然近年来众筹平台的数量骤减,但众筹成功项目及融资额都呈上升趋势。截止到 2019 年 12 月,运营中的众筹平台仅有 67 家,其中,权益型平台 25 家,股权型平台 23 家,物权型平台 8 家,综合型平台 7 家,公益型平台数量最少,只有3家。2019年12月,5家权益型平台(小米众筹、苏宁众筹、淘宝众筹、京东众筹和摩点网)共404个项目成功,成功项目总融资额约1.58亿元,总支持人次约69.52万人次;5家股权型众筹平台(第五创、聚募网、众筹客、人人创和合伙吧)共19个项目成功,成功项目总融资额约8 292.91万元,总投资人次为384人。

1. 上线时间分布

据不完全统计,截至2018年6月底,国内上线过众筹平台共计854家。其中,2011年上线平台3家;2012年上线平台11家;2013年上线平台20家;2014年,平台数量激增,全年共有169家平台上线,占到所有平台的19.79%;2015年,众筹平台持续增加,全年共有289家平台上线,占比33.84%;2016年,上线平台数依旧可观,全年共上线平台283家,占比33.14%;2017年,众筹平台上线数量骤减,全年仅有70家平台上线;而2018年上线平台数仍无起色,上半年仅有9家新增平台。

截至2018年6月底,这854家平台中已下线或转型的共有603家,正常运营的平台共251家,从图3.3.2中可以看出具体情况。2011—2013年上线的34家平台中,仍正常运营的平台为13家;2014年上线的平台中仍正常运营的有49家,占2014年上线平台数的28.99%;2015年上线的平台中仍正常运营的有90家,占比31.14%;2016年上线的平台仍正常运营的为60家,占比21.20%;2017年上线的平台仍在运营中的为31家,占比44.29%;2018年上线的平台中已有1家下线,8家在运营中。

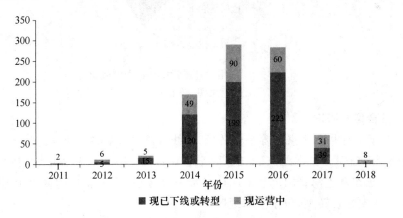

图3.3.2 众筹平台上线时间分布

(数据来源:众筹家)

2. 平台地域分布

截至2018年6月底,251家运营中平台分布在24个省级行政区中。经济较为发达的沿海地区是众筹平台主要集中地。北京的平台最多,有65家,占比25.90%;广东有46家,占比18.33%;浙江有27家,占比10.76%;上海有26家,占比10.36%;山东有17家,江苏有12家,其余地区平台较少。

3. 平台类型分布

如图3.3.3所示,截止到2018年6月底,全国运营中的251家众筹平台中,股权型平台数量最多,共有80家,占比31.87%;权益型平台次之,共75家,占比29.88%;物权型平台48家,占比19.12%;综合型平台34家,占比13.55%;公益型平台数量最少,只有14家,仅占比5.58%。截至2019年12月底,全国处于运营中的67家众筹平台中,权益型平台有25家,占比37.31%;股权型平台有23家,占比34.33%;物权型平台8家,占比11.94%;综合型平台7家,占比10.45%;公益型平台数量最少,只有3家,仅占比5.97%。2016年下半年,汽车众筹全面爆发,大量平台上线,使得物权型平台一度在各类型平台中占比最高。但随着行业发展,汽车众筹爆发出诸多问题,不断有平台下线,导致目前物权型众筹平台的数量远不及股权型和权益型平台。

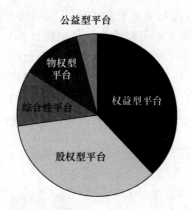

3.3.3 2018年6月运营中平台类型分布
(数据来源:众筹家)

4. 平台增减概况

2019年1月共有2家众筹平台转型、下线或链接失效,1家股权型平台和1家权益型平台,分别分布在北京和江苏两个省份;2019年2月有2家股权型平台转型,分布在山东和上海;2019年3月有1家平台转型,位于北京地区;2019年5月有1家股权型平台转型,位于上海地区。

(二) 主要众筹平台发展情况

1. 股权型众筹平台

在众筹家公布的数据中,《2019年12月中国众筹行业月报》选取了5家股权型众筹平台作为分析样本,这5家平台分别是第五创、聚募网、众筹客、人人创和合伙吧。5家股权型众筹平台在12月共19个项目成功,成功项目总融资额约8292.91万元,总投资人次为384人。成功项目数、成功项目融资额与11月相比都有所上升,但是投资人数下降。

5家股权型众筹平台在12月共19个项目成功,与11月相比环比上升46.15%。成功项目数最多的平台是第五创,该平台11月有2个项目,12月则为13个。聚募网11月有1个项目,12月也为1个。其他3个平台项目数相比11月均有所下降。

2019年12月,5家股权型众筹平台成功项目总融资额约为8 292.91万元,与11月相比增加了约6 738.66万元,环比上升433.56%。成功项目融资额最高的平台是人人创,为7 121.973万元,较11月大幅上升。其次是第五创,为1 008.935万元,相比11月增长21.14%。聚募网与合伙吧有所下降,众筹客12月没有成功项目。

2019年12月,5家股权型众筹平台成功项目总投资人次为384人,与11月相比减少了445人,环比下降约53.68%。其中成功项目投资人次最多的平台依旧是人人创,为191人次,但相比11月仍下降了71.87%。与11月相比,第五创投资人次则有所上升,增加了66人,涨幅为79.52%。聚募网与11月持平,都为41人。合伙吧则下降了66.67%。

2. 权益型众筹平台

《2019年12月中国众筹行业月报》选取了5家权益型众筹平台作为分析样本,这5家平台分别是小米众筹、苏宁众筹、淘宝众筹、京东众筹、摩点网。5家权益型平台在2019年12月共404个项目成功,成功项目总融资额约1.58亿元,总支持人次约69.52万人次。2019年11月这5个平台共成功439个项目,成功项目总融资额约3.3亿元,总支持人次约118.9万。同样5个平台的数据对比,12月成功融资额、成功项目数和相应的支持投资人数均有所下降,其中成功融资额下降幅度最大,达50.94%。

5家权益型众筹平台在12月共404个项目成功,与11月相比下降了35个,环比下降7.97%。成功项目数最多的平台为京东众筹,为144个,环比下降达11.11%。淘宝众筹和摩点网次之,分别为129个和91个。与11月相比,苏宁众筹成功项目数有所增加,环比上升100%;小米众筹和摩点网下降幅度较大,环比下降幅度均大于15%。

2019年12月,5家权益型众筹平台成功项目融资额约1.58亿元,与11月相比有所下降,跌幅为50.94%。该月5家平台的成功项目融资额总体呈下降趋势,其中苏宁众筹下降的融资额最多,环比下降8 440.98万元。12月5家平台中,除苏宁众筹降幅最大以外,淘宝众筹融资额下降幅度也有47.61%,其次是摩点网,下降32.94%;小米众筹相比11月融资额减少5 458.19万,下降32.74%;京东众筹下降幅度最低,环比下降17.68%。

2019年12月,5家权益型众筹平台成功项目总支持人次约69.52万,与11月相比减少了约49.37万人次,环比下降41.53%。本月成功项目支持人次最多的平台是小米众筹,约44.04万人次,但该平台支持人次较11月下降了12.94%;其次是淘宝众筹和京东众筹,分别为14.37万人次与6.00万人次。与11月相比,除了摩点网,剩余4家平台的支持人数均较11月有不同程度的下降。

五、众筹融资的发展趋势

目前众筹行业正向科技化、细分化、移动化、社交化和生态化方向发展,主要呈现出以下发展趋势。

1. 平台加大对大数据等技术的应用

众筹平台随着用户基数和项目基数的增大,逐渐认识到大数据分析的重要性,建立单个平台甚至是众筹行业的大数据平台,加大科技技术的应用,将是行业发展的必然趋势。大数据平台的建立,将改变传统信息的提供方式,从"用户选择"变为"主动推送"。同时,通过建立精准算法,直接匹配供需两方的需求,能够更全面、更严谨地帮助投资人和创业者审慎决策。

2. 平台更加重视专业性打磨

股权投资是专业性极强的工作,专业化是众筹参与者对平台最基本的要求。未来,股权众筹平台将会以专业领投+合投为维度深入发展,既帮助专业投资人实现能力变现,又帮助跟投人获得优质跟投项目。

3. 平台趋向垂直细分

中国众筹平台正不断向垂直化、细分化领域渗透,如多彩投等专注于垂直细分领域的众筹平台大量涌现,积极探索合规化盈利模式。

4. 平台构建生态闭环

无生态不众筹,这是由股权融资的复杂性和高风险性决定的。经过几年的探索,股权众筹平台已经充分意识到这一点,并开始着手发展、整合自己的生态资源以构建生态闭环。例如,传统产业依托众筹平台从网络销售向C2B网络定制转型。一些食品、服装等传统产业已经开始通过众筹平台探索转型方式。门户类和股权类众筹平台注重创新性流程设计。阿里、百度等巨头旗下的众筹平台结合自身数据资源,结合保险理财、消费信托等金融模式,尝试与股权交易所等机构合作推出理财产品,同时也积极探索多种退出途径,提高股权资产的流动性。垂直类众筹平台向产业链整合发展,以平台为依托,提供人才、渠道、管理等多方面支持,电影、音乐等文创类垂直众筹平台表现尤其突出。综合类商品众筹平台致力于打造新生活方式的入口,从总体上控制项目风格与特质,强调参与感、品味和乐趣。

5. 平台加速提升风控能力

风控依旧是各大股权众筹平台需要着重提高的地方,因此在股权众筹专项整治中要求股权众筹平台做好尽调、风控工作。已经有平台开始引入行业第三方机构对项目进行尽调,这样可以帮助投资人减少信息不对称带来的投资风险,以及提供法律或财务咨询等服务,从而有效避免投资人出现不必要的损失。

六、众筹融资案例

2013年9月27日,"快乐男声"决战当天,天娱传媒与众筹网宣布了一个"赌约"。这是影视类"众筹"迄今玩得最大的一次。距离项目截止时间还有整整24小时的时候,目标已经达成,共有2.8万名支持者参与。

此前,国产动画片《大鱼·海棠》《十万个冷笑话》等也各自通过其他众筹网站拿到超过100万元的资金,但更多众筹项目集中在微电影和纪录片领域,像"快乐男声"如此"主流"的项目还是第一次。

据天娱传媒品牌中心经理赵晖介绍,该片仅素材采集就花费了七个多月,加上人员工资等费用,花费早就超过了500万。原本纪录片只想作为内部资料使用,随着粉丝热情提升,加上夏天《小时代》的票房成功,让参与投资的天娱意识到,粉丝的热情或许可以将纪录片推向商业院线。

利用"快乐男声"拍电影,天娱传媒曾经有过不太成功的尝试。2009年,由俞灏明、王栎鑫、张杰等快男选手主演的3D歌舞电影《乐火男孩》上映后只获得250万票房。除了五月天的两部演唱会纪录片《追梦DNA》和《诺亚方舟》曾在国内院线获得超过2 000万元的票房外,纪录片在国内没有太多商业成功案例。对此,天娱一直下不了决心。用"预售"测试人气,在赵晖看来,天娱这次"众筹"更多是在测试市场。考虑到快男粉丝们的购买力,筹款等级定得并不高于60元,即可获得电影票和首映式入场券各一张,依此类推,最高级别1 200元,获得两种票各200张。刚好与普通电影票对等,有点像是门票预售的概念。"我们想了解到底多少观众愿意提前为影片购票。合作过程中,众筹网搜集、提供了大量年龄、性别、地域的数据,让我们了解粉丝构成。这样对影片后期宣发是有帮助的。譬如,筹款最多的北京和广州肯定是要最早做首映礼的,试映的场次也要多一点。"

该项目分析如下。

(1)"快乐男声"电影的众筹项目不仅是国内互联网金融与商业娱乐的首次成功跨界联姻,还首次推出了"粉丝经济"模式。

(2)众筹网站与"快乐男声"电影的合作,说明商业娱乐产业完全可利用传统生态领域中已建立的粉丝基础,投靠互联网,尝试多样化的资金模式和融资模式。

(3)用预售测试人气。投资方想了解到底多少观众愿意提前为影片购票。合作过程中,网站搜集、提供了大量年龄、性别、地域的数据,了解粉丝构成。

第四节　互联网基金销售

一、互联网基金销售的定义

1. 基金

基金是指投资者为了某种共同目的而汇聚并交由专人管理的资金,如为了进行投资获利(证券投资基金)、应付特定支出(住房公积金)、促进社会公益(希望工程基金)等。

互联网基金销售主要指证券投资基金。根据不同标准,可以将证券投资基金划分为不同的种类。

(1) 根据基金单位是否可增加或赎回,可分为开放式基金和封闭式基金。开放式基金不上市交易(这要看情况),通过银行、券商、基金公司申购和赎回,基金规模不固定;封闭式基金有固定的存续期,一般在证券交易场所上市交易,投资者通过二级市场买卖基金单位。

(2) 根据组织形态的不同,可分为公司型基金和契约型基金。基金通过发行基金股份成立投资基金公司的形式设立,通常称为公司型基金;由基金管理人、基金托管人和投资人三方通过基金契约设立,通常称为契约型基金。我国的证券投资基金均为契约型基金。

(3) 根据投资风险与收益的不同,可分为成长型基金、收入型基金和平衡型基金。

(4) 根据投资对象的不同,可分为股票基金、债券基金、货币市场基金、期货基金等。

2. 基金销售

为了规范基金销售业务,必须先定义基金销售行为本身。证券投资基金(以下简称基金)销售包括基金销售机构宣传推介基金,发售基金份额,办理基金份额申购、赎回等活动。这些活动由取得基金销售资格的相关机构完成。该类机构主要提供支付结算服务、基金销售结算资金监督、注册登记服务等与基金销售业务相关的服务。

3. 互联网基金销售

互联网基金销售即是基金销售各个环节的线上化。线上化对于投资者最大的影响是往往会弄不懂到底是谁在卖基金。例如,用户放在余额宝里的钱被拿去投资天弘基金,请问是余额宝在销售基金吗?用户通过百度金融购买华夏基金,卖家到底是谁?

在互联网基金销售环节中,最重要的两个主角是基金销售机构和基金销售支付机构。基金销售机构是指依法从事基金的宣传推介,办理基金份额的发售、申购、赎回和转换等基金销售业务的基金管理人以及经中国证监会认定的其他机构;基金销售支付机构是指基金销售机构选择的从事基金销售支付结算业务的商业银行或者支付机构。

互联网基金销售还有一个新加入的主角——第三方电子商务平台,其既可以为基金投资人和基金销售机构之间的基金交易活动提供辅助服务,也可以自行开展基金销售活动。

二、互联网基金销售的分类

我国互联网基金销售主要可分为以下三类:一是传统基金销售机构的互联网化,是指基金管理公司开展网上直销,或具有基金销售资格的银行、证券和保险机构等传统基金销售机构的网销。二是独立基金销售机构的网销平台,是指具有基金销售资格的独立基金销售机构通过建立网销平台进行基金销售,如天天基金网、爱基金网等。三是基于互联网平台的基金销售机构,是指不具有基金销售资格的电商平台、门户网站、互联网金融平台等与基金公司或独立基金销售机构合作,进行基金销售业务。

目前市场上主要是后面两类模式。

(一)独立基金销售机构的网销平台

2012年起,证监会开始对独立基金销售机构发放基金销售牌照。2017年起,监管层对于独立第三方基金销售牌照的批发速度开始逐步放缓。截至2019年,共超过120家独立基金销售机构获得第三方基金销售资格。

随着代销基金公司数量的增加,独立基金销售机构开始由单纯的销售通道向提供资产管理业务的服务平台转型,出现了"类FOF(基金中的基金)基金组合"和"智能投资"的两种创新产品。

1. 类FOF(基金中的基金)基金组合

2016年6月,《基金运作指南第2号——基金中基金指引(征求意见稿)》发布,公募FOF的开发条件日益成熟。除了基金管理公司外,很多第三方基金销售机构已经开始推出类FOF基金组合产品,如天天基金网推出的"组合宝"、盈米的"盈米且慢组合"等。

2. 智能投资

从2015年起,独立基金销售机构开始在其平台上引入智能投资业务。通过对用户进行在线风险偏好评估,定制推荐一揽子的基金组合。该服务多作为平台的营销方式,不收取额外费用。

总体而言,独立基金销售机构的网销平台由单纯的销售通道进一步向提供服务的资产管理平台转型。这一方面是由于近一年来市场不景气、基金销售行业竞争愈发激烈,另一方面是因为个人投资者在面对愈来愈多的基金产品时,其寻求全面的理财服务的需求也在逐渐增强。

3. 案例

(1) 天天基金网

天天基金网上线于 2007 年,是东方财富旗下全资子公司天天基金销售有限公司的网销平台。天天基金网是国内首批获得牌照的第三方基金销售机构,也是目前国内访问量最大、网销规模最大的独立基金销售网站。

天天基金网向用户提供的服务主要涵盖基金数据、投资工具、资讯互动以及基金交易。Wind 的数据显示,截至 2019 年 10 月,天天基金网共代销基金 4 693 只。2016 年上半年,网站基金认申购及定期定额申购交易共计约 1 300 万笔,基金销售额为 1 642.95 亿元,销售规模同比 2015 年有所下降,一部分原因是资本市场的大幅波动和市场景气度的下降,另一部分原因是公司降低了基金的销售申购费。面对行业的激烈竞争和市场的低迷,公司开始着眼于创新型产品,于 2016 年引入类 FOF 的基金组合产品。

2016 年 6 月,天天基金网联合数家基金公司推出了一款类 FOF 基金组合产品——组合宝。该产品是由多家投资机构根据各自的投资策略对基金产品进行筛选,而后构建的资产组合。个人投资者可以根据组合的目标和定位以及自身的风险偏好筛选基金组合。组合宝中的基金组合由招商、华夏等 14 家公募基金、一家信托机构与一家私募机构提供。

用户通过一键购买,即可申购组合内的一揽子基金。基金组合的申购与赎回费均以组合内单只基金的申购和赎回费为准。当基金组合发生调仓时,已经购买或关注该组合的投资者会收到平台的调仓通知,并自己选择是否跟调。

(2) 钱景财富

钱景财富成立于 2005 年,是一家在线理财服务公司,于 2013 年 11 月获得基金销售牌照。公司主要业务包括公募基金销售、阳光私募、信托资管、私人理财等。Wind 的数据显示,截至 2019 年 1 月,平台共代销公募基金 2 268 只。2014 年 8 月,钱景财富推出"钱景私人理财"功能,是国内最早开展智能投资的基金网销平台之一。

钱景私人理财主要包括以下三项服务。

① 专属定制。用户需要回答平台的五个问题来评估投资偏好,而后平台会推荐特定比例的投资组合,用户可进行一键购买。

② 特色配置的长期理财,主要包括存钱购房、存钱结婚、存钱育儿、存钱养老、梦想基金等不同投资场景。不同的场景设定下,用户需要填写自己的理财目标,包括用钱时间、预计所需金额和当前本金。平台会根据用户需求制定投资组合,由于

是长期投资,用户可选择一次性投资或定投的方式进行购买。

③ 基金组合,主要包括进取型、稳健型和保本型组合。三类组合收益率和波动性均有所不同,用户可一键购买。

"钱景私人理财"的投资标的为二级市场公开发行的开放式公募基金产品与ETF产品,投资方案均由钱景战略投资的德圣基金研究中心提供。

(二) 基于互联网平台的基金销售机构

这类基于互联网平台的基金销售最早是 2013—2014 年在以"余额宝"为首的宝宝类产品的爆发式增长下快速发展起来的。目前,从运营模式上看,主要包括两种:

(1) 和独立基金销售机构或基金公司合作,作为流量导入的入口;
(2) 已获得基金销售牌照,在自有互联网平台上独立销售,如蚂蚁聚宝、陆金所等。

开展该类业务的互联网平台主要包括:
(1) 大型的互联网电商平台、门户网站或财经资讯提供商,如京东、百度;
(2) 互联网金融企业,如陆金所、积木盒子和挖财;
(3) 涉足金融行业的产业类公司,如奇虎 360。

表 3.4.1 列出了部分基于互联网平台进行基金销售的机构。

表 3.4.1 部分基于互联网平台进行基金销售的机构

	互联网平台	基金销售服务提供商	产品种类	关联平台
自有牌照	蚂蚁聚宝	杭州数米基金销售有限公司(蚂蚁金服控股)	基金、余额宝、定期、存金宝、乐买宝	蚂蚁金服、支付宝
	京东数科	肯特瑞财富投资管理有限公司(京东旗下)	理财、众筹、保险、白条、企业金融、股票、东家	京东商城、京东支付
	陆金所	上海陆金所资产管理有限公司	理财、基金、保险、股票	陆金所、平安一账通
	苏宁金融	南京苏宁易之富电子商务有限公司	理财、众筹、保险、消费贷款、企业贷款、私募股权	苏宁易购、苏宁云商、易付宝
	平安一账通	上海陆金所资产管理有限公司、平安证券	保险、贷款、信用卡、投资、基金、股票等	平安集团、平安人寿、陆金所等
	积木盒子	北京乐融多源投资咨询有限公司(积木盒子旗下)	P2P、基金	积木盒子
	途牛金服	南京途牛金融信息服务有限公司(途牛旗下)	理财、众筹、消费金融、保险、出境金融、企业金融	途牛旅游网

续表

	互联网平台	基金销售服务提供商	产品种类	关联平台
自有牌照	蛋卷基金	北京蛋卷基金销售有限公司	基金组合	雪球
	万得理财	上海万得投资顾问有限公司	基金	万得资讯
	新浪基金	新浪仓石投资管理有限公司	基金	新浪财经
和独立基金销售公司、基金管理公司合作	理财通	多家基金管理公司	货币基金、定期、保险理财、指数基金	微信、QQ
	百度理财	多家基金管理公司	股票、投资(活期、定期、基金)、众筹	百度、百度钱包
	百度金融商城	上海好买基金销售有限公司等独立基金销售机构	理财、贷款、保险、信用卡、股票	百度、百度钱包
	网易理财	珠海盈米财富管理有限公司	票据、定期、基金	网易
	新浪微财富	杭州数米基金销售有限公司	基金、保险、定期、黄金、私募	新浪财经
	沃百富	上海天天基金销售有限公司	活期、网贷、基金、直销银行	中国联通
	天天富	深圳众禄与华夏等多家基金管理公司	定期、活期、基金	银联商务
	360你财富	深圳众禄基金销售有限公司	活期、定期、转让、基金、股票	奇虎360
	人人贷WE.COM	珠海盈米财富管理有限公司	基金、定期、工资理财、债权转让	人人贷
	挖财宝	深圳众禄基金销售有限公司	活期、定期、基金	挖财
	随手理财	深圳众禄基金销售有限公司	活期、定期、基金、股票、保险	随手记
	铜板街理财	上海天天基金销售有限公司	活期、定期、基金	铜板街

从 2015 年开始,这种基于互联网平台的基金销售机构主要的发展趋势一个是

从原来的导流平台转为自己拥有基金销售牌照或控股拥有牌照的公司,如京东金融、苏宁金融等纷纷拥有了自己的牌照,阿里集团也于2015年关闭了淘宝基金店,将基金业务转到控股数米基金的蚂蚁聚宝旗下;另一个趋势是与独立基金的网销平台相似,即开展创新型投资服务,包括提供基金组合、智能投资与小额定投服务等。

总体来看,基于互联网平台的基金销售机构的整体发展路径是从宝宝类货币型基金销售,到与基金销售机构合作、引入更多类型的基金产品,再到如今的掌握牌照自主销售、提供创新型产品与智能服务。

1. 蚂蚁聚宝

蚂蚁聚宝是蚂蚁金服于2015年8月推出的一站式理财服务平台,与支付宝、余额宝、招财宝等同为蚂蚁金服旗下的业务板块。

蚂蚁聚宝产品包括基金、定期理财、存金宝和乐买宝等,同时提供财经资讯、市场行情、社区交流等服务。用户可以使用支付宝账号,在蚂蚁聚宝平台实现余额宝、招财宝、存金宝、基金等各类理财产品的交易。

基金销售方面,2015年4月,蚂蚁金服战略控股数米基金,由此获得基金销售牌照,数米基金入驻蚂蚁聚宝。2016年5月,阿里集团全线关闭淘宝基金店,将基金销售业务集中转移到蚂蚁聚宝下面。由此,阿里集团实现了从与基金公司合作、提供互联网平台到独立进行基金销售的转变。Wind的数据显示,截至2019年9月,蚂蚁聚宝上的基金产品已超过3 500只。

2016年9月,蚂蚁聚宝发布了针对大众理财需求的创新型理财解决方案,其中"轻定投"功能上线。该产品对接"摩根亚洲债券人民币基金",用户一键开启后,平台会在每个工作日以固定金额(10元起)自动买入指定基金。

2. 京东数科——基金理财

京东数科原名京东金融,成立于2013年10月,2018年11月更名为京东数科,是由京东集团内部孵化的金融业务部门,最初服务于京东商城电商业务产生的金融需求。经过这些年的发展,京东数科已经构建了包括供应链金融、消费金融、财富管理和众筹等在内的多元化业务版图。

财富管理业务方面,平台提供京东小金库、小白理财、定期等理财产品,也提供纵横财讯和理财问答这一类理财资讯服务,基金理财是其中的一个组成部分。

基金理财方面,京东金融于2016年1月获得基金销售牌照。在获得牌照的同时,公司仍与多家基金管理公司合作。基金管理公司以官方旗舰店的形式入驻京东金融平台,京东金融通过持有基金支付牌照的集团全资子公司网银在线提供基金销售支付服务。

2015年起,京东金融先后推出了京东智投、基智播报等智能服务功能。2015年8月,"智投"正式上线。投资者通过回答7个问题来进行风险偏好与承受能力的测评,平台会根据结果自动进行投资组合推荐,其推荐产品范围包括活期、定期、股基、债基、黄金和海外投资。

2016年8月,京东金融推出基金策略产品"基智播报",通过分析宏观经济数据、市场估值数据等,预估未来大盘走势,对应设置了0~100°的热度值反映股市热度,为用户配置基金提供参考。当热度值在0~40°时,适合保守配置债券型基金;40°~60°时适合平衡配置股票型基金和债券型基金;60°以上适合配置股票型基金。

综上所述,互联网基金的发展路径已由不断丰富基金产品、降低佣金的模式逐渐转化为提供场景化与智能化的理财服务,从而解决产品种类过多,投资者个人无从挑选的问题。但无论是智能投资还是基金组合,其核心都应该着眼于资产管理、资产配置的能力上,而不仅仅是作为销售的手段。

三、互联网基金销售的发展历程及现状

1992年嘉信理财(美国)率先推出网上基金超市。2003年4月7日,华安基金管理公司与民生银行合作共同推出基金网上交易系统,这是国内第一个网上交易系统,之后各个基金公司都开始推出基金网上交易系统,互联网作为基金销售的新渠道,开始逐渐发挥重要作用。2004年,招商基金的网上交易获得了巨大成功。据报道,招商基金第四季度的网上交易额达到了50%以上,而网上交易次数占总交易次数的80%左右,已经远远超过了传统线下柜台的交易数量。2004年以后,"银联通""银基通"等一系列基金网上交易平台开始如雨后春笋般出现,基金支付结算的方式开始逐步多样化,投资者可以根据自己的喜好选择合适的交易与支付方式。

互联网基金销售的概念为人所熟知则是2013年。2013年6月17日,支付宝与天弘基金携手推出"余额宝",掀起了互联网基金销售的热潮,投资者尤其是中小投资者开始密切关注余额宝,将自己的小额资金纷纷充进支付宝,转到余额宝。随后2013年11月1日,淘宝又推出了"基金网店"模式,各类基金管理机构通过在淘宝开设网店,完成基金直销活动。阿里巴巴对基金销售的两次创新之举成功地为基金销售探索出了一种新模式,为基金销售打破银行垄断的市场格局提供了可能,也让更多中小投资者首次接触到了基金的概念。一石激起千层浪,百度、京东、腾讯、苏宁等互联网巨头也迅速推出自己的"宝宝类"产品,并在取得基金销售牌照后迅速增加了平台基金销售数量,第三方独立基金销售机构的网络平台也逐渐为大众所熟知。

2015年4月,蚂蚁金服斥资近2亿元收购了彼时的杭州数米基金销售有限公司,将第三方基金销售牌照收入囊中。同年8月,蚂蚁推出"蚂蚁聚宝"(后更名为"蚂蚁财富")App,基本覆盖所有主流基金公司,首批接入的基金数量近千只。

2017年4月,同样获得第三方基金销售牌照的京东金融上线京东行家。截至

2017年11月,与京东行家合作或者入驻的金融机构已经涉及保险、券商、基金、养老金、银行等。

2018年初,腾讯也拿到了这块弥足珍贵的第三方基金销售牌照,在金融领域完成了支付、银行、理财、征信、保险、券商、小贷等多方面的布局。

2018年8月,证监会北京监管局发布《关于核准北京百度百盈科技有限公司证券投资基金销售业务资格的批复》,核准百度百盈证券投资基金销售业务资格。据悉,该公司成立于2016年8月8日,注册资本2 000万元,法人代表为张旭阳,是百度全资控股子公司。

互联网基金销售市场规模达万亿元。随着互联网巨头纷纷入局,基金销售业务的竞争逐渐进入白热化,2017年以来第三方基金销售平台就已经掀起价格战,随后互联网基金销售业务盈利空间逐步收窄。

基金第三方销售的马太效应还是非常明显的。头部公司都自带流量,处在第一、第二梯队的占据了市场销量的绝大部分,其他机构无论是流量还是公司资源都很缺乏,巨头的加入可能会加剧这一情况。

四、互联网基金销售的优势和劣势

1. 优势

(1) 降低了基金投资门槛

互联网的一大特点就是高效,互联网基金销售的兴起降低了基金投资的门槛。以往银行往往会针对基金理财设置5万元的入门门槛,使得很多人被基金投资拒之门外。而互联网基金销售利用网络优势,撬动了小额散户的市场,数量众多的小额散户的财富聚集在一起,甚至远远超过优质客户的资金总量。互联网基金销售一方面为普通投资者提供了更多的投资渠道,另一方面为基金理财做了宣传推荐,让基金理财走进了更多人的视野。

(2) 与客户之间的互动更多

通过互联网购买基金的用户,往往拥有更为便捷的渠道与基金公司进行沟通。通过这些沟通,客户将对自己所持有的基金有更为全面、透彻的了解。同时,基金公司也能借助互联网进行合格投资者教育。这种双向交流、及时反馈的机制有助于推动基金信息传递的高速化与透明化。同时,相同基金的持有者也能通过互联网基金销售平台搭建的社区方便地进行交流。

(3) 创新产品带来的附加功能

各类"宝宝类"产品除了拥有货币基金本身的投资功能之外,还增加了生活缴费、购物消费、实时到账、便捷申购其他基金的功能。这些功能贴合移动时代人们的需求,因此受到热捧。

2. 劣势

互联网基金销售宣传推介的规范性不足。

余额宝刚上线的时候，支付宝就大肆宣传收益"超八倍银行利息"，众多网友看到此广告后都纷纷将资金转入余额宝，并认为其与银行存款一样安全无风险。之后支付宝也推出很多其他广告，其中有宣称"余额宝累计收益率（年化）4.87%，是活期存款的近14倍，随时转入转出看收益，更有全额赔付"。广告仍将其与银行存款进行比较，更没有提到基金可能存在的风险，这种只突出高收益而避谈风险的宣传广告仍在地铁这样的公共场合高调亮相。面对刻意回避风险提示的质疑，支付宝公关部人员如此解释："地铁广告主要卖点是支付宝钱包而非余额宝，所以我们不认为有必要提供这样的标识。"

2013年10月28日，百度理财平台与华夏基金合作推出保本保收益理财计划，也大力宣传其高收益，称年化收益率高达8%，引起极大争议。证监会官方微博立即称将对该业务的合规性予以核查。随后百度立即改口称年化收益率8%只是"收益目标"，不对投资者承诺保本收益，随后便删除了8%年化收益的广告。但此时已有大量用户冲着8%的收益率而购买该理财计划，之后证监会也宣布其报送的业务方案及正式上线的合作模式中未涉及承诺收益等违规事项。然而在2013年12月25日，曾经购买百度"理财计划B"的用户获得的百宝箱开启了，"百度理财B"组合两个月收益确实达到了8%，其中华夏现金增利年化收益约4.77%，其余部分通过百度百宝箱现金回馈补足。

与支付宝等互联网平台不同的是，独立基金销售机构在类似的情况下却受到了监管。数米基金作为独立的基金销售机构，曾通过公司网站等渠道宣传"数米胜百八"的活动，宣称最高年化收益可以达到8.8%。然而2014年1月2日，恒生电子发布公告称其控股子公司数米基金收到了浙江证监局的行政监管措施决定书，指出其违规宣传，宣传用语存在不当之处，且对通过数米基金购买货币市场基金产品的投资者进行收益补贴，违反《证券投资基金销售管理办法》等相关规定，责令数米基金限期改正。

同样，天天基金作为独立的基金销售机构，也曾在其公司网站及相关互联网资料上使用"活动年化总收益10%""欲购从速""100%有保证"等用语，收到了上海证监局的行政监管措施决定书，指出其宣传推介材料中没有充分揭示货币市场基金的投资风险，使用保证保本的宣传用语，违反相关法律法规，责令天天基金限期整改。

数米基金与天天基金作为基金代销机构，在宣传高收益、预测基金业绩、使用保证词语时受到了证监会的监管，而支付宝等互联网平台的类似宣传却可以充斥市场。像支付宝这样，仅仅是对余额宝的高收益予以宣传，不对风险予以提示，其效果就是天弘基金宣传增利宝货币基金无风险、高收益，若不对其进行监管，基金销售机构完全可以借互联网平台来对基金进行高收益宣传,这样对基金销售机构的宣传规制也形同虚设。

五、互联网基金销售的风险与监管

(一) 互联网基金销售的风险

基金销售机构与互联网平台合作销售基金,尤其是货币市场基金,除了传统渠道的风险外,还会存在其他风险,以下以余额宝为例进行分析。

1. 技术风险

2014年2月12日早上,每天显示收益的余额宝却显示为"暂无收益",大多数用户看到这四个字后都担心自己的资金安全,纷纷咨询支付宝客服。支付宝方面却回应收益延迟发放显示是因为系统在升级,让用户耐心等候,不用担心资金安全问题。之后在上午10点左右才有部分用户表示已经收到收益。这一技术故障让许多余额宝用户气愤,指责系统升级属于正常情况,但为什么不事先进行公告告知用户可能会出现显示问题,并质疑此次事件可能在支付宝预料之外,属于突发意外。这次的技术故障也确实暴露了余额宝的技术风险,面对庞大的资金和用户,余额宝每天要处理大量的数据信息,恐怕很难做到完全没有差错,这都会让投资者的资金受到不安全因素的干扰,更何况还有黑客入侵、木马等各种不可预见的情况。

2. 流动性风险

流动性风险,也称巨额赎回风险,是基金面临的主要风险之一,是指因市场剧烈波动或其他原因导致连续出现巨额赎回,进而导致基金公司出现现金支付困难,投资者可能面临暂停赎回、欲出手却不能的局面。比如余额宝,在余额宝客户数超过4 900万户、规模超过2 500亿元的时候,余额宝开始限制用户转入支付宝资金的额度,每日单笔不超过5万,每月不超过20万。而此前余额宝向支付宝资金划转并无限制,现在却限制用户转入余额宝的最高额,是为了放缓资金赎回的速度,因为按照目前一般T+0货币基金的运作模式,客户提前支取的资金都需要基金公司或相关机构来垫付。随着余额宝规模的迅速扩大,如果客户在同一时间内大规模赎回,将会难以控制这种垫资规模,很可能出现流动性风险。余额宝大力宣传"随时提取",大部分用户也因其高流动性而将资金转入其中,但是不少用户曾表示在赎回高峰时就曾遭遇过赎回速度过慢的情况。但是如果余额宝为了应对赎回高峰而预留大量现金作为垫付资金,又会大大降低余额宝的收益率和对用户的吸引力。

3. 内部管控风险

客户在注册支付宝的时候需要提供实名认证,支付宝掌握了大量客户的个人信息,比如身份证号码、手机号码、家庭住址、银行卡卡号、个人标识码等个人隐私。但是支付宝对客户资料的风险管理能力却明显弱于银行系统,存在很大的客户信息暴露隐患。新闻媒体也曾报道过支付宝等机构的客户信息泄露事件,而客户个人信息的泄露往往会导致客户资金被盗。通过互联网进行基金交易,即使已经设置了多重安全保密措施,也会因为受黑客的入侵或其他不当操作而被盗走资金。比如此前曾发生支付宝、余额宝账户被盗案件,由于余额宝与支付宝两个账户之间可以通过转入转出实现相互转换,支付宝账户的安全将直接影响投资于余额宝的投资者的资金安全。投资者只需拥有一个互联网平台的实名账户,即可直接进行开户、申购、赎回等基金交易操作,不需要再注册或登录基金账户、交易账户就可以完成相应操作。如果用户的支付宝账户被盗,将很容易导致其基金账户的资金被划转,而支付宝对风险的控制能力也比基金销售机构低很多,支付宝自身的信息系统也更容易遭受攻击,支付宝账号被盗的风险远远大于传统基金账户被盗的风险。余额宝资金被盗事件也足以证明互联网平台的资金安全保障亟须加强。

(二) 互联网基金销售监管

在基金行业,需要监管批复的牌照主要有两个:基金支付牌照和基金销售牌照。获得基金支付牌照意味着只能为基金销售提供支付结算业务,而要销售基金,唯一的渠道是获得基金销售牌照。

2012年2月自证监会放出首批四张基金第三方销售牌照后,基金第三方销售牌照呈现井喷之势。但是从2015年末互联网金融整治拉开帷幕之后,基金销售牌照的发放速度逐渐放缓。

据悉,规定独立基金销售机构需满足:注册资本不低于2 000万元人民币,且必须为实缴货币资本;有与基金销售业务相适应的营业场所、安全防范设施和其他设施;最近3年没有受到刑事处罚,最近3年没有受到金融监管、行业监管、工商、税务等行政管理部门的行政处罚;取得基金从业资格的人员不少于10人等条件。如此严苛的限制之下,众多不符合要求的机构开始询价基金销售牌照以期达到"曲线救国"。

监管层除对持牌机构展开持续的监督检查外,对新牌照的申请审核也日益审慎。统计显示,2016年初至7月末,各月独立基金销售牌照的发放数量分别为9张、6张、5张、2张、0张、3张和1张,基本呈逐月递减趋势,而且7月份之后再无新牌照发放。多位独立基金销售机构人士分析,收紧审批一来意在通过优胜劣汰重新洗牌,二来也是和私募管理人登记备案业务全面收紧的思路一以贯之,加强自律管理。

1. 基金销售牌照

该牌照是从事证券投资基金销售所需要的金融许可,证券投资基金销售包括基金销售机构宣传推介基金,发售基金份额,办理基金份额申购、赎回等活动。在国内基金销售机构主要包括银行、基金、证券等金融机构,其中银行是最大渠道,占比一半以上。

2012年,央行开始向第三方理财机构开放基金牌照申请,也就是说,除了银行、基金及证券,原本从事私募或信托产品销售的第三方理财公司也可以从事证券投资基金销售,更准确地说是证券投资基金代销,这些第三方理财机构采取和基金公司合作的形式销售基金。

(1) 审批机关

商业银行(含在华外资法人银行,下同)、证券公司、期货公司、保险机构、证券投资咨询机构、独立基金销售机构以及中国证监会认定的其他机构从事基金销售业务的,应向工商注册登记所在地的中国证监会派出机构进行注册并取得相应资格。

(2) 法律依据

审批法律依据为《证券投资资金销售管理办法》。

(3) 申请条件

商业银行、证券公司、期货公司、保险机构、证券投资咨询机构、独立基金销售机构以及中国证监会认定的其他机构申请注册基金销售业务资格,应当具备下列条件:

① 具有健全的治理结构、完善的内部控制和风险管理制度,并得到有效执行;

② 财务状况良好,运作规范稳定;

③ 有与基金销售业务相适应的营业场所、安全防范设施和其他设施;

④ 有安全、高效的办理基金发售、申购和赎回等业务的技术设施,且符合中国证监会对基金销售业务信息管理平台的有关要求,基金销售业务的技术系统已与基金管理人、中国证券登记结算公司相应的技术系统进行了联网测试,测试结果符合国家规定的标准;

⑤ 制定了完善的资金清算流程,资金管理符合中国证监会对基金销售结算资金管理的有关要求;

⑥ 有评价基金投资人风险承受能力和基金产品风险等级的方法体系;

⑦ 制定了完善的业务流程、销售人员执业操守、应急处理措施等基金销售业务管理制度,符合中国证监会对基金销售机构内部控制的有关要求;

⑧ 有符合法律法规要求的反洗钱内部控制制度;

⑨ 中国证监会规定的其他条件。

2. 基金销售支付牌照

该牌照是针对支付企业发放的许可,指非金融机构在收付款人之间作为中介机构提供的货币资金转移服务。基金销售机构可以选择商业银行或者支付机构从事基金销售支付结算业务。投资者通过直销方式认购、申购基金时可以借助拥有该牌照的第三方支付工具而非银行支付款项。针对客户而言,最直接的好处是认购、申购费率的折扣更低。

(1) 审批机关

该牌照的审批机关为中国证券监督管理委员会。

(2) 法律依据

审批法律依据为《证券投资基金销售管理办法》。

(3) 申请条件

基金销售机构应当选择具备下列条件的商业银行或者支付机构从事基金销售支付结算业务：

① 有安全、高效的办理支付结算业务的信息系统，该信息系统应当具有合法的知识产权，且与合作机构及监管机构完成联网测试，测试结果符合国家规定的标准；

② 制定了有效的风险控制制度；

③ 中国证监会规定的其他条件。

从事基金销售支付结算业务的支付机构除应当具备上述规定的条件外，还应当取得中国人民银行颁发的《支付业务许可证》，且公司基金销售支付结算业务账户应当与公司其他业务账户有效隔离。

六、互联网基金销售案例

1. 典型案例

从2013年7月以来，中国出现一类货币市场基金，其通过互联网直接销售，门槛极低，1元起购，风险不高，赎回自由，每天可查知收益。这类网络直销基金大都以"XX宝"命名，如余额宝、全额宝、零钱宝等，人们称之为"宝宝"类互联网直销基金，其中以余额宝为典型代表。至2014年3月初，余额宝客户突破8 000万，资金升至5 000多亿元，一跃成为中国最大的公募基金。随之而来，各种类似产品，如腾讯的理财通（包括华夏基金的财富宝和2014年3月汇添富基金推出的全额宝）、天天基金网的活期宝、苏宁的零钱宝等"宝宝军团"蜂拥而出。先是百度，再是数米基金网，后是网易，在阿里集团的影响下，纷纷加入了基金销售大军。2013年10月，百度推出首款理财计划"百发"，宣传"最高可享8.8％年化收益，保本保收益"。由于百度"保本保收益"的宣传不符合监管机构的规定，遭到金融监管机构问询。此后，百度召开媒体沟通会，对百度"百发"进行澄清。截至2019年二季度末，互联网"宝宝"类货币基金规模排名第一的仍为天弘余额宝货币，规模为1.03万亿元。

杭州数米基金销售有限公司销售基金时，自2013年12月9日开始通过公司网站等渠道宣传"数米胜百八"活动，对通过数米基金购买货币市场基金产品的投资者进行收益补贴，宣传资料中存在"最高可享8.8％年化收益"等不当用语。2014年1月2日，浙江证监局根据相关规定，责令数米基金限期改正。

"宝宝"类互联网直销基金为广大客户尤其是此前无缘获得银行理财服务的草根们带来远超银行活期存款的收益，用户体验极佳，倒逼传统金融业的竞争和改革，有其存在的巨大价值。但是，这款互联网金融产品存在的一些法律风险值得从业者和投资者重视。

2. 常见的法律风险

"宝宝"类互联网直销基金本质上为一款通过互联网渠道销售的货币基金,具有风险较低、收益较稳定等特点。这些"宝宝"类基金带有浓厚的互联网营销色彩。互联网营销往往偏向于用各种刺激性的标题、口号、图片等形象瞬间吸引广大网民的眼球。片面强调低风险(甚至零风险)和暗中给予投资者一定的补贴,这是互联网基金销售机构采取的两大营销法宝,也给"宝宝"类产品带来常见的法律风险。

在风险提示和信息披露要求方面,有的"宝宝"类互联网直销基金存在一定的违规嫌疑。比如,支付宝在曾在北京地铁推出的广告页面上,宣传支付宝钱包为会赚钱的钱包,余额宝累计年化收益率为4.87%,是活期存款的近14倍。整个页面没有提示这实质是一款货币基金,也没有任何风险提示。不过,从2014年初开始,余额宝的宣传网页与之前存在较大变化,没有与银行利率比较的说法,改为"转入余额宝,天天可以赚收益",页面下方还加有"货币基金不等同于银行存款,市场有风险,投资需谨慎"的小字。与之类似,在微信理财通初期的客户端主页面,腾讯并未告知用户购买的是什么理财产品,只是在"常见问题"一栏中告知用户购买的是货币基金,风险极小。在用户付款购买成功后,才能看到自己购买的华夏财富基金。同时微信理财通对风险的提示只有"常见问题"栏目中的"从货币基金历年年化收益来看,没有出现亏损的记录,收益稳定,风险极小"这么一句话,而合作者华夏基金网页上的风险提示则比较详细和明确:购买货币基金不等于资金作为存款存放在银行或者存款类金融机构;管理人不保证基金一定赢利,也不保证最低收益。基金的过往业绩不预示其未来表现。

通常,货币基金年化收益率在7%以下,诸如百度的百发等理财产品年化收益率高达8%以上,销售机构有采取变相补贴的嫌疑,对其他基金销售机构而言,构成了不正当竞争。除了证券基金业相关法规外,《反不正当竞争法》对此亦明确禁止经营者利用广告或者其他方法,对商品的质量、制作成分、性能、用途、生产者、有效期限、产地等做引人误解的虚假宣传。《开放式证券投资基金销售费用管理规定》要求基金销售机构在基金销售活动中,不得采取抽奖、回扣或者送实物、保险、基金份额等方式销售基金。变相补贴与法规要求不符。综上,诸多"宝宝"不同程度地违背公募基金的戒条:不能许诺收益和补贴收益,不允许只宣传广告而不提示风险。

上述法规另要求,基金销售机构应当加强对投资者的教育,引导投资者充分认识基金产品的风险特征,保障投资者的合法权益,并进行相应风险提示。在基金宣传推介材料中,应当含有明确、醒目的风险提示和警示性文字,以提醒投资人注意投资风险,仔细阅读基金合同和基金招募说明书,了解基金具体情况。在电视、电影、互联网资料等形式的宣传推介材料中,应当包括为时至少5秒的影像显示,提示投资人注意风险并参考该基金的销售文件。基金销售机构在销售基金和相关产品的过程中,应当坚持投资人利益优先原则,注重根据投资人的风险承受能力销售不同风险等级的产品。

理论上而言,货币基金也可能出现亏损,"宝宝"类互联网直销基金客户的资金将蒙受损失。各类"宝宝"们对这种潜在风险提示不够,而是对其收益率过多宣传后附带提到存在风险的可能,并在服务协议中提出销售机构不承担亏损责任。诸如余额宝的大多数客户赌的是互联网巨头的雄厚实力和信誉,这也是余额宝在所有"宝宝"中一骑绝尘的部分原因。大部分投资者对货币基金并不了解,甚至没有认真阅读其购买协议。一旦"宝宝"类互联网直销基金用户因收益亏损发生纠纷,由此引发的负面影响难以估计。

3. 相关法规的主要规定

2013年证监会制定《证券投资基金销售机构通过第三方电子商务平台开展业务管理暂行规定》,规定第三方电子商务平台和基金销售机构的备案要求、服务责任、信息展示、投资人权益保护、第三方电子商务平台经营者责任、账户管理、投资人资料及交易信息的安全保密、违规行为处罚等内容。在理财通与华夏基金及汇添富基金、余额宝与天弘基金等的合作中第三方支付机构需要遵守上述法规,包括审慎管理投资人的信息和账户,保证基金销售结算资金安全。

上述法规对基金投资者适当性原则有所规定。证监会2007年发布《证券投资基金销售适用性指导意见》,要求基金销售机构销售产品时,根据投资人的风险承受能力销售不同风险等级的产品,把合适的产品销售给合适的投资人。在《证券投资基金法》《证券投资基金销售管理办法》中也有相关规定。因此,对于余额宝、全额宝、财富宝、活期宝等各类通过互联网销售的基金产品,销售机构需要执行投资人身份认证程序,核查投资人的投资资格,如果投资人不符合资格条件,基金管理公司可以确认申购交易失败。

"宝宝"类基金产品涉及千家万户的财产权利,2015年以来互联网金融的各项监管规定不断出炉,对于这类产品的销售机构而言,最重要的是根据法律法规依法经营,避免法律风险和遭到惩处,让各家"宝宝"在法制轨道上健康成长。

第五节 互联网信托

一、互联网信托概述

1. 定义

信托就是信用委托。信托业务是由委托人依照契约或遗嘱的规定,为自己或第三者(即受益人)的利益,将财产上的权利转给受托人(自然人或法人),受托人按规定条件和范围,占有、管理、使用信托财产,并处理其收益。信托是一种理财方式,是一种特殊的财产管理制度和法律行为,同时又是一种金融制度。信托与银行、保险、证券一起构成了现代金融体系。信托业务是一种以信用为基础的法律行为,一般涉及三方面当事人,即投入信用的委托人、受信于人的受托人以及受益于人的受益人。

互联网信托就是通过网络平台进行的信用委托。互联网信托业务是由委托人依照契约或网站条款的规定,为自己的利益,将自己财产上的权利通过受托人(即互联网平台)转给受益人(即中小微企业)作为资金周转,受益人按规定的条件和范围通过受托人转给委托人其原有财产以及过程中所产生的收益。

互联网信托平台为有资金需求的中小微企业和有投资理财需求的个人搭建了一个安全、稳健、透明、高效的线上出借撮合平台。互联网信托平台上所发布的借款项目需要参照金融行业风控体系进行严谨的发布前审核,对借款企业一般要求提供超额价值有效不动产(抵)押物保证及股东无限连带责任担保等附加保证,并确保这些质(抵)押资产易于处置。资金出借人可根据个人理财收益目标差异选择3个月、6个月、9个月、12个月、24个月等不同周期资金出借方式,并获得相应稳定的理财收益。

互联网信托是近年来火热的互联网金融的一个全新模式,即 P2B(Person to Business)金融行业投融资模式与 O2O(Offline to Online)线下线上电子商务模式结合,通过互联网实现个人和企业之间的投融资。通俗地说,互联网信托的理念为互联网金融的安全性增加了一道保障,基于专业金融服务公司的眼光和高于金融行业的自创标准风控体系,对借款企业进行线下的信息核实、资产抵押、信用评级等征信服务,实体确保出资人的资金安全。

2. 起源

互联网信托服务的理念起源于传统信托服务,即委托人基于对受托人的信任,将其财产权委托给受托人进行管理或者处置,获取固定投资收益回报,最终达到资产增值的目的。从互联网信托平台的操作原理上分析,与传统信托非常相似,即投资人基于对互联网金融平台线下征信服务的信任,对通过了平台审核的借款项目进行出资,在一定期限内获取收益回报。在安全性方面,互联网信托平台和传统的信托服务也非常相似,也是需要采取类似于信托项目风控的方式,在线下严格把关借款项目的质量及风险大小,同时也需要根据借款企业信用度,要求其提供抵押或担保资料,最后才能将企业的资料和借款需求发布在网络平台上进行竞标。

不同于传统信托概念的是,互联网信托平台只针对中小微企业提供投融资服务。从目前中国企业融资金额需求来看,多数小微企业的资金缺口较小,并且小微企业接受高于法定基准贷款利率的融资成本。因此,互联网信托平台可以面对比传统信托范围更广的大众闲置资金。传统信托的资金门槛较高,一般在百万级以上,并且投资期限也在几年以上,而大众闲置资金则有投资门槛低、期限短的特点,大众闲置资金的分配和调整相对更灵活。同时,互联网信托的透明化程度也是传统信托所不具备的,在互联网信托平台上,对借款企业与投资个人要求实名认证,对借款企业基本资料要求公开,并且对每一个项目的进行过程完全透明。

二、互联网信托的分类

互联网信托是将信托活动进行互联网化,即在网上运作信托业务,比如通过网络签订合同、查询信托信息、转让信托产品等。信托由于具有私募属性,与互联网的公开性存在着天然的不一致,所以与其他互联网金融业态相比,互联网信托的发展相对滞后,至今并未出现相对成熟的、大面积推开的业务模式。2014—2015年可以说是互联网与信托的"蜜月期",在多个领域出现了不同形式的尝试与创新。2016年以后,监管趋严,信托"触网"有进有退。通过对近年来互联网信托创新的梳理,可以总结出以下四种业务模式:网上信托、信托公司网上理财、消费信托、参与供应链金融。

1. 网上信托

由十部委联合印发的《关于促进互联网金融健康发展的指导意见》首次提到"互联网信托"。一些信托公司在互联网信托领域做了大量有益的尝试。

基于互联网,信托公司通过网页、App为客户提供在线信托金融服务。提供的主要服务包括:一是持有份额查询。客户登录互联网信托后,可以查询自己所持有的信托收益份额,收益分配明细。二是信托产品查询。客户可以查询信托公司所有信托产品的产品交易结构、产品详情以及净值型产品的当前净值。系统第一时间向目标客户推送新发行产品信息。三是在线预约。大部分互联网信托提供产品在线预约功能,预约成功后再由专门的客户经理通过线下与客户对接。四是在线认购/申购。少数信托公司,如建信信托、上海信托和华宝信托,实现了信托产品的在线认购/申购/赎回,在线实现投资者风险承受能力的测评,在线下单,通过大额支付渠道实现在线支付,在线签订电子合同。为了满足监管要求,还提供客户经理与客户在线实时视频面签,录制音频视频。五是在线转让。提供信托产品转让发布服务,有意向的投资者可以在线提交购买意向,并与出售方在线进行议价。系统提供在线估价服务,根据信托产品收益率、持有期限,自动对拟出售信托产品进行估值,供交易双方参考。双方确定交易价格后,可以实现在线转让,在线支付。

上海信托的"现金丰利"现金管理类产品是比较成功的案例。该产品主要投资于货币市场,单笔认购/申购资金金额最低为人民币5万元(含5万元),并可按1万元的整数倍增加。目前该产品实现了网上申购、赎回,定期定额赎回功能,并计划增加支付水电煤等附加功能。

2. 信托公司网上理财

由于信托法规的限制,信托公司开展网上理财面临较大的监管压力,因此一般通过设立互联网子公司开展相关业务。一方面,近年来互联网金融的飞速发展培养了一大批年轻、拥有互联网投资习惯、非高净值用户(可用于投资的金额一般为十万元以下)。因为信托公司一般具有国资背景,刚性兑付预期强烈,上述投资者期望能够参与信托投资获得安全、较高的收益。另一方面,存量信托产品的流动性差,部分信托产品持有人具有转让需求。目前的信托网上理财平台主要是对接以上两种类型的投资者,通过互联网平台进行撮合。通过这种交易结构的设计,变相规避单个信托投资人单笔投资必须大于100万元的限制。

目前信托公司开展此类业务,有两种模式:一种是自己搭建互联网理财平台;另一种是与第三方互联网平台进行合作。

第一种模式以中融信托旗下的中融金服为代表。金融产品增信项目是中融金服推出的个人投融资服务产品,借款人均为合法购买信托机构发行的集合资金信托计划产品的高净值客户(自然人或机构),并以其持有的信托计划受益权作为增信措施进行融资。投资人为广大中小微企业及个人客户,起投资金为1万元,在线进行申购/赎回/兑付。

第二种模式以高搜易平台推出的"信托宝"为代表。投资门槛仅仅10元起,产品期限从3天到1年,收益率从5%~95%。任何投资者只要完成简单的网上注册、银行卡绑定后,即可进行投资,享有信托、资管产品同等收益,具有更好的流动性。

3. 消费信托

消费信托与传统的投融资概念集合资金不同,简言之是"理财+消费",在有保障的前提下获取高性价比的优质消费,是以信托公司作为受托人,按照委托人的意愿,将信托资金用于购买指定产业方提供的消费权益,并按照信托文件的约定对信托产品运行提供全流程监管,为受益人的消费权益的实现提供监督和管理服务,以实现满足受益人特定消费需求及消费者权益保护的信托目的的单一制定型信托。

消费信托将投资者的理财需求和消费需求结合在一起,同时将服务/产品提供者(生产企业)的融资需求和销售意愿结合在一起,通过互联网平台将供需双方有效地连接,能够更好地发挥金融服务实体经济的作用,通过金融机构的专业化运作和集中议价的优势,在为客户提供资金保障及升值的基础上,结合客户特点为其提供精细化的消费服务。单个投资者所需要的投资金额数量较小,甚至可以为100元,极大地降低了投资门槛,使该产品的目标群体扩大数万倍,与小额、高频、普惠、共享的互联网精神高度契合,通过互联网平台极大地降低了交易成本。因为信托法规的约束,每个投资人不能直接成为信托计划的持有人,一般通过交易结构将所有投资人的资金汇集起来,作为单一信托的委托人投资于信托计划中。

消费信托紧紧围绕中国广大人民群众的消费升级需求,所提供的消费权益一般为娱乐、高端餐饮、高端教育、旅游度假、体育健身、高端数码、艺术品收藏。

4. 参与供应链金融

围绕核心企业,管理上、下游中小企业的资金流和物流,并把单个企业的不可控风险转变为供应链企业整体的可控风险,通过立体获取各类信息,将风险控制在最低的金融服务,称为"供应链金融"。信托以其灵活的产品设计、天然的资源整合能力、强大的创新能力,具有提供供应链金融的优势。供应链中有大量被商业银行遗忘的中小企业,它们有巨大的融资需求,但缺乏有力的担保,财务不透明,经营状况不稳定,单体企业融资规模小,传统的尽职调查和风险防范成本高。

通过互联网平台,围绕核心企业,依靠大数据技术,采集整个供应链上、下游企业中的完整商业行为数据,包括采购、物流、仓储、生产能力、资金往来,再结合企业信用数据,为供应链条中的所有成员企业建立立体企业风控模型,精准授信,全方位防范风险。通过互联网,有效撮合资金的供需两方,提供在线金融服务,有效地降低交易成本,极大地提高运营效率。

在实践中,有的信托公司紧密结合实体经济,与建筑行业的大型央企合资成立供应链互联网子公司,与供应链中的核心企业形成利益共同体,按照市场化运作,引入管理层持股,组织结构及管理制度参照互联网企业,自主开发线上供应链金融服务平台。

三、互联网信托的发展现状与趋势

1. 少数信托公司已搭建互联网金融平台

互联网信托的平台化、服务型的创新发展符合信托公司战略转型要求。已有一些信托公司涉足"互联网+信托",自建互联网金融平台或与互联网公司联手共建平台。2015年6月,中融信托旗下的互联网金融平台"中融金服"上线,成为信托系首家互联网金融平台,其独具信托特色的金融生态系统旨在为高净值客户及优质人群提供全方位的专业化金融服务。平安信托依托旗下的互联网金融平台——"平安财富宝"推出了类似的信托存量客户融资业务。中信信托与百度合作推出的互联网消费众筹平台于2015年9月正式上线,采用全新的消费众筹模式将用户与商户之间的消费通道彻底打通,平台投资门槛仅为1元,且引入转让功能以提升权益的流动性和活跃度。

2. 不断涌现出互联网信托创新产品

信托公司利用其产品设计和开发优势与互联网机构合作,对新型信托产品进行大胆尝试。2014年9月,中信信托联合百度金融、中影股份等机构推出了互联网消费信托产品"百发有戏之《黄金时代》",该信托计划嵌套的单一事务管理类信托和资金信托权益分别集中管理消费权益和认购资金,通过对接互联网平台有效融合了金融产品设计优势和互联网普惠属性。2015年10月,中融金服设计了"金融产品增信项目"与"融粤系列"理财计划,分别满足客户对所持信托产品进行部分转让或全部转让的需求。其基本交易结构是,信托受益人以信托产品做增信,在这一平台上进行融资,既解决信托投资者中短期资金需求,又为普通大众提供了较低风险、较高收益的互联网金融产品。

3. 信托公司的服务模式更加丰富,与客户的互动性逐渐提高

互联网金融产品凸显了极致的客户体验。对于服务于高净值客户的信托行业,超预期的客户体验是提升客户满意度的重要方式。绝大多数信托公司都已经上线了涵盖微信公众号和手机客户端的网络服务平台,同时运用微博、微信等平台的推广功能,及时发布理财信息、行业动态、市场走势等,与客户保持密切沟通,显著增强客户黏性。此外,平安信托与陆金所合作,进行互联网平台销售,在P2P领域已占据半壁江山;上海信托、华宝信托等信托公司已经实现了网上申赎等服务功能。

4. 一些信托公司开始招募互联网金融人才

随着信托业的迅猛发展,尤其是证券信托业务的不断推进,一批信托公司的IT建设大有改观。运营效率和服务品质得到显著提升。但是,由于缺乏对互联网认知程度较高的高级管理人员和关键技术人才,信托公司在与互联网深度融合的进程上整体表现相对保守。目前,一些信托公司相继成立专门的互联网业务部门或团队,研发、销售创新型信托产品。长安信托、四川信托、中江信托、平安信托等信托公司已发布了互联网金融岗位信息,招募相关管理、技术和推广岗位的专业人才。

5. 陆续出台了规范互联网金融发展的相关政策

2015年,政策当局大力拓展互联网与经济社会各领域融合的广度和深度,提出了一系列鼓励创新、支持互联网金融稳步发展的政策措施,对于鼓励和引导信托公司开展互联网信托业务具有重要作用。《关于积极推进"互联网+"行动的指导意见》和《关于促进互联网金融健康发展的指导意见》是国家层面发布的规范、促进互联网金融发展的纲领性文件,标志着我国互联网金融从原来的监管缺位或者说在一定程度上的无序发展开始进入重视规范和健康发展的新阶段。指导意见明确定义了互联网金融及其主要业态,有机地将互联网信托纳入互联网金融业态系统,为互联网信托的未来发展提供了一定的市场空间,引起业内的广泛关注。

四、互联网信托的风险与监管

互联网与信托的融合,优势与风险并存。互联网技术本身也需要遵守法律的规定,其创新过程中也面临着因互联网技术而产生的风险。现有法律制度体系下,互联网信托面临着"监管围城",其投资门槛、法律关系或投资者保障等方面一旦取得突破,可能触犯基本的法律监管红线(法律风险),加大投资者的经济利益风险。

(一) 互联网信托中存在的法律风险

法律风险是指相关主体(交易双方及网络中介平台等)作为或不作为而产生的承担不利法律后果的可能性或不确定性,或者由于法律规定模糊与空缺,可能违反法律的禁止性规定或者与相关规定矛盾或冲突的风险。在信托与互联网技术融合的过程中,一方面可能会因为线上、线下监管要求的不同出现制度套利;另一方面可能会因为违反法律的强制性规定而被禁止。

1. 运营主体不合规的法律风险

一方面,根据《信托公司管理办法》第七条规定:"凡是设立信托公司,需经银监会批准并领取金融许可证。未经批准,任何单位和个人不得经营信托业务。"基于《信托法》第二条规定:"信托是委托人基于信任,将其财产权委托给受托人,由受托人按委托人的意愿,以自己的名义为受益人的利益或者特定目的,对受托财产进行管理或者处分的行为。"以"信托100"网站推出的团购信托产品为例,该行为符合信托定义,但该公司经营范围并未注明信托业务,而且还没有金融许可证。因此,信托业协会发表声明指出,财商通公司负责管理的"信托100"网站不属于合法从事信托业务的机构。

另一方面,基于《信托公司集合资金信托计划管理办法》第八条第三款规定:"信托公司不得委托非金融机构进行推介。"银监会《关于信托公司风险监管的指导意见》规定:"要严格执行《信托公司集合资金信托计划管理办法》,防止第三方非金融机构销售风险向信托公司传递。"因此,互联网金融平台如果没有金融机构资质,那么网站上推介信托产品的行为已经违规。

2. 非法公开发售的法律风险

基于《信托公司集合资金信托计划管理办法》第8条第2款规定,信托公司不得进行公开宣传。即不得向不特定客户发送产品信息,不能以电子邮件、寄送材料、向预留电话号码推送信息等形式推介。互联网信托平台直接将信托产品放在网上进行展示,展示内容包括项目名称、期限、收益率等详细情况,甚至接受预约,这些做法已经涉嫌违规。从我国《证券法》的有关规定来看,此模式下还存在非法公开发行证券的法律风险。我国《证券法》第10条规定了公开发行证券的法定条件,即向不特定对象发行证券的或者向特定对象发行证券累计超过200人的都属于公开发行行为;非公开发行证券不得采用广告、公开劝诱和变相公开方式。在互联网信托平台认购流程中,除了需要先进行会员注册,单一项目的认购人数应限制在200人以内,以规避非法公开发行证券的法律风险。另外,"信托100"网站在互联网上向社会公众(不特定对象)吸收聚集小额资金购买集合信托计划,未经有关部门依法批准,并承诺在信托募集一定期限内会按照预期年化收益率给付回报,涉嫌构成《最高人民法院关于审理非法集资刑事案件具体应用法律若干问题的解释》第一条规定的"非法吸收公众存款或者变相吸收公众存款"。

3. 违反信托计划的合格投资者规定的风险

基于我国《信托公司集合资金信托计划管理办法》第6条规定,违反信托计划的合格投资者涉嫌触碰法律,实践中拆分、转让以及投资人委托互联网金融平台购买信托计划的模式,也存在着涉嫌规避信托计划合格投资者规定的情形。互联网金融平台通过出售信托份额吸收投资者资金,由客户支付一定费用,委托互联网金融平台购买信托计划,这样平台就能聚集大量客户的资金,满足信托计划合格投资者的界定标准,并以平台自身的名义去购买信托产品。因此,通过互联网销售信托产品时,仍应遵守信托合格投资者的规定和私募发行的性质,否则面临违反信托计划合格投资者规定的风险。

4. 信托受益权拆分转让的合规性风险

信托受益权是指受益人因信托有效成立而享有的权利。英美法系中受益权包括取得信托利益、获得信托有关消息、要求因受托人管理不善的损失赔偿以及对受托人管理事务的同意等权利,即作为信托财产的受益所有者应当享有的权利。法系中的广义受益权同英美法系一样,也是指受益人享有的各项权利的总称;而狭义的受益权仅指受益人依法享有由信托财产所孳息的某些利益的权利,这也是受益人与其他信托关系人的最主要区分,是受益人的专属权利。根据《信托法》第48条及《信托公司集合资金信托计划管理办法》第29条的规定,受益人有权转让其受益权,但受让人必须为合格投资者——自然人被排除在外。"信托100"网站所设计的受益权转让业务与上述规定相违背,因而其合法性受到质疑。

(二)互联网信托中存在的非法律风险

1. 互联网信托的资金管理安全风险

互联网信托业务流程中一般有投资者、信托持有人以及互联网信托平台等多方参与者。在多方参与者之间的信托资金流动与管理存在的风险相较于简单的双方交易更为巨大。互联网信托平台往往要求投资人在平台注册,并将投资资金预先在平台指定的账户中进行汇集(尽管存在第三方托管,但落实情况堪忧),实质上大量资金依然在某种程度上由平台掌控,给投资者带来了极大的资金安全隐患。一些平台的资金管理人受经济利益的驱使,违规使用资金;加之资金监管不到位,造成资金流失,最终损害投资者的经济利益。

2. 互联网信托的信息不对称风险

互联网金融理财产品在销售过程中倾向于夸大收益、违规保证收益、"技巧化"风险提示等,网络借贷平台监管规范法律效力低,个人信用制度不完善,但由于业务活动都是在电子信息构成的虚拟世界中进行,信息不对称程度提高,因而信息风险加剧。互联网信托业务中亦不例外。其信息披露标准基本上均由互联网信托平台单独设定,投资者仅可根据网站的产品介绍和信息披露了解相关产品。互联网"迷雾"致使投资者与信托投资其他主体之间的信息不对称。这为互联网信托平台编制虚假项目、虚假增信、虚假债权等手段提供了便利,加剧了投资者受骗风险。

3. 互联网信托的信用风险

信用风险是信托产品投资者面临的交易对象违约不能支付到期本息而给信托带来的风险。在信托收益权拆分转让模式中存在两类信用风险:一是由于信托计划本身造成的信用风险,如果信托计划由于不当管理出现亏损,信托受益人的经济利益就会难以实现,从而形成兑付风险。二是由信托受益人引起的信用风险。一般情况下,信托受益人必须在收到信托收益之日起一定期间内将该收益支付给收益权人。由于受让方并不是信托计划的直接关系人,如果信托受益人违约(未把信托公司兑付的投资本金和收益支付给受让方),而此时受让人无权直接找信托公司,只能选择向受益人行使权利,这样就使受让人的收益权出现兑付风险。国内的社会征信系统环境不成熟,大部分互联网信托平台无法像银行一样掌握借款企业及其法人的资信情况,没有在投资后进行有效管理,因此借款人的违约成本较低,这样就容易损害信托投资者的利益。

(三) 与互联网信托业务相关的政策要点

在现有监管政策中,对互联网信托影响较大的政策主要是关于信托拆分的规定,以及禁止第三方非金融机构代销信托产品的规定。

1. 禁止信托拆分的相关规定

在现有监管政策中,与信托拆分相关的规定主要包括以下方面。

(1) 集合信托的合格投资者认定。根据《信托公司集合资金信托计划管理办法》,合格投资者指投资于一个信托计划的最低金额不少于100万元人民币的自然人、法人或者依法成立的其他组织。

(2) 禁止违规集资购买信托产品。根据2014年4月银监会下发的《关于信托公司风险监管的指导意见》(即99号文),投资人不得违规汇集他人资金购买信托产品,违规者要承担相应责任和法律后果,并在产品营销时向投资人充分揭示风险,不得存在虚假披露、误导性销售等行为。

(3) 禁止向自然人拆分转让信托受益权。根据2007年1月证监会发布的《信托公司集合资金信托计划管理办法》,在信托计划存续期间,虽然受益人可以向合格投资者转让其持有的信托单位,但信托受益权进行拆分转让的,受让人不得为自然人,且机构所持有的信托受益权不得向自然人转让或拆分转让。

2. 禁止第三方理财机构直接或间接代理销售信托产品

2007年银监会出台的《信托公司集合资金信托计划管理办法》禁止信托公司通过非金融机构进行产品推介。在信托业快速的发展同时,风险也开始显现,而一些第三方理财机构出于赚取中间费的目的,在宣传推介中强调刚性兑付及收益,弱化风险揭示,在此背景下,2014年银监会发布《关于信托公司风险监管的指导意见》(即99号文),重申禁止第三方理财机构直接或间接代理销售信托产品,严格执行《信托公司集合资金信托计划管理办法》,防止第三方非金融机构销售风险向信托公司传递。发现违规推介的,监管部门要暂停其相关业务,对高管严格问责。

五、互联网信托案例

(一)"信托100"产品简介

"信托100"(www.xintuo100.com)是由财商通投资(北京)有限公司发起并负责运营,多家信托公司和第三方理财机构共同参与的国内首家一站式互联网信托理财平台。该平台的宣传口号是"100起投,信托业余额宝",投资者能以100元/份的低门槛投资高收益的信托产品。其操作流程为:投资者在"信托100"网站上注册登录后自主选择投资产品,然后与财商通签署产品委托认购协议,在认购协议中财商通会说明其持有的信托收益权属于投资者;当资金募集完成后,由财商通以委托人身份与信托公司签署合同,并持有投资者的信托受益权。在资金保障方面,委托第三方支付平台——国付宝对"信托100"用户资金进行管理。

"信托100"主要有信托合买、如意存及受益权转让3种产品。信托合买指的是依照投资期限、标的门槛的不同,提供不同收益率的产品,用户可根据自己的投资收益率需求及资金能力,挑选适合自己的投资产品组合。如意存是由"信托100"推出的,通过该平台对用户认可的理财产品范围内的项目进行自动投资的理财计划,投资项目包括1~3年期的信托计划或资产管理计划,以及每周可开放赎回的现金管理类信托计划两类。受益权转让是指用户既可以自行转让已投资的信托资产份额及受益权,也可以投资其他用户转让的份额从而获取该份信托的受益权。

(二)"信托100"产品的特点

(1)资金门槛低,一般起投资金为100元,仅有7个产品起投金为10 000元。

(2)预期年化收益率较高,从产品介绍来看,平均年化收益率达9.39%,其中97.5%的产品年化收益率介于8%~12%。

(3)投资期限灵活,多为1~3年。

(4)投资项目类型繁杂,分为贷款类、股权类、组合投资类、债券类、融资租赁类、权益类和其他类这七类,其中68.69%的产品属组合投资类。

(5)提供募集期补贴,即"投资成功当日开始计算收益,信托募集期间的收益由网站补贴,该信托计划年化收益按日计算,补贴在募集期结束后由系统自动存入用户账户",并承诺无论项目是否成立,用户都可享受到该项补贴,导致实际业务范围超出了经营许可要求。这也引起了信托业协会的注意:2014年4月16日,信托业协会发表声明,明确指出财商通公司负责管理的"信托100"网站,不属于合法从事信托业务的机构。

(三)"信托100"存在的问题

1. 不具备信托业务许可资格

信托是指委托人基于对受托人的信任,将其财产权委托给受托人,由受托人按委托人的意愿,以自己的名义为受益人的利益或者特定目的,对受托财产进行管理或者处分的行为。财商通公司通过"信托100"网站以百元团购的形式接受用户委托,以自己的名义投资购买信托产品,属于从事信托业务。根据《信托公司管理办法》第七条规定:"凡是设立信托公司,需经银监会批准并领取金融许可证。未经批准,任何单位和个人不得经营信托业务。"而从其公布的经营实体验证信息中可知,公司经营范围并不包括信托业务,且该公司未持有金融许可证。

2. 销售的部分信托产品未获信托公司授权

"信托100"网站销售的信托产品涉及的信托公司已达70余家,而从其网站公布的合作机构来看,仅有2家信托公司(中融信托和中信信托)属于公开的合作伙伴。此外,多家信托公司在中国信托业协会官网发表联合声明,表示从未授权"财商通公司"和"信托100"通过网络公开销售其所发行的信托产品。随后"信托100"发布的声明中也表示其与信托公司的合作不是直接的。

3. 违反信托行业相关规定

(1) 不符合信托合格投资者的认定规定。根据《信托公司集合资金信托计划管理办法》第6条规定:"信托计划的合格投资者必须要符合下列条件之一:投资一个信托计划的最低金额不少于100万元人民币的自然人、法人或者依法成立的其他组织;个人或家庭金融资产总计在其认购时超过100万元人民币,且能提供相关财产证明的自然人;个人收入在最近三年内每年收入超过20万元人民币或者夫妻双方合计收入在最近三年内每年收入超过30万元人民币,且能提供相关收入证明的自然人。"而"信托100"对投资者没有资质限制,起投资金为100元,违反了信托合格投资者的认定原则。

(2) 超出了投资者人数的限制范围。《信托公司集合资金信托计划管理办法》第5条规定:"单个信托计划的自然人人数不得超过50人,合格的机构投资者数量不受限制。"从《信托100产品用户协议》规定的委托人来看,其投资人有自然人和机构;但从会员注册方式来看,仅提供了自然人身份证信息登记注册,机构注册渠道并未开通。因此,目前该平台的投资人应属自然人。从已售的119个产品来看,除了7个起投1万元的产品投资人数在50以内外,其余均超过了50人。

4. 涉嫌非法吸收公众存款

"信托100"在互联网上公开通过第三方支付账户聚集小额资金购买集合信托计划,未经法定程序批准而向社会公众募集资金,同时承诺在信托募集期间,无论项目是否成立,都会按照预期年化收益率发放补贴,这些都较为符合《最高人民法院关于审理非法集资刑事案件具体应用法律若干问题的解释》(法释[2010]18号)

第一条规定的"非法吸收公众存款或者变相吸收公众存款"的认定标准,有可能触碰互联网金融不得非法吸收公众存款这条法律红线。

5. 投资者权益保障难度大

(1) 公平权容易受到侵犯。投资人通过注册成为"信托 100"用户时,需认可信托 100 网站服务协议。而该协议中部分条款存在加重用户的义务及减轻网站管理者财商通公司责任的嫌疑。如约定"在任何情况下,本网站及其股东、创建人、高级职员、董事、代理人、关联公司、母公司、子公司和雇员(以下称'本网站方')均不以任何明示或默示的方式对您使用本网站服务而产生的任何形式的直接或间接损失承担法律责任……并且本网站方不保证网站内容的真实性、充分性、及时性、可靠性、完整性和有效性,并且免除任何由此引起的法律责任",直接免除了其作为网站管理者应承担的对其发布内容的真实性、可靠性和有效性负责的义务,违反了《合同法》第四十条"格式条款具有本法第五十二条和第五十三条规定情形的,或者提供格式条款一方免除其责任、加重对方责任、排除对方主要权利的,该条款无效"的规定。

(2) 用户个人信息安全难以保证。《电信和互联网用户个人信息保护规定》第六条明确规定了互联网信息服务提供者应对其在提供服务过程中收集、使用的用户个人信息的安全负责。而"信托 100"网站服务协议中 6.2.5 条关于"本网站将采用行业标准惯例以保护您的个人资料,但由于技术限制,本网站不能确保您的全部私人通信及其他个人资料不会通过本协议中未列明的途径泄露出去"这一约定,明显规避了非自身原因造成的信息安全保护责任。

(3) 投资人与信托公司之间不存在合同关系。信托合同的当事人是财商通公司和信托公司,合同的持有者为财商通公司,投资人与信托公司之间并不存在信托关系,投资人仅能查阅信托合同的电子复印件。一旦信托计划出现资金兑付风险,根据合同相对性原则,投资者不能向信托公司主张任何权利,其合法权益难以保障。

第六节 互联网保险

一、互联网保险的定义

保险是指投保人根据合同约定,向保险人支付保险费,保险人对于合同约定的可能发生的事故因其发生所造成的财产损失承担赔偿保险金责任,或者被保险人死亡、伤残、疾病或者达到合同约定的年龄、期限等条件时承担给付保险金责任的商业保险行为。

互联网保险是新兴的一种以计算机互联网为媒介的保险营销模式,其有别于传统的保险代理人营销模式。互联网保险是指保险公司或新型第三方保险网以互联网和电子商务技术为工具来支持保险销售这一经营管理活动的经济行为。互联网保险是承保人实现保险信息咨询、保险计划书设计、投保、交费、核保、承保、保单信息查询、保全变更、续期交费、理赔和给付等保险全过程的网络化。

互联网保险实现了"人随网走"向"网随人动"的重大转变,展现出巨大的发展潜力与市场空间。互联网保险并不等同于保险电子化,互联网保险强调互联网的创新精神,利用互联网技术革新服务模式、销售模式,其中包括产品开发模式、资金支付模式等的创新,而保险电子化只是单纯地把保险搬上互联网。

二、互联网保险的分类

现阶段,我国互联网保险业务的运营主体主要包括传统保险公司、电子商务平台、保险中介代理机构、专业互联网保险公司、新型网络互助保险平台(机构)等。不同种类的互联网保险运营主体根据各自业务发展策略的不同,所采取的商业模式各具特点。

1. 官方网站模式

该模式以传统大中型保险公司为主。该模式下,保险从业机构通常拥有充足的资金、丰富的自营产品储备以及完善的运营、服务体系,能够建立自主运营的互联网平台,以满足销售保险产品、提供客户服务、展现自身品牌的战略发展需要。国内传统大型保险公司由于经营时间较长,沉淀的忠实客户数量庞大,目标客户人群的品牌认可度高,可以使官网获得较高的访问流量,通过线上投保优惠的营销策略,能够有效引导保险业务向线上归集。目前,该模式的受益机构主要集中在大型保险集团、上市险企(如中国平安、中国人寿等)。

2. 第三方电子商务平台模式

该模式原则上只为交易双方提供信息服务。这类平台具有运营独立、网络化程度高以及流程专业等特点。该模式下,多数平台主要依靠其流量优势,优先上线较为成熟、潜在客户群广泛、易核保的意外险、健康险、航空意外险、家庭财产保险以及场景化程度较高的手机碎屏险、支付账户安全险等创新型险种。实践中,该模式普遍受新筹建的保险公司重视,作为初入保险领域的从业机构,通过与成熟的电子商务平台合作,可以快速完成初期的客户积累、规模保费收入、品牌推广。例如,许多上线于京东数科、支付宝的保险产品,可以快速实现百万、千万元级别的保费收入,展现了电子商务平台的作用和价值。

3. 中介代理模式

该模式主要包括兼业代理模式和专业代理模式。兼业代理模式下,代理机构的主营业务并非保险,而是依靠自有的客户网络体系进行保险产品的推介,经营的险种较为单一。例如,汽车4S店主要代理保险公司的车险,银行主要代理保险公司的理财类保险。当前,网络兼业代理模式逐渐成为互联网保险中介领域常见的业务模式之一。垂直类网站根据监管的要求,主要以技术服务形式,利用兼业代理的资质与保险公司开展合作业务。

专业代理模式下,代理机构在满足资本金、网络系统安全性等多方面监管要求的同时,还需申请专业的网销保险牌照。此类代理机构能够在线高效完成保险产品的销售以及后续的理赔服务;同时,由于长期经营专业的保险代理业务,普遍形成了完善的内部风控机制,能够有效识别承保环节的潜在风险。

4. 专业互联网保险公司模式

该模式下,持有专业牌照的互联网保险公司普遍采取纯互联网运营模式,业务办理在线完成,不设线下实体门店。此类从业机构具有保险产品开发资质,将自主设计的保险产品进行场景化嵌入,通过保险产品场景化嵌入、线上渠道推广的业务策略,将目标客户群锁定在网络消费群体;在理赔层面,针对保险责任明确、材料充分、规定限额内的理赔案件,提供线上快速理赔的服务。

拥有互联网保险牌照的机构普遍拥有深厚的互联网或保险行业背景,能够给予资金、技术、客户、人才等层面的大力支持,使主营业务较快步入正轨。例如,2013年10月,由平安、腾讯、阿里联手成立中国首家互联网保险公司"众安保险",有效融合了平安的保险资源优势、腾讯的海量网络用户积累、阿里的专业电商网络及新型技术应用。再如,成立于2015年11月的"泰康在线"则是泰康保险集团旗下的专业互联网公司,根据泰康保险集团互联网战略的部署,成为投保客户与集团公司之间重要的线上联结纽带。

5. 网络互助保险模式

2015年1月,保监会出台的《相互保险组织监管试行办法》,使"相互保险"在我国的落地成为可能。此前,国内已经出现了如众托帮、抗癌公社、e互助等网络互助组织。此类互助组织发起的网络互助计划并非真正的保险产品,互助申请人获得的互助金额,以会员实际捐赠金额为准,存在较大的不可控因素。

2016年6月22日,保监会批准信美人寿相互保险社、众惠财产相互保险社和汇友建工财产相互保险社筹建,标志着"相互保险"在我国正式落地。随着我国首批相互保险社获批开业,"互联网+相互保险"的网络互助保险模式将有效推动保险回归保障本质,在社会保障体系中起到重要的补充作用。例如,2017年8月,信美人寿上线国内保险领域首个互助账户"信美会员爱心救助账户",账户资金来自按一定比例提取的保费收入及会员捐赠;当会员出险且实施自救后,仍面临较大生活困难的,其本人、配偶及未成年子女即可获得爱心救助账户提供的援助。

三、互联网保险的特征

与传统保险进行对比,互联网保险主要具有虚拟化、电子化、直接化和年轻化四个特征。

1. 虚拟化

虚拟化是指企业看不到它的客户,客户也接触不到其他客户,所有人都是通过互联网进行沟通。没有面对面的接触,没有支付纸币乃至金属货币,一切金融往来都是在互联网上以数字化形式进行的。通过开展这类互联网保险业务,保险公司只需支付低廉的网络服务费,可免去代理人、经纪人等中介,从而在很大程度上降低了保险机构的运作成本。

2. 电子化

电子化是指互联网保险通常采用电子保单、电子支付等方式来完成投保业务,基本上实现了无纸化交易。这样就克服了传统保险活动中书写任务繁重、保险单据保存量大且传递速度慢等缺点,不仅简化了整个流程,而且方便了相关数据的管理和开发。

3. 直接化

传统保险业中,由于专业水平的差异、空间距离的限制等因素,保险中介机构在保险契约的成功签订中发挥了巨大的作用。然而互联网保险借助的是以计算机、互联网为媒介的保险营销模式,投保人可以自主进行投保,其具有"去中介化"的特征。

4. 年轻化

传统保险业的用户多为中老年人,而年轻人较为偏爱互联网保险的模式。这一现象出现的原因主要包括以下两点。

(1) 由于专业知识和线上搜集信息的能力有限,中老年人倾向于传统的保险模式,即通过保险代理人购买保险;而对于年轻人来说,保险机构在互联网上所公布的保险信息更加值得信赖,因此他们更青睐也有能力在线上自助签订保险契约。

(2) 在传统保险业中,由于空间距离的限制、结算手段单一等原因,保险公司提供的产品多为寿险、意外险、车险、重疾险、养老险、教育险等长期大额险种,这些保险产品与中老年人的联系更为紧密。而互联网保险公司所提供的产品具有场景化特征,包括车险、航空延误险、天气险、婚恋险等新兴险种。趋于个性化、定制化的保险产品也更受年轻人的欢迎。

四、互联网保险的优势

作为一种以互联网技术的发展为基础的新型商业模式,互联网保险彻底改变了传统保险业提供产品和服务的方式,为保险业发展带来新的机遇和挑战。概而言之,互联网保险具有成本低、时效性、需求导向型、信息透明化和理赔简单五大优势。

1. 成本低

互联网保险公司的经济性主要来自其全新的组织架构。通过互联网销售保单,保险公司可以免去机构网点的运营费用和支付代理人或经纪人的佣金,直接大幅节约了公司的经营成本。保险信息的搜寻、谈判、销售、签单等方面的费用也将大幅减少。据美国咨询机构布兹·艾伦·汉密尔顿计算,通过网络向客户出售保单或提供服务要比传统营销方式节省58%~71%的费用。成本的降低不仅使保险公司赢利增加,而且降低了各险种的保险费率,进而使消费者从中获益。

2. 时效性

时效性有助于提高规模经济效益。互联网保险具备信息化的特点,实现了保险交易的虚拟数字化。保险公司可以通过互联网,实现全天候随时随地的服务,同时免去了代理人和经纪人等中介环节,大大缩短了投保、承保、保费支付和保险金支付等进程的时间,提高了销售、管理和理赔的效率,使得规模经济更加突出,有利于保持保险企业的经营稳定性。

3. 需求导向型

互联网保险最显著的特征就是其诉诸大数据、云计算、人工智能等新兴技术以提升保险服务的质量和保险业务的效率,而互联网保险的技术导向型便使得用户需求导向型成为可能。举例而言,互联网保险企业可以借助大数据分析技术,根据用户行为习惯,精准预测消费者需求,进而提供最适合于特定消费者的保险产品。与传统保险企业的"人海战术"相比,互联网保险可以提升保险产品和服务的质量,同时使得保险服务更加便捷。

4. 信息透明化

信息透明化是指互联网保险减少了客户与保险公司之间的信息不对称。通过网上快速查询,消费者可以发现一系列保险信息,如险种介绍、保险费率等。而信息透明化带来的效益主要包含以下两个方面:一方面,退保率将会大幅度下降。在传统保险业中,消费者主要是通过保险销售人员的介绍来了解保险产品,这种单向的信息传播方式难免会造成信息不对称的情况。购买产品之后,很多消费者会发现该险种无法满足自身需要。因此,在传统保险业下,消费者购买保险产品之后的退保率处于一个很高的水平。借助互联网,消费者对保险产品的相关信息将有更深入、全面的了解,其选择的险种也将更具有针对性,这将大幅度减少退保率。另一方面,投保人权益也将得到切实的保障。传统保险业中保险产品的信息并不透明,在利益的驱使下,一些保险销售人员或中介人员可能有欺诈消费者的行为。互联网保险信息透明化的特点杜绝了保险销售人员利用保险产品的信息不对称性欺诈消费者的可能。

5. 理赔简单

传统保险业中,消费者申请理赔的过程较为烦琐,理赔周期也非常长。消费者必须准备大量的材料,之后其还需造访多个部门,理赔才可能成功完成。而互联网保险企业提供了自助理赔通道,客户只需要根据提示点击鼠标即可轻松完成理赔。那么互联网保险企业为什么可以提供零门槛理赔通道呢?它们不担心不可靠的客户进行欺诈吗?这是因为互联网保险企业利用大数据处理技术和反欺诈模型分析筛选出可靠客户,这样就保证了客户较高的信用,在源头消除了被欺诈的风险。以安心保险为例,它们一直秉承着"好人理念",即默认其客户均为好人,而这一模式也是有大数据技术等的保障才能有效实行。

五、互联网保险的发展历程和趋势

(一) 发展历程

作为一种新兴事物,互联网保险在我国发展的历史只有短短二十几年时间,但在这二十几年间,互联网保险正在不断地走向成熟。按照中国保险行业协会的划分,中国互联网保险的发展大致可以分为萌芽期(1997—2000年)、起步期(2001—2003年)、探索期(2004—2007年)、积累期(2008—2011年)、发展期(2012—2013年)和爆发期(2014年至今)六个阶段。

1. 萌芽期(1997—2000年)

(1) 行业背景

根据保监会数据,1999年保险行业全年保费为1 393亿元,2000年为1 609亿元。

(2) 互联网发展背景

2000年年初,我国共有890万上网用户,其中666万用户用拨号上网。

(3) 典型案例

1997年11月28日,中国保险学会和北京维信投资股份有限公司成立了我国第一家保险网站——中国信息保险网。同年12月,新华人寿保险公司促成的国内第一份互联网保险单,标志着我国保险业迈进互联网融合的大门。

(4) 发展状况

这一阶段互联网在我国普及度并不高,互联网保险也仅仅刚刚萌芽,诞生了互联网保险网站和第一份保单。

2. 起步期(2001—2003年)

(1) 行业背景

2000年,保费规模为1 609亿元;2001年为2 116亿元,增长32%;2002年为3 048亿元,增长44%;2003年,保费规模为3 840亿元。

(2) 互联网发展背景

互联网网民规模从2001年的3 370万人增长到2003年的8 000多万人。

(3) 典型案例

2000年8月1日,国内首家集证券、保险、银行及个人理财等业务于一体的个人综合理财服务网站——平安公司的PA18正式亮相。8月6日,中国太平洋保险公司成立国内第一家连接全国、连接全球的保险互联网系统。9月22日,泰康人寿保险股份有限公司独家投资建设的大型保险电子商务网站——"泰康在线"全面开通,是国内首家通过保险类CA(电子商务认证授权机构)认证的网站。9月,首家外资公司友邦保险上海分公司的网站开通,通过互联网为客户提供保险的售前咨询和售后服务。

(4) 发展状况

2000年很多保险公司建立了网站,意味着互联网保险开始起步,但随着2000年的互联网泡沫,很多太冒进的公司碰到了问题。

3. 探索期(2004—2007年)

(1) 行业背景

保费规模从4 000亿元增长到7 000亿元。

(2) 互联网发展背景

网民规模从8 000万人增长到2.1亿人,国内互联网环境渐渐好转,网购热潮兴起,安全第三方支付也出现了。

(3) 典型案例

2003年,中国太平洋保险开始支持航空意外、交通意外、任我游(自助式)等3款保险在线投保。从2006年起,以太平洋保险、泰康人寿、中国人寿保险为代表的保险公司对自身的官网进行改版升级。2006年,买保险网以"互联网保险超市"的概念上线运营,采用了"网络直销+电话服务"的保险营销模式。

(4) 发展状况

随着互联网发展回暖后,保险公司的官网升级也从产品线、支付与承保优化对保险在线购买进行了有效改善,诞生了保险超市。

4. 积累期(2008—2011年)

(1) 行业背景

保费规模从9 000多亿元增长到1.4万亿元。

(2) 互联网发展背景

互联网网民规模从2.1亿人增长到5.13亿人,手机网民规模达到3.56亿人,占整体网民的比例为69.3%。在中国上网用户稳步增长的基础上,在线购物人群呈几何级增长。

(3) 典型案例

慧择网、优保网、向日葵等以保险中介和保险信息服务为定位的保险网站出现,并且拿到风险投资。

(4) 发展状况

在该阶段,互联网保险开始出现市场细分,保险中介服务类的网站开始发展。

不过,由于互联网保险公司电子商务保费规模相对较小,电子商务渠道的战略价值还没有完全体现出来,因此在渠道资源配置方面处于易被忽视的边缘地带。

5. 发展期(2012—2013年)

(1) 行业背景

保费规模从1.4万亿元增长到1.7万亿元。

(2) 互联网发展背景

互联网网民数从5亿发展到6亿,移动互联网网民数从3亿发展到5亿,移动支付也得到了快速发展。

(3) 典型案例

2013年"双十一"当天,寿险产品的总销售额超过了6亿元,其中国华人寿的一款万能险产品在10分钟内就卖出了1亿元。其实早在2012年,国华人寿就从互联网保险中获益颇丰,曾通过淘宝聚划算,创下3天销售额过亿元的业绩。生命人寿也在2013年11月初正式启动天猫旗舰店,并在"双十一"当天8小时内销售总额破亿元。

(4) 发展状况

2012年,我国全年保险电子商务市场在线保费收入规模达到了百亿元。各保险企业依托官方网站、保险超市、门户网站、O2O平台、第三方电子商务平台等多种方式,开展互联网业务。逐步探索互联网业务管理模式,包括成立新渠道子公司开展集团内部代理,成立事业部进行单独核算管理。通过优势网络渠道获客,实现线上、线下配合,成立专门的互联网保险公司等。其中,第三方电子商务平台凭借其流量、结算和信用优势,日益成为推动互联网保险快速发展的中流砥柱。大家也认识到了互联网保险绝不仅仅是保险产品的互联网化,而是对商业模式的改进,是保险公司对商业模式的创新。

6. 爆发期(2014年至今)

电子商务、互联网支付等相关行业的高速发展为保险行业的电商化奠定了产业及用户基础,2014年互联网保险保费规模实现爆发式增长,互联网保险渗透速度加快。越来越多的保险公司意识到互联网保险不仅是销售渠道的变迁,还是依照互联网的规则与习惯,对现有保险产品、运营与服务模式的深刻变革。

类似"我来保"App一样的第三方互联网保险平台快速成长,入局互联网车险市场并建立口碑营销,既对接大型传统保险公司,如人保、太平洋、平安等,又联合新兴互联网保险巨头安心保险,购买车险选择多也更加方便。同时,线上线下双驱动的模式也日渐成型,前景大好。

(二) 发展趋势

未来,随着我国居民商业保险普及度的加大、新型技术(互联网、云计算、大数据、人工智能、区块链等)商业化应用的普及以及保险从业机构对该业务领域的重视,我国的互联网保险市场份额将进一步加大。同时,随着互联网保险商业模式的持续创新,该业务领域的从业机构必将面临更多机遇与挑战。因此,准确判断互联网保险的发展趋势,及时根据自身特点进行针对性业务布局,将决定各保险机构未来在该业务领域的核心竞争力。

1. 持牌互联网保险公司将迎黄金发展期

保险行业的互联网趋势已成为大势所趋,专业的持牌互联网保险公司将迎来黄金般的发展机遇。其一,持牌专业互联网保险机构拥有自主开发保险产品的资质,能够有效避免平台成为单纯的流量入口,从而将业务核心深入至保险价值链的顶端。其二,拥有互联网基因的保险公司在产品设计上能够直击线上保险消费者的"痛点",如"手机碎屏险"满足了手机用户的保险需求。其三,通过线上场景的嵌入,可以自然引导客户的保险需求,从而改变传统以销售为导向的运营模式,促使互联网保险公司不断寻找新的应用场景,将保险产品嵌入具体场景中,场景嵌入的能力将成为互联网保险公司取得行业优势地位的重要竞争门槛。

2. 互联网保险 O2O 生态圈初步成型

目前,多数保险公司承担了从售前获客到售中承保,再到售后理赔,以及保险资金的汇集投资等全部运作流程,一定程度上降低了公司整体的运营效率。从业务架构上分析,售前获客、售后理赔等环节可以外包给相应的专业机构,保险公司可将主要精力集中在产品的开发及保险资金的投资方面,如售前的获客可以交予保险中介机构负责,出险后的定损理赔可以交给专业的公估公司。以美国的保险业为例,谷歌、亚马逊等大型流量平台已经承担起保险产品的推广及营销职能,数据分析和风险评估公司 Verisk Analytics 则承担起风险管理职能。

对国内已经发展成为大型集团公司的保险机构(如中国人保、平安集团等)来说,可以将整个价值链条置于自己的运营之下,通过集团化运营保证整个产业运转。而对新入场的互联网保险公司来说,独立承担整条价值链的运作,在前期可能造成较大的经营负担,且运营效率较低,通过分拆、外包部分环节业务,寻找适合的业务合作机构,可以保证组织的高效运行。在保险价值链细分的基础上,互联网保险公司与线下实体机构合作,也有助于构建完整的 O2O 生态系统,能够大幅拓展保险服务的范围,将随机投保客户有效转化为忠实客户。例如,众安保险旗下的"保骉车险"是众安保险与平安保险合作推出的互联网车险品牌,众安负责产品的线上营销,平安依靠强大的线下实体门店优势负责提供理赔等线下服务。再如,泰康在线通过与权威医疗机构(二级甲等、三级甲等)合作,使投保客户可以享受优质的线下医疗服务。

3. "互联网+相互保险"模式落地

根据中国保监会 2015 年发布的《相互保险组织监管试行办法》定义,"相互保险"是具有同质风险保障需求的单位或个人,通过订立合同成为会员,并缴纳保费形成互助基金,由该基金对合同约定的事故发生所造成的损失承担赔偿责任,或者当被保险人死亡、伤残、疾病或者达到合同约定的年龄、期限等条件时承担给付保险金责任的保险活动。

在通信技术欠发达的年代,"相互保险"模式主要为同城、同社区、同职业的个体所采用,跨地区的互助保险计划并不常见。随着科技的进步,人类社会进入网络信息时代,通过互联网,有相同保障需求的个体能够跨越地理上的限制汇聚起来,从而形成全体共识的互助保险计划。

4. "长尾客户"成重要消费群体

在互联网技术应用于金融业之前,出于人力运营成本的考虑,金融机构倾向于将主要精力投向高净值客户,保险业的情况大致相同。与高净值客户相比,"长尾客户"个体拥有的能够支配的资产规模较小,但这部分群体人数众多,资产总量相当可观。在"互联网＋金融"模式架构下,金融机构的获客成本、运营成本大幅降低,使"长尾客户"也能够享受高效率的金融服务。例如,2013年上线的余额宝本质上是天弘基金旗下的货币基金,相对传统基金户均8万元的投资额,余额宝当时的户均投资额不足2 000元,且相当数量的账户仅有几百元,但数亿用户的"长尾资金"在短时间内汇聚成巨款,天弘基金也一举成为最大的公募基金公司。而随着互联网技术在保险领域的成熟应用,"长尾客户"也将成为互联网保险未来的重要消费群体。

5. 专业人员作用凸显

通常意义上,标准化程度较高的产品更适合在互联网上发售。财产保险、短期意外保险、非定制化健康保险等保障周期较短的险种可以在一定程度上实现标准化,意味着其互联网化程度也较高。例如,英国的网销车险比例早在2004年就已达到41%。而在产品运营周期长(一般为20~30年甚至终身)且产品标准化程度低的长期人寿保险层面,其互联网化程度普遍不高。

长期人寿保险针对不同背景的客户,可以形成保障范围各异的保险合同,每个被保险人之间的保险合同都有差异,这种非标性导致在整个保险服务体系中,具有极强专业素养的从业人员的作用将越来越重要。以保险业最发达的美国为例,长期人寿保险是个人金融投资资产中重要又复杂的环节,需要专业的金融保险人才从保费收益与风险保障组合的角度为客户提供个性化、量身订制的保险合同。未来,国内"金融科技＋互联网"的长期寿险业务网络化进程也必须依托高端保险专业人才,才能循序有效推进。

6. 金融科技深度应用

在"互联网＋保险"模式的初级阶段,保险公司、投保客户均会面临较大的风险,如保险公司难以有效判断客户的"逆投保"风险,投保客户难以确认承保机构能否顺利履约等。现实中,互联网保险业务模式的快速推广与金融科技(FinTech)在金融领域的应用息息相关。金融科技涉及大数据、云计算、区块链、人工智能等新型技术,随着其在互联网保险领域的深度应用,通过技术手段构建、完善信任体系,大幅提升了保险公司、投保客户的风险保障程度,为互联网保险的快速发展提供了有力的技术支持。

以区块链为例,区块链技术具有去中心化、不可篡改、全网公开、时间戳等特性,将互联网体系架构和区块链技术相结合,能够有效实现互联网保险业务的信息认证、履约自动化功能。例如,信美人寿上线的"信美会员爱心救助账户",采用区块链技术记录救助账户的收支明细、会员变动、救助案例等详细信息,通过及时披露、公示等方式,有效实现了账户的阳光化运营。

六、互联网保险的风险与监管

在互联网金融产品鱼龙混杂、良莠不齐的今天,互联网保险的乱象也是无奇不有,各种"奇葩"险种层出不穷,比如恋爱险、熊孩子惹祸险、失眠保险等。

事实上,各类"奇葩"险种背后则暗藏风险。其一,部分险种背后的发行机构不具有我国法律规定的相应资质,机构本身不具有合法性;其二,部分机构虚构各类保险名目,打着"保险"的幌子从事非法集资;其三,部分种类保险具有"赌博"的性质,保险标的缺乏有效的规律支撑,内容条款与赔付条件过于随意;部分保险产品缺少风险提示,信息披露不充分,或存在明显容易致人误解的歧义。

相较于互联网保险的发展,监管方面相对而言稍显滞后,甚至在2011年以前,市场上还没有出现单独的规范性文件正式对互联网保险提出监管上的要求。2015年7月,《互联网保险监管暂行办法》出台后,互联网保险开始进入规范监管时代,文件对经营主体、经营方式、自营网络平台条件、三方网络平台条件、经营险种、信息披露、经营规则等主要方面均做出了较为明确的要求,为互联网保险的规范提供了依据。2015年9月出台的《关于深化保险中介市场改革的意见》推行了独立代理人制度,为第三方平台开辟了广阔空间。进入2016年,监管政策更加规范和严格,以利于行业长久健康发展。

2016年10月,十五部委联合印发的《互联网保险风险专项整治工作实施方案》中提到的"非法经营互联网保险业务",整治重点包括三个方面:一是互联网高现金价值业务,二是保险机构依托互联网跨界开展业务,三是非法经营互联网保险业务。

2017年9月,保监会发布《关于在互联网平台购买保险的风险提示》称,互联网保险业务蓬勃发展,在给保险消费者带来便捷的同时,也出现了一些风险隐患。

并提醒消费者在互联网平台购买保险时注意以下风险：一类风险是产品宣传藏"忽悠"，在互联网平台购买保险时一定要仔细阅读保险合同；另一类风险是不法行为"鱼目混珠"，一些不法分子利用互联网平台虚构保险产品或保险项目，假借保险之名非法集资。消费者要合理评估自身需求，选择符合自身保险保障实际需求的保险产品，不盲目相信高收益宣传，不随意在可疑网站提供个人信息，自觉抵制诱惑。

与此同时，随着互联网保险规模越来越大，也加速了风险外溢，尤其是在数据运用、信息安全、保险消费者权益保护等方面存在着隐患。下一步，监管层面将持续加强和改进对互联网保险的监管。

表3.6.1所示为国内关于互联网保险的重要政策法规。

表3.6.1　国内关于互联网保险的重要政策法规

监管部门	实施时间	法律法规	法规目的
国务院	2005.4	《中华人民共和国电子签名法》	电子签名和手写签名或印章具备同等法律效力
保监会	2011.4	《互联网保险业务监管规定（征求意见稿）》	促进互联网保险业务规范、健康、有序发展，防范网络保险欺诈风险，切实保护投保人、被保险人和受益人的合法权益
保监会	2011.8	《中国保险业发展"十二五"规划纲要》	大力发展保险电子商务，推动电子保单以及移动互联网、云计算等新技术的创新应用
保监会	2011.9	《保险代理、经纪公司互联网保险业务监管办法（试行）》	促进保险代理、经纪公司互联网保险业务的规范、健康、有序发展
发改委、商务部等八部委	2012.2	《关于促进电子商务健康快速发展有关工作的通知》	贯彻落实《国民经济和社会发展"十二五"规划纲要》关于积极发展电子商务的任务，深入开展国家电子商务示范城市创建工作
保监会	2012.5	《关于提示互联网保险业务风险的公告》	除保险公司、保险代理公司和保险经纪公司外，其他单位及个人不得擅自开展互联网保险业务
国家税务总局	2013.3	《网络发票管理办法》	加强普通发票管理，保障国家税收收入，规范网络发票的开具和使用
保监会	2014.1	《关于促进人身险公司互联网保险业务规范发展的通知（征求意见稿）》	对网络保险的机构运营、宣传、促销等方面作出详细规定，强调公司宣传和披露以及风险合规管理与其他渠道看齐
保监会、人民银行等十四个部门	2016.4	《互联网保险风险专项整治工作实施方案》	规范互联网保险经营模式，优化市场发展环境，完善监管制度规则

七、互联网保险案例

众安保险于 2013 年 9 月 29 日获得中国保监会同意开业批复。据了解，众安保险所获得保监会审批的牌照是国内第一家也是全球第一个网络保险牌照，公司注册资金为 10 亿元人民币。

众安在线因其强大的股东背景——蚂蚁金服、腾讯、平安和软银而备受瞩目。马云、马化腾、马明哲联手，中国第一家互联网保险公司"众安保险"上线。"众安保险"业务全程在线，没有任何分支机构，纯粹通过互联网进行承保和理赔服务，开启了互联网保险业的新平台。交易安全、账户安全、网络金融、网络信用等都是"众安保险"所服务的对象。

众安保险的保单普遍"小而微"，通过对小微险种的开发，众安保险的投保客户数量得以迅速积累，创立后前三季度其保费收入为 3.6 亿元。公开资料显示，按生态系统划分，众安在线目前提供的产品及解决方案主要覆盖五个领域，即生活消费、消费金融、健康、车险及航旅生态。其中，生活消费类别占比虽然历年下降，但在五大类别中仍占比最高，主要产品包括退货运费险、任性退、商家保证金保险、手机意外险及碎屏险。

2017 年 9 月 28 日，众安在线财产保险股份有限公司（简称"众安在线"）在香港联交所主板上市，成为国内首家上市的互联网保险公司。从创立到成功上市，众安在线用了三年零九个月的时间。

第七节　互联网消费金融

一、互联网消费金融概述

近年来，随着我国家庭人均可支配收入的逐渐增加，中国的消费得到显著增长，高达国民总收入的 67%。根据国家统计局的数据显示，2019 年中国城镇社会消费品零售总额为 35.1 万亿元，累计增长 7.9%。消费领域市场发展潜力巨大，为互联网消费金融的进一步发展提供了市场基础。另外，目前我国经济面临着产能过剩的困境，经济结构面临"困难发展期"。在此背景下，我国急需寻求新的发展路径以应对经济增长、结构优化调整的迫切需求。"互联网＋"的普及为国民经济的发展转型和高效组织注入新鲜血液，互联网消费金融作为当前经济状态下涌现出的新型经济形态，正在逐步成为促进产业调整、供给侧改革以及提高经济发展效率的有效途径。

从广义上讲，消费金融是与金融相关的所有消费活动。而互联网消费金融则是在互联网的背景下所进行的上述消费活动。由于互联网消费金融发展时间短暂，涉及的领域广泛，对于互联网消费金融的确切定义，行业内目前尚未达成共识。根据《关于促进互联网金融健康发展的指导意见》，我国的互联网金融分为互联网支付、网络借贷、股权众筹融资、互联网基金销售、互联网保险、互联网信托和互联网消费金融。从上述分类可以看出，我国对互联网消费金融的界限有着严格的规定，既具有互联网金融的一般特性，又与其他分类相互排斥，仅在特殊条件下才可以相互转化。因此可以得出，互联网消费金融不包含网络借贷、互联网支付等一系列金融活动。

在国外，对于消费金融同样没有一个被普遍认可的定义。常见的概念有 Consumer Finance（CF）、Personal Finance（PF）、Household Finance（HF）、Consumer Credit（CC）等。各个概念均存在各自的特点及缺陷，无法完全准确地对消费金融进行界定。其中，Consumer Finance 从字面可理解为"消费者金融"，是从消费者的角度出发来进行研究的，单个消费者需要利用现有的资源，结合当前的环境，对投资、风险、收益等方面进行判断，最终得出最优的消费选择。Personal Finance 是指消费者的理财选择。如何合理安排工作收入、对储蓄及保险的选择、对风险的判断及是否进行适当的投资等问题是消费者在理财过程中主要考虑的问题。Household Finance 主要是以家庭为单位进行消费金融活动的研究。以家庭为单位相对个人来说面临更加复杂的选择，例如赡养老人及抚养子女的支出、职业的选择、家庭共同支出等。Consumer Credit 是指消费者日常生活中的消费信贷，例如教育贷款、住房贷款、汽车贷款以及其他日用品的贷款。

通过对国内外不同看法的总结，可以明确互联网消费金融的三个特点。首先，出资方是银行、消费金融公司等企业；其次，整个审核、借款及还款等流程均是通过互联网完成的；最后，用户通常将这笔款项用作日常生活中的消费。从而可以得出，互联网消费金融是指银行或者消费金融企业通过一系列的技术手段，通过互联网向消费者借款的行为。区别于网络借贷，这个过程需要具体的消费场景的依托，即消费者借款时需要明确的消费趋向。除此之外，消费者也可以选择适当的分期还款期限。

二、互联网消费金融的分类

（一）根据消费金融企业或机构的不同性质分类

互联网消费金融的分类主要通过各类消费金融企业或机构的不同性质进行区分。我国互联网消费金融服务多种多样，但仍然存在发展不均衡的问题，各个行业的发展依然与行业的具体状况有关。其主要分为垂直分期购平台、电商类平台、消费金融公司以及银行机构。垂直分期购平台是以分期为主的分期商城；电商类平台是以购物为主的电商平台，依托网购场景提供借贷服务；消费金融公司是经过银保监会批准的借贷平台;银行机构是国内的商业银行依托银行业务来提供相关的服务。

1. 垂直分期购平台

垂直分期购平台是指将客户群划分为不同的细分领域,在某个或多个细分市场中向消费者提供产品或服务,用户可以参照自身情况来选择不同的分期付款方式。根据不同的购物场景,垂直分期购平台可以划分为网购分期、教育分期、租房分期、旅游分期以及汽车分期等。近年来国家对银行等金融机构针对大学生群体提供的信用卡业务的严格监管,以及智能手机的迅速普及等原因,导致垂直分期购物平台深受大学生群体的追捧。目前行业内的典型平台有分期乐、趣店、桔子分期、房司令、优爱教育等。

2. 电商类平台

电商类平台主要依托网购平台的购物场景,用户在进行购物时可以向平台发起借款,并在一定的还款期限内进行还款,此类平台强调生态圈和闭环体验。目前市场上主流的电商类平台有蚂蚁花呗、京东白条、苏宁任性付等。起初,人们在电商平台购物时常选择信用卡、借记卡等方式支付,出现分期借款服务后,支付方式发生了相应的改变。不同的平台与相应的购物平台相对应,用户在购物完成后付款时可以选择相应的支付方式。电商类平台由于拥有稳定的购物用户,获客能力较强。此外,通过用户的购物习惯可以判断出用户的消费能力和信用水平。

3. 消费金融公司

国外消费金融的发展已有将近 400 年的历史了。在国内,根据中国银监会 2013 年发布的《消费金融公司试点管理办法》,消费金融公司是指经银监会批准,在中华人民共和国境内设立的,不吸收公众存款,以小额、分散为原则,为中国境内居民个人提供以消费为目的的贷款的非银行金融机构。其中,顾客的消费目的中不包括汽车与房屋的购买。当前市场上主流的消费金融公司有中银消费金融、北银消费金融、捷信消费金融及苏宁消费金融等。在国内,消费金融公司的设立主体主要是国内的商业银行,如北京银行、中国银行等银行金融机构。提供的服务包括商户消费贷款和个人现金贷款。

4. 银行机构

银行机构以吸收公众存款作为资金来源,通过信用卡、现金贷以及银行自营电商平台来向消费者提供互联网消费金融服务。银行机构所体现的优势十分明显,一方面有可靠的资金来源,另一方面有相对于其他机构更加完善的信用评价体系。但同时,银行所面临的获客难、风控成本高等问题成为银行机构进一步发展相关业务的绊脚石。

(二)根据消费场景分类

根据消费的场景可以将互联网消费金融划分为 3C 数码类、生活服务类、房产刚需类、农村市场等4个类别。不同的互联网消费金融机构通常选择以上四种类别中的一种或者两种进行经营。

1. 3C数码类

3C是指计算机（Computer）、通信（Communication）、消费类电子产品（Consumer Electronics）。通常的互联网消费金融机构会选择3C数码类别中的手机、平板电脑、笔记本式计算机等产品进行经营，如早期的趣分期（趣店的前身）、分期乐等。3C数码类产品的主要特点是价格高，消费者在一次性购买过程中承担的压力比较大，尤其是大学生这类没有稳定收入的群体。通过分期购物平台，通常可以选择较长的分期还款期限，降低单次消费的支出。同时，这也造成了分期购物平台的客单价相较于传统电商平台的客单价更高的结果。

2. 生活服务类

生活服务类主要包括消费者日常生活中一些比较昂贵的产品或服务，如教育分期、旅游分期、医疗分期等。以教育分期为例，教育分期主要针对在培训公司接受培训的学员。由于培训机构的学费通常较高，为10 000~20 000元人民币，因此在学员缴纳学费的环节中，互联网消费金融机构通过与培训机构合作，学员可以选择分期贷款。教育分期通常采用$X+Y$的分期方式。X指贷款过程中仅仅需要支付利息的期数，Y表示还本付息的期数。学员在培训过程中没有稳定收入，仅仅支付利息不会造成还款压力。除此之外，消费金融公司在提供贷款的过程中，成为培训机构和学员两者的债权人，双方中的任何一方出现拖欠行为，均不会对消费金融公司的债权造成影响。

3. 房产刚需类

房产刚需类别中主要包含租房、购置新车、购置二手车、住房装修等。据前瞻产业研究院发布的《中国汽车金融行业市场前瞻与投资战略规划分析报告》统计数据显示，2018年中国汽车金融市场规模将达到1.39万亿元，增长率为19.2%。以租房分期为例，在经济较为发达的北上广深等城市，普通白领租房时往往面临着10 000元左右的押一付三（一个月的房租押金，三个月的房租）的情况，有时还有一个月的中介费。租房分期服务很好地解决了这个问题。租房分期公司通过与房东、中介机构或个人合作，当用户与其签订一年的合同时，租房分期公司将扣除利息的租房费用直接交给房东，租户仅仅需要将每月的房租交给租房分期公司即可。租房分期公司通过双向地向租户和房东或中介收取服务费即可实现盈利。目前市场上主流的租房分期公司有蛋壳公寓、房司令等。

4. 农村市场

我国是一个农业生产大国，但由于多数农民缺乏信用记录，到目前为止，仅有少数的消费金融机构涉足农村消费金融领域。针对农村的消费金融服务包括农机、种植、养殖、家电以及电摩等。大部分消费金融公司对农村用户缺乏信用记录的解决办法是线上与线下相结合的方式。首先,用户通过在线上进行相应的身份认证,认证通过之后,消费金融公司会派出专人与用户在线下进行真人认证。通过调查用户的家庭与社会关系,以及在线下判断用户的消费能力与还贷能力来对用户进行综合的信用考核。

三、互联网消费金融产业链

我国互联网消费金融行业目前仍然处于快速发展的起步阶段,其产业链结构仍在不断完善。在产业链中,参与的主体包括互联网消费金融服务商、资金供给方、消费供给方、消费金融服务需求方、坏账催收处理机构、监管机构,具体关系如图 3.7.1 所示。

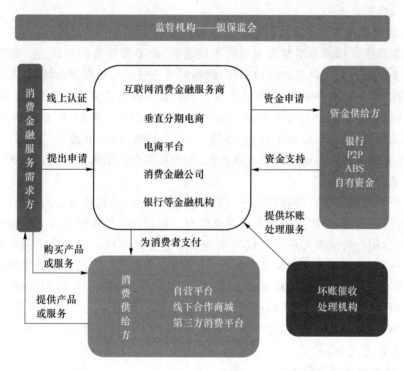

图 3.7.1 互联网消费金融行业的产业链结构

1. 互联网消费金融服务商

互联网消费金融服务商是构成产业链的核心,包括垂直分期购物平台、电商平台、银行以及消费金融公司等。在产业链中,它们扮演的角色是将消费者、资金供给方和消费供给方三者联系起来:收集消费者的需求,从资金供给方获取资金并交给消费供给方。

在互联网消费金融公司发展之初,用户在平台上的认证过程包括本人身份证照片、本人手持身份证照片等信息。完善信息后,由消费者发起购物并向平台提出借款申请。接下来,需要平台的工作人员对用户进行线下的回访和签约。完成后,由消费供给方发货,用户完成购物。整个过程十分烦琐,效率低下。随着人工智能技术的兴起,各大平台简化了用户的认证流程,用户仅需要上传本人身份证照片并通过人脸识别的测试后,即可完成授信过程并进行购物。

2. 资金供给方

资金的来源主要有银行、P2P平台、自有资金、ABS、小贷公司等。其中,垂直分期购物平台的主要资金来源有自有资金、P2P平台、信托贷款、ABS等。电商平台的主要资金来源有自有资金、ABS、第三方金融机构等。消费金融公司的主要资金来源有借款、金融债券、自有资金、ABS等。而银行的主要资金来源为银行所吸纳的公众存款。

3. 消费供给方

消费供给方指的是消费者发起购物请求后,产品和服务的提供方。部分互联网消费金融服务商有自营的购物平台,例如阿里巴巴经营的淘宝商城、京东经营的京东商城、唯品会购物平台等,垂直电商分期购物平台有自营的购物商城。除此之外,消费金融服务商也与线下商城与线上购物平台合作。例如,蚂蚁花呗在2016年接入大悦城,随后支持沃尔玛、永辉超市、苏宁易购、国美电器等。在线上,2014年3月,分期乐与京东商城达成战略合作,用户可以在分期乐购物平台购买京东商城的产品。

消费金融服务商在协调好用户和资金供给方之后,将钱款付给消费供给方,再由消费提供商直接将产品或服务提供给用户。而用户与消费供给方之间没有进一步的合作,用户的借款与还款均仅与消费金融服务商达成。但这其中依然存在着一定的问题,在教育分期和租房分期等行业,用户逾期之后将由坏账处理机构进行催收,而第三方教育机构和租房中介的监控存在较大的困难。在教育分期行业,存在着骗贷的行为。即培训机构诱导用户使用消费金融服务进行教育分期,而培训机构可能存在以各种理由延迟开课等现象,致使用户的权益遭受损害,而用户依然需要履行还款义务。

4. 消费金融服务需求方

消费金融服务需求方指的是消费金融服务提供商的用户。用户通过平台进行实名认证之后,由平台对用户的信用状况进行评估,再根据用户的消费习惯(如果有的话)为用户提供一定的授信额度。用户的购物和还款均在消费金融平台上完成,而无须与消费供给方和资金提供方进行沟通协调。用户可以根据自身的实际情况,来选择借款金额和还款期限。

5. 坏账催收处理机构

坏账催收机构通过与消费金融服务提供商进行合作,在用户发生逾期行为后,收购坏账的债权。外包公司一般收购的坏账主要是逾期时间较长或异地的债权。收购债权后外包公司将直接与用户进行对接、催收。坏账催收的方式主要分为三种：电话催收、外访催收和诉讼。电话催收包括向借款人及借款人的父母、朋友、同学、亲戚等通过电话进行沟通催收，这种方式可以避免当面冲突且方便快捷，但效率低下。外访催收即外出到借款人住所进行催收。如果上述两种方式仍然没有将欠款收回，将采取法律诉讼的方式。根据《刑法》第一百九十三条，以非法占有为目的恶意透支、长期不还款的行为将构成贷款诈骗罪。但诉讼的成本较高。

6. 监管机构

我国的互联网消费金融行业的监管方主要是银保监会。我国消费金融发展的历史只有短短 11 年，但这 11 年间，消费金融公司出现的经营问题非常多。自 2015 年 7 月，人民银行等十部委联合发布了《关于促进互联网金融健康发展的指导意见》，促进了我国互联网消费金融的迅速发展。但由于经验不足，也没有明确的监管细则来依照，因此消费金融行业滋生了大量问题。而这些问题的出现对消费金融服务平台和用户的利益都造成了影响。同时，强烈的市场需求推动了第三方信用服务业务的迅猛发展，2018 年 3 月，央行向百行征信有限公司颁发了个人信用牌照。百行征信是在央行主导下，由芝麻信用、腾讯征信、深圳前海征信中心、鹏元征信、中诚信征信、考拉征信、中智诚征信、北京华道征信等 8 家市场机构与中国互联网金融协会共同发起组建的市场化个人征信机构，填补了我国个人征信市场上的一大空缺。

随着行业的逐渐成熟，银保监会及其他监管部门对行业进行规范和监督，要求行业中违法违规经营的企业进行整改，使行业向着规范的方向发展。

四、互联网消费金融的发展历程

在国外，消费金融的发展历史已有 400 余年。早期由于产能过剩，为了扩大销售规模，制造商和经销商为产品制定了分期付款进行销售的方案，为如今的互联网消费金融开辟了先河。

我国互联网消费金融的概念最早出现在 2009 年，发展至今已有 11 年的时间。这 11 年中，发展的历程大致分为三个阶段：启动期、快速发展期、整顿期。

1. 启动期——小范围试点（2009—2012 年）

2009 年，银监会发布《消费金融公司试点管理办法》。2010 年，在北京、上海、天津及成都四个城市分别批设了一家消费金融公司，分别是北银、锦程、中银和捷信，发起人分别是北京银行、成都银行、中国银行和外资 PPF 集团。四家消费金融公司在成立之初规模迅速扩大，但其中的三家由银行主导，导致消费信贷业务被银行信用卡覆盖，原本申请不到信用卡的用户仍然很难申请到消费信贷。

2. 快速发展期——降低门槛、扩大范围（2013—2015 年）

2013 年，银监会对《消费金融公司试点管理办法》进行了修改，降低了消费金融的准入门槛，并取消营业地域限制，将试点公司提高到 16 家，新增招联、兴业等。2014 年，天猫商城推出的分期业务和京东推出的白条业务标志着电商平台正式进入消费金融领域。

2015 年 6 月，国务院常务会议决定将消费金融公司试点扩展至全国，并将审批权下放，消费金融政策限制破冰。同年 7 月，经党中央、国务院同意，由人民银行等十部委联合发布《关于促进互联网金融健康发展的指导意见》，促进了互联网消费金融产品的快速发展。其后获准开业的消费金融公司达 10 家以上，交易规模急速扩大。

3. 整顿期——规范经营（2016 年至今）

2016 年 3 月，央行、银监会联合印发《关于加大对新消费领域金融支持的指导意见》，鼓励银行业金融机构完善配套机制，优化网点布局，并通过利用互联网等技术手段开展远程客户授权，实现线上申请、审核及放贷。同年 12 月，央行、银监会印发《关于规范整顿"现金贷"业务的通知》，要求暂停发放无特定场景和指定用途的网络小额贷款、不得暴力催收等，对无场景依托的各类网络借贷平台造成了巨大影响。2017 年 6 月，中国银监会、教育部、人力资源社会保障部三部联合印发《关于进一步加强校园贷规范管理工作的通知》，针对高利贷、暴力催收及裸条贷款等现象，要求各大金融机构和企业规范经营，并鼓励商业银行和政策进一步针对大学生市场开发合理的产品，要求能够补市场、控风险。

五、互联网消费金融的发展现状

中国互联网消费金融在 2012—2013 年才正式兴起。2014 年以来，我国主要期限国债到期收益率逐渐走低，尤其是 2015 年的多次降息降准，使得资金成本持续走低，为我国消费金融创造了较为宽松的资金面和较低的资金成本。同时，2015 年的"互联网＋"计划进一步推行，互联网消费金融快速发展，央行也开始开放征信牌照，促使商业银行、互联网巨头和新兴的创业公司纷纷转战互联网消费金融战场。所以，中国互联网消费金融在 2015 年的时候迎来了爆发式的增长，直接进入了快速发展阶段。中国人均 GDP 不断增长，除此之外，我国居民的恩格尔系数也逐渐降低。这意味着国人的消费结构正在迅速调整，在满足衣食问题之后，人们对消费升级类商品的需求正在扩大，加之 80 后、90 后消费观念的改变，导致人们对消费信贷的需求也越来越高。截止到 2019 年底，我国央行征信系统收录的征信记录共有 10.2 亿人，仍有数亿自然人没有被纳入征信系统。消费金融行业的发展潜力巨大。

2016—2017年,国家出台政策收紧银行房贷,使得居民贷款需求向互联网化方式转移。在双方面的共同作用下,我国互联网消费金融放贷于 2016—2017 年爆发式增长。数据显示,2017 年我国互联网消费金融放贷规模达到 4.38 万亿元,较 2016 年增长了 904%;2018 年,居民房贷持续转移,加之我国金融理念的渗透和场景布设提升消费金融渗透情况,互联网消费金融放贷规模持续走高,全年达到约 9.78 万亿元,同比增长 122.9%。

我国互联网消费金融的市场参与主体有电商、银行、P2P、持牌消费金融机构、消费分期平台和其他消费金融平台等。其中,电商平台消费金融凭借高流量、电商场景获得早期快速发展的优势,而后通过支付打通各消费场景,加之风控能力的优势从而实现领先地位。2017 年其放贷规模最高,占当年我国总放贷规模的 35%。此外,银行凭借着资金成本优势在 2017 年快速发展;消费分期平台则通过线下推广等方式实现早期市场教育和获客。

六、互联网消费金融的发展趋势

1. 发展定位

当前,我国新中产阶级规模扩大,年轻一代成为消费主力军。其消费理念与上一代的保守消费理念不同,加之互联网带动的电子商务发展迅速,更是改变了人们的支付方式和消费理念,消费者超前消费的诉求加大,信用消费的需求上升。而互联网消费金融自身的优势恰好迎合了消费者的这些诉求,因而得以快速发展。具体来说,一方面,互联网的高度普及性、互联网技术的迅速发展使得平台能够高效、快捷地实现资金融通,及时地满足用户的消费资金需求。近年来,我国网民规模不断增大,互联网普及率不断提高,互联网技术的应用渗透到人们生活的方方面面,给人们的生活带来方便的同时也改变了人们的消费方式。互联网平台具有搭建成本相对较低等优势,很多企业将众多消费场景置于互联网平台,借助互联网技术来为公众提供良好的服务。互联网消费金融企业将消费金融直接嵌入消费者的消费场景中,满足了消费者需求,促进了互联网消费金融企业的成长。另一方面,互联网消费金融具有良好的风险控制能力。互联网消费金融公司搭建的智能风控系统的风控技术明显优于传统风控技术,大大提高了公司对风险的控制能力。随着互联网消费群体的不断扩大、交易频率的提高,互联网消费金融公司能够收集到用户在多场景消费中的各种交易信息。借助大数据和云计算等技术,互联网消费金融公司可获得大量数据,并对收集到的大量数据进行分析,合理地评估用户的信用,及时地监测用户交易,灵活、准确、及时地对违约用户采取账户冻结措施,以降低用户的违约风险和公司损失。

目前,我国互联网消费金融处于发展的"成长阶段",面临着行业整合发展、转型发展。整个互联网金融行业经过2013年以来爆发式的增长,将逐步由高速成长期向成熟期转变,互联网消费金融机构的数量增速将逐步放缓,在不同的互联网消费金融机构之间会出现兼并重组、优胜劣汰,不能够适应经济金融环境变化的互联网消费金融机构被逐步淘汰,具备一定实力和核心竞争力的互联网消费金融机构将不断地做大做强,新的金融产品与金融服务不断推出,行业内部的整合速度将显著加快。对于一些想要在互联网消费金融行业实现长远发展的企业来说,这是一个难得的机遇期,此时的互联网金融消费机构更应当通过采取强化内部管理、完善组织架构、创新产品服务、增强风险防控能力等具体措施来树立品牌、打造核心竞争力,才能在互联网金融行业大浪淘沙的发展中生存成长。在我国经济进入新常态、经济增速放缓的情况下,我国互联网消费金融行业的蓬勃发展具有较大的现实意义。一方面,互联网消费金融的发展能够刺激互联网消费市场的扩大,进而刺激实体经济的发展;另一方面,互联网消费金融公司的大量出现加剧了消费金融行业的竞争,能够倒逼传统金融机构转型,具体表现如下。

(1) 优化宏观经济结构

互联网消费金融作为一种可以向社会各阶层提供资金的金融服务形式,具有一定的普惠性。互联网消费金融采用非现金交易方式,其交易方式的便利性在一定程度上能够刺激公众消费,带动社会整体消费需求,发挥消费对经济发展的拉动作用。互联网消费金融的借贷消费和信用消费能够推动消费结构升级,在提升居民生活水平的同时,可促进生产的升级,拉动相关产业的发展,影响资金配置流向,进而促进宏观经济整体结构的优化调整,推动我国经济的可持续发展。

(2) 加速传统金融机构转型

当前,银行业竞争日渐激烈。一方面,随着我国逐渐实现利率市场化,商业银行的获利能力下降;另一方面,随着互联网金融的蓬勃发展,各大电商平台相继进入消费金融市场,传统金融机构遭遇巨大的竞争压力。传统金融机构若想在竞争激烈的消费金融行业谋求发展,必须不断创新消费金融产品,拓宽自己的业务渠道,改变单一的资产负债结构,增强自身抵御风险的能力,这在一定程度上加速了传统金融机构的转型。

2. 发展趋势

近年来,我国互联网消费金融发展十分迅猛,给老百姓带来了全新的金融服务模式,互联网消费金融受到社会的普遍关注,对传统金融业造成了一定的冲击。由于互联网消费金融是新生事物,在我国发展时间还不长,面临诸多不确定性,在发展过程中必然遇到各种各样的问题和风险。因此,必须对当前我国互联网金融发展面临的问题以及风险有正确的判断和认识,采取行之有效的策略,方能使互联网金融步入健康良性的发展轨道,更好地发挥金融在服务经济社会发展中的作用。

互联网爆发式的增长引发了客户消费行为的变革,传统行业的竞争格局被打破。互联网带来的社会经济变化正在加速,互联联网消费金融迎来最好的发展时期,互联网的规模不断扩大。在新的竞争环境下,互联网消费金融未来的发展趋势如下。

(1) 加强互联网金融的监管

对互联网消费金融加强监管,这是大势所趋。金融市场的发展要求监管部门要及时研究新问题,拿出新对策。但需要警惕的是,一些传统银行在"喊话"加强监管的背后实则是遏制竞争对手的心态。无论是从立法层面还是从政策层面,对金融创新应持鼓励态度,对保护消费者权益和风险防控等方面的考虑则应从技术层面解决,以更好地促进互联网金融行业的健康发展。对互联网消费金融监管的同时,必须尊重这个新生金融产品自身的特点,监管是为了让它更好地发展,不能让监管成为维护传统银行既得利益的手段。加强监管不能以牺牲"鼓励金融创新"为代价,要更好地发挥市场在资源配置中的决定性作用,政府不能干预过多,应以保持金融市场稳定、维护消费者权益、规范市场秩序、加强风险管控为目标,寻求监管和鼓励创新的平衡,给予互联网金融创新更多的包容。展望未来,互联网消费金融持续发展的趋势不会改变。鼓励金融创新与加强监管并不相互排斥。疏于监督,泡沫破裂,必将导致金融市场灾难性的后果。

(2) 完善个人征信体系

我国互联网消费金融个人征信体系的建立尚在初始阶段,发展前景巨大,公安、民政以及税务等部门要建立良好的信息共享机制,降低个人征信成本。良好的个人征信体系的建立能够为企业提供准确、全面的居民信用信息,能够帮助企业准确地规避风险,降低企业风险控制成本。互联网消费金融公司之间也要通过行业协会来建立良好的信息共享机制,及时地披露失信人员名单,通过信息共享合作来帮助行业内企业规避风险,促进行业发展。

(3) 互联网消费金融对传统金融行业的影响加大

互联网消费金融顺应互联网发展的趋势,顺应客户消费变化的趋势,具有良好的客户体验,必将得到越来越多的网民青睐。如今,人们的生活越来越离不开互联网和移动互联网。互联网与传统行业的融合步伐正在加快。互联网消费在人们生活中的作用不可替代。互联网消费金融正是迎合了广大用户的互联网消费变化趋势,用户足不出户就可以享受便捷的金融服务,因此深受用户的欢迎。融资服务、金融信息服务等各类金融服务需求节约了用户的时间成本、出行成本、交易成本。

(4) 互联网消费金融向移动互联网消费金融转变

当前,移动互联网、大数据、云计算等技术飞速发展,互联网消费金融未来的成长空间巨大。尤其是移动互联网发展迅猛,未来互联网消费金融向移动互联网消费金融转变势不可当,移动互联网消费金融发展前景更为广阔。移动互联网将移动通信和互联网两种技术相结合,可以满足用户在任何时间、任何地点,以任何方式获取并处理信息的需求。

七、互联网消费金融案例

1. 蚂蚁花呗

(1) 平台简介

蚂蚁花呗是蚂蚁金服在 2015 年推出的一款消费信贷产品,主要用于淘宝商城、天猫商城等的消费。蚂蚁花呗的开通方式为平台根据用户的消费习惯,进行邀请开通。收到邀请的用户可以获得 500～50 000 元的消费额度。利用自有电商平台场景的依托,蚂蚁花呗向在商城购物的消费者提供借款。随后,蚂蚁花呗走出阿里电商平台,接入外部商户,包括线下的购物商城和线上的大部分网购平台。

还款时,用户可以根据自身的实际情况,选择不分期或者分 3 期、6 期、9 期、12 期,每期为一个月。

(2) 运作流程

蚂蚁花呗的运作系统主要分为用户接入、商户接入和风控系统三个部分。用户通过商户进行购物,发起需求,蚂蚁花呗通过用户的购物、转账等使用习惯,对用户进行信用评价,对用户进行授信后,用户通过蚂蚁花呗进行付款。还款时用户可以根据自身的实际情况选择一次性还款、分期还款和最低还款。

用户接入分为用户来源、选购和还款三个部分。淘宝商城在初期上线时,用户可以选择使用支付宝和网银两种付款方式,为支付宝获取了大量的用户。因此,蚂蚁花呗的用户主要来源于淘宝商城和支付宝两个平台。用户通过支持花呗付款的商户进行选购,确定需求后由花呗向商户付款,达成交易。蚂蚁花呗的还款日期为每月的 9 号,最长的无息借款时间是 40 天。还款的方式可以选择一次性还款,则无须支付手续费;按照最低还款额还款,从次月起,用户则需要按照一定的利率支付手续费,如果用户在次月还清,则仅需支付当月产生的手续费;若用户选择分期还款,则从当月起,需要按照约定的利率在后续还款的每个月支付相应的手续费,提前还款也将必须支付每期的分期手续费。

蚂蚁花呗所支持的商户在各个品类的覆盖中都比较全面,包括服装、3C 数码、家电等。在国内,线下的购物商城、线上的网购平台大部分均已开通蚂蚁花呗。

蚂蚁花呗的风控系统主要来源于自家的芝麻信用。由于蚂蚁花呗的用户主要来源于蚂蚁金服的淘宝购物商城和支付宝两大平台,因此蚂蚁金服拥有用户的购物习惯、使用频率、退换货等行为的具体数据,可以依据这些数据对用户进行信用评价,形成特有的信用评级系统来支撑蚂蚁花呗的用户信用评价。除此之外,在芝麻信用逐渐成熟的过程中,逐渐接入了第三方商户。用户在使用需要押金的第三方服务时,若该商户支持通过芝麻信用免押金,用户的芝麻信用分数达到一定级别时则无须向商户支付押金。从而,芝麻信用可以通过用户使用第三方商户的消费习惯、信用程度来进行进一步的分析与评级,使其信用评价系统更加完善。

(3) 盈利模式

蚂蚁花呗所代表的电商系互联网消费金融平台的盈利模式基本相同,主要分为手续费及利息、滞纳金收益、商户接入费用三个部分。

一方面,当用户选择一次性还款之外的其他还款方式时,则需要向平台支付一定的手续费及利息。按照最低还款的方式进行还款时,用户在支付当月账单金额的10%后,剩余的部分在下个月将按照日利率0.05%计算利息。按照分期还款的方式进行还款时,3期分期手续费为总金额的2.5%,6期分期手续费为总金额的4.5%,9期分期手续费为总金额的6.5%,12期分期手续费为总金额的8.8%。

另一方面,从现有的数据来看,滞纳金收益在银行信用卡收益中占比仅次于利息45.5%和分期手续费25.8%,占比多达12.6%。虽然在2016年央行取消了银行信用卡的滞纳金,但发卡机构需要与持卡人约定相应的违约金。同样的,蚂蚁花呗对于还款逾期的用户也将收取一定的滞纳金。滞纳金收取的利率与分期还款的利率相同。

除此之外,商户接入所收取的费用也是蚂蚁花呗的盈利点之一。蚂蚁花呗不仅仅刺激了用户消费,也为商户带来了巨大的收益。目前,接入蚂蚁花呗的淘宝商户,在用户选择蚂蚁花呗支付时,商户需要缴纳1%的手续费,而天猫商城的商户则需要缴纳0.8%的手续费。与信用卡相似,发卡行自营的商户和阿里巴巴在天猫、淘宝商城自营的商户仅占极少的一部分,因此向商户收取接入费则成为主要的盈利方式之一。

2. 分期乐

(1) 平台简介

分期乐是垂直分期购物平台的典型代表,是乐信旗下的分期购物平台。分期乐成立于2013年,最初是由手机分期为切入点,主要面对大学生群体。随着用户群体的扩大,逐渐将业务扩展到整个3C数码分类、美妆护理、教育等方面,是国内最大的分期购物商城之一。

(2) 运作流程

分期乐的运作流程与蚂蚁花呗相差无几,主要是在用户认证和还款方式等方面的一些细节有差别。分期乐没有蚂蚁金服的芝麻信用作为信用评估手段,因此分期乐对用户的认证方式为通过用户手机号码注册、手持身份证照片、电话回访等手段来确认本人身份。用户认证通过后选择商品进行购物,由分期乐将资金付给合作商户,还款时用户可以选择随意还和分期还两种方式。分期乐的资金来源有桔子理财、ABS、银行贷款等多种方式,利用与京东商城的合作,形成闭环的购物流程,由顾客发起需求为始,到顾客还清借款为止。

(3) 盈利模式

分期乐的盈利主要有两个方面,分别是用户借款手续费和商户合作费。

一方面,用户通过分期平台购物时,手续费其中一部分被分期平台收取,另一部分被资金端作为利息收取;另一方面,早期的分期乐与京东寻求合作,作为合作的商户,随着模式的逐渐成熟,分期乐开始接收第三方商户入驻,并按照成交额的一定比例收取合作费用。

3. 中银消费金融

(1) 平台简介

中银消费金融是银监会批准设立的首批试点的消费金融公司之一,成立于2010年6月。在成立之初,中银消费金融即发展各大购物中心为合作伙伴,目前特约商户所覆盖的行业包括家装、家电、教育、旅游等。传统的消费金融业务包括信用贷款,需要线下签约,个别业务仍然需要抵押。目前阶段,正在逐渐增加与外部商户的合作,扩展消费场景,借助互联网平台来拓展业务。

(2) 运作流程

中银消费金融的业务包括信用贷款、商户专享贷款和互联网贷款三种。其中,信用贷款和商户专享贷款包含线下签约或抵押贷款等内容,因此不属于互联网消费金融的范畴。

互联网贷款又分为中银消费钱包、新易贷-微贷款、新易贷-Apple 分期、教育云分期、有还、信用起航等六个部分,涉及各类消费场景的贷款,用户申请时均仅需通过互联网进行申请,即可获得小额消费贷款、数码商品分期、教育分期等服务。

以教育云分期为例,中银消费金融与 TutorABC 合作,需要申请的用户仅需下载中银消费金融的 App 后,进入教育云分期版块即可直接进行申请。申请的用户需要认证本人的身份证和银行卡。审核通过后中银消费金融会直接付款给合作教育机构。用户可以先上课,完成后再还款。整个过程无须担保,在线上完成,最高申请额度可以达到 5 万元人民币。符合申请条件的用户在还款时仅需按照约定日期偿还本金,无手续费和利息。

(3) 盈利模式

中银消费金融不同业务的盈利模式不完全相同。仍以教育云分期为例,中银消费金融在教育云分期业务中的盈利主要来源于商户合作费用和用户的滞纳金两个方面。

中银消费金融与第三方教育机构合作,通过无息的方式吸引消费者通过平台进行教育分期。因此,中银消费金融对消费者不收取任何手续费。用户在与平台约定还款方式后,需要按照约定进行还款。如果用户发生逾期行为,平台将对用户收取一定的滞纳金。贷款余额为 0~10 000 元,每日滞纳金按照 5 元收取;10 000~

20 000 元,每日滞纳金按照 10 元收取,依此类推。最高滞纳金为:40 000～50 000 元,每日滞纳金按照 25 元收取。

在与第三方教育机构合作过程中,中银消费金融通过搭建分期平台,帮助教育机构解决了获客和用户无法全额缴纳学费的问题。因此,中银消费金融将会按照成交学费的一定百分比收取手续费。

第四章 互联网金融的衍生物

第一节 大数据金融

从字面理解,大数据金融指的就是大数据在金融行业中的应用。大数据的概念自 2012 年被越来越多的人提及,并迅速地应用到各行各业中。用户数据、调查数据、监控数据、交易数据等曾经不被重视的数据逐渐被人们挖掘出来并创造了更多的价值。在金融行业,每天都会产生海量的数据,通过大数据技术来进行资源配置的优化是再合适不过的事情了。

一、大数据的定义

在了解大数据金融之前,应先理解何为大数据。大数据不是我们传统意义上数额很大的数字,它是指数量巨大、结构复杂、类型众多的数据构成的数据集合,无法在一定时间内用常规软件工具对其内容进行抓取、管理和处理。也就是说,大数据的真实结构要比我们想象的复杂得多。它是基于云计算的数据处理与应用模式,通过数据的整合共享、交叉复用,形成的治理资源和知识服务能力。一般来说,大数据具有四个基本特征,即"4V":Volume、Velocity、Variety、Veracity,意为数量巨大、类型广泛、变化多端、价值密度低。

- Volume:数量巨大。通常对大数据所要求的数据量没有非常具体的要求,各行各业所产生的、所要求的数据量也不尽相同。在过去,计算机时代之前或计算机处理速度非常慢的年代,人们所处理的数据量仅以 KB、MB 来计算,更不用说处理某个领域的全部数据了。随着近几年数据存储技术、挖掘技术等的进步,数据的处理速度逐渐加快,从 MB 发展到 GB、TB、PB,甚至 EB 的水平。
- Velocity:类型广泛。不同的行业、情景下所产生的数据类型不尽相同,包括数字、文本、图片、音视频等类型,甚至同样的情景下也可能包含不同的数据类型,处理时非常复杂。

- Variety：变化多端。想象一个通常的场景，我们在炒股时如何利用瞬息万变的股价数据？除了价格变化之外，网络日志、消费记录、道路车况、天气变化等数据都在不断变化。我们每一时刻所处理的数据都是过去所产生的。问题的关键在于，如何利用过去的数据来预测、指导以后的措施。
- Veracity：价值密度低。首先理解何为价值密度，即每单位数据所具有的价值。例如，某一时刻某一只股票的价格所能反映的信息极其有限。股票的价格随时都在变化，而某一时刻的价格不能反映平均水平，不能反映极端水平，更不能反映某一时间段的水平。而某一日、某一月、某一年的数据便能够逐渐将该股票的价格信息体现出来。如果能够得到这只股票所有的历史价格，便能够反映全部信息了。

二、数据的收集

金融行业是不缺数据的。每时每刻都有无数条新数据产生。为了达到优化资源配置的目的，就需要对数据进行收集和整理，通过过去的数据来预测未来的趋势。其中，最常见的收集数据的方法是众包和网络爬虫。

什么是众包？以地图应用为例。现阶段的地图应用中，都有实时路况的功能。这到底是如何实现的呢？如果在特定的路口设置监控，可以得到一些具体的点的路况数据。但想要形成每一段路况的监控便显得困难。最开始，各家地图应用企业开始和出租车公司合作，通过出租车行驶情况来进行数据的回传。但由于样本量太少，依然无法达到数据量的要求。后来，随着应用使用人数的增加，通过将用户的实时车速和位置进行回传，服务器可以监视所有当前用户的行驶状态。经过处理后，再将路况的信息发送到客户端，最终形成路况的即时监控。这就叫作众包。

相对于众包来讲，网络爬虫比较容易理解。网络爬虫是通过设计的程序，采集网络上的信息。互联网每时每刻都会产生无数的数据，每个人都会在网络上留下痕迹。如果通过人工的方式进行数据收集，则要消耗巨大的人力成本，重要的是需要消耗大量的时间。甚至在数据收集完成之后，已经失去了价值。网络爬虫通过计算机语言来模仿人为上网的方式，在短时间内将数据收集起来，甚至可以进行实时的分析监控。

三、数据的挖掘

数据的挖掘是指通过分析已采集的数据，寻找数据背后隐藏的信息。对于数据挖掘，一种比较公认的定义是 W. J. Frawley、G. Piatetsk Shapiro 等人提出的：数据挖掘就是从大型数据库的数据中提取人们感兴趣的知识，这些知识是隐含的、事先未知的、潜在有用的信息，提取的知识表示为概念（Concepts）、规则（Rules）、规律(Regularities)、模式(Patterns)等形式。

1. 数据挖掘技术

目前常用的数据挖掘方法对计算机的依赖非常严重。有些20世纪提出来的算法，由于计算过程太过复杂而被边缘化，随着计算机技术的不断进步、计算能力的不断增强，又重新被人们利用起来，比如神经网络、支持向量机、决策树、随机森林等算法。另外，随着生产能力的增强，硬件成本也逐渐降低，使得大量使用硬件的要求得到满足，为数据挖掘提供了硬件支持。

通过对数据进行分析，得到的结果往往不够直观甚至难以被理解，这就需要数据的可视化展示，从柱状图、直方图、箱线图、茎叶图(在数据量较大时不适用)、P-P图等，到小提琴图、热度图、词云图等。通过将数据形象生动地展示出来，其中的规律往往能够得到更通俗的体现。

2. 数据挖掘工具

数据挖掘的过程中使用的工具种类复杂多样，根据各个行业的不同特点等也有不同的使用倾向。在金融行业，常使用的专业工具包括Python、R语言、SAS、MATLAB等。

四、资源的最优化配置

在挖掘出数据背后的信息之后，我们需要做的是分配资源。大数据时代，金融行业常见的服务包括互联网征信、风险管理、保险定价、量化投资等。

以金融领域的风险管理为例，传统的金融风险控制主要利用具有较强信用属性的金融数据。一般采用20个纬度左右的数据，通过评分来识别客户的还款能力和还款意愿。信贷相关数据维度大概在十个左右，包括年龄、职业、收入、学历、工作单位、贷款、房产、汽车、还款记录，金融企业参考用户提交的数据进行打分，最终获得申请人的信用评级，根据分数来决定是否贷款和贷款的额度。其他与信用相关的数据包括地区、产品、理财方式、行业、付款方式、付款记录、金额、时间、频率等。然而，通过大数据，可以获得更准确的风险识别。

1. 身份识别

常用的识别方法是人脸识别。人脸识别的原则是调用公安局的API接口，将实时识别用户照片与客户保留在公安局的身份证进行比对，通过面部识别技术验证是否申请人就是本人。

2. 黑名单

风险控制的管理就是尽可能降低信息不对称的程度。如果市场上提供金融服务的企业和机构能够分享违约方的信息，一旦借款人违约，除现有机构外的其他机构会更加警惕，减少损失。

3. 消费记录监控

除央行的征信机构外,市场上还有一些个人信用评分机构,如蚂蚁金服提供的芝麻信用。芝麻信用通过收集用户的消费记录,分析用户的消费习惯,对用户的信用评分,对相关信用产品的金额进行授权。

4. 社会属性归类

根据以往互联网金融的风险控制经验,有伴侣和子女的借款人违约率较低。老年人的违约率比年轻人高,50 岁左右的借款人违约率最高,30 岁左右的借款人违约率最低。拥有家庭消费和教育贷款的借款人违约率较低;月收入超过 3 万美元的人违约率高于月收入不足 1.5 万美元的人。贷款越多的人违约率越低。风险程度是通过对用户的一般消费习惯进行分类来衡量的。

5. 金融犯罪的侦破

发现洗钱和其他金融犯罪,主要是使用各种数据分析工具找出多个数据库信息的异常模式。比如,在一定的时间内,一群人发生大量的现金流等,使用数据可视化工具、分类工具、连接工具、孤立点分析工具、序列模式分析工具等进行分析,如发现可疑线索,则进行进一步处理。

五、大数据金融面临的挑战与风险

在大数据金融的实际发展过程中,面临着数据共享平台缺失等诸多挑战。金融机构的数据和信息相对保密,金融机构之间的联系没有加强,数据不能有效共享,存在不能共享、不愿共享、不敢共享的现状,难以有效满足金融需求。为了与客户建立良好的关系,金融机构会控制金融活动的成本和风险。缺乏数据共享平台,使得金融机构难以满足大量用户的个性化需求,这是发展中的一大挑战。大数据金融发展面临的挑战反映在很多方面,例如数据基础设施的承载力较弱,因此需要加强数据基础设施,以支持数据应用和工业的发展。大数据金融是一个完整的链条,有很多中间环节,每个环节也有独立机构需要管理,更容易产生大量的数据,加强基础设施的承载能力变得更加重要。此外,大数据金融发展的挑战也体现在专业人才的缺乏上。大数据的发展需要复合型人才,需要计算机技术、统计学、数学等各领域的知识和技能。金融行业大数据专业人才短缺问题依然突出。大数据金融的发展需要更多地关注人才储备,这是未来发展面临的重大挑战。

大数据金融发展中存在的风险有以下几个方面:一是数据监控风险。在大数据金融发展中,如果进行数据监控就会对国家的金融安全产生很大的影响。我国大数据发展速度也相对较快,但软硬件设施和数据服务相对依赖国外,必然存在数据监控和泄露的风险,这将对我国金融安全的发展构成巨大威胁。二是隐私风险。当前的金融发展迅速,大数据应用程序处理时涉及的客户隐私侵权是毋庸置疑的事实。大数据技术和超级计算机的应用系统是有效进行数据分析和交叉测试的应用技术,为大数据的分析带来了极大的便利。而当应用到客户信息综合分析的应用程序时,就会在不知不觉中侵犯客户的隐私。三是法律监督风险。大数据金融作为一个新兴产业,特别是近年来发展迅速,但相应的法律制度却跟不上,法律的缺失和不完善会带来监管风险。大数据金融涉及的领域很广,与现行监管体系不能有效重叠。因此,在具体的管理过程中会非常困难,也会造成大数据金融风险。在运营过程中,部分P2P公司通过集体融资获取大量流动或固定的融资资金,通过智能竞价将融资资金与资产错配,将投资债权转移给平台上的其他投资者。由于监管标准不同,目前的监管规定对网络借贷平台内部投资债权的转移没有明确的规定,监管处于真空状态。

　　大数据金融风险的发生是由多种原因造成的。大数据金融可以说是一个比较新的行业,也是一个高新技术产业。在利用互联网技术的基础上,与金融领域相结合。然而,在具体的开发中却不是这样,仍存在诸多不足,成为大数据金融风险的成因。其中,大数据技术的整体水平还比较低,安全和隐私问题比较突出。即使收集了大量无害的数据,在存储和分析后也会暴露个人隐私,容易产生数据泄露的风险。金融机构也制定了相应的安全措施来保护大数据和从大数据分析中获得的信息。金融机构需要进一步加强对金融数据技术的安全管理。此外,大数据金融风险出现的原因还在于行业标准和安全规范的不完善。在各个领域的行业发展中,行业之间存在壁垒,金融行业也使用不同的标准和行业规范。为了加快数据交换、元数据、数据互联等关键通用标准的制定,需要结合产业链制定跨行业技术体系标准、数据标准。这方面存在的不足势必影响大数据金融的安全发展。另外,当前网络安全的形势表现得更加严重,也大大增加了技术和虚拟风险。在大数据金融行业的网络安全中,如篡改主页、虚假取款等都是重要安全问题的体现。通过对网络风险的分析,我们可以发现网络安全的首要问题是隐私安全。

六、大数据金融发展的策略实施

　　大数据金融的健康发展需要相应完善的战略保障。本书就此提出几点发展策略:一是加强基础设施建设。大数据金融的健康发展需要从多角度进行思考和分析,基础设施建设需要得到更多的关注。从软基础设施建设的角度来看,从事金融行业和大数据处理的人力资源需要有充足的人才支持,这是大数据金融发展的智力和技术支撑。还要从内部控制方面加强,保证用户数据的安全。加强硬基础设施建设,加强基础IT设备和信息安全防范体系建设,采用信息安全等级保护体系保障数据安全。二是加强大数据金融风险管理。大数据金融的良好发展需要更多地关注风险管理水平,目前在大数据时代,金融风险的存在是影响大数据金融发展的最重要因素,所以做好风险管理将成为首要任务。只有做好风险管理工作,并积极应用大数据,才可以促进金融业的发展。在金融业务发展的过程中,要立足市场,做好市场分析,全面掌握相关数据,为金融业务的发展奠定基础。在健全风险管控体系的支持下,有针对性地对大数据金融的风险制定对策,减少风险带来的损失。三是建立完善的监管模式。大数据金融的健康发展需要多角度的关注。在监管模式的选择和应用上,要充分重视建立以政府和行业自律为主导的监管模式,避免"长尾效应"和"羊群效应"带来的系统性风险。在实施过程中,要重视政府作为监管主体的责任,整合区域监管力量,建立跨市场、跨部门的协调机制。从建立和应用完善的监管体系入手,促进大数据金融的发展。

七、大数据金融案例

汇丰银行选择SAS防欺诈管理解决方案构建其全球业务网络的防欺诈管理系统。这一解决方案是一种实时欺诈防范侦测系统。SAS被誉为"全球500强背后的管理大师",是全球领先的商业分析软件与服务供应商。SAS通过三部分服务(包括软件及解决方案服务、咨询服务、培训及技术支持服务)帮助客户洞察商机,成就变革,改善业绩。

SAS的行业解决方案在各领域为行业解析蕴藏于信息之中的独特的商业问题,例如金融服务领域的信用风险管理问题、生命科学领域加快药物上市速度和识别零售领域的交叉销售机会等问题。SAS还提供跨职能解决方案,不分行业地帮助企业克服其面临的挑战,例如增加客户关系价值、测量和管理风险、检测欺诈和优化IT网络等。

汇丰银行与SAS在防范信用卡和借记卡欺诈的基础上,共同扩展了SAS防欺诈管理解决方案的功能,为多种业务线和渠道提供完善的欺诈防范系统。这些增强功能有助于全面监控客户、账户和渠道业务活动,进一步提高分行交易、银行转账和在线付款欺诈以及内部欺诈的防范能力。汇丰银行利用SAS系统,通过收集和分析大数据解决复杂问题,并获得非常精确的有效信息,以加快信息获取速度和超越竞争对手。因此,汇丰银行还将继续采用SAS告警管理、例程和队列优先级软件,提高运营效率,以便迅速启动紧急告警。

第二节 互联网征信

在中国,互联网金融的发展对各行各业的影响是非常明显的,随之而来的问题也逐渐凸显。其中,信用风险管理是亟待解决的问题之一。2018年8月20日,中国互联网络信息中心发布的《中国互联网络发展状况统计报告(第42次)》表明,截至2018年6月30日,中国网民规模达8.02亿,互联网普及率为57.7%。然而,传统的征信技术无法随着数据的积累而更新,导致数据处理和应用效率低下。与此同时，物联网、移动互联网、云计算等信息技术的快速发展和应用，使得基于大数据的社会信用体系成为现实。因此，网络征信体系的构建可以在很大程度上促进我国征信体系的完善。

一、中国人民银行征信中心

随着经济市场化的深入，加快企业和个人征信制度建设已成为社会共识。2003年，国务院"三定方案"明确赋予人民银行"管理信贷征信业，推动建立社会信用体系"的职责。中国人民银行从1997年开始建立银行信用登记咨询制度，2002年建成地市总行三级数据库系统，实现以地市级数据库为基础的省级数据共享。经过多年的运行，中国人民银行于2005年开始对银行信用登记咨询系统进行升级，将原有的三级分布式数据库升级为全国集中统一的企业信用信息基础数据库，大大提高了信息收集范围和服务功能。企业信用信息数据库已于2006年7月实现全国联网查询。个人信用信息基础数据库建设始于1999年7月中国人民银行批准的上海信用信息股份有限公司试点项目。截至2004年底，全国已有15家全国性商业银行和8家城市商业银行在7个城市成功联网。到2005年8月底，完成了与全国所有商业银行和部分有条件的农村信用社的联网运行。经过一年的试运行，个人征信数据库已于2006年1月正式投入使用。截至2015年4月底，征信系统收录自然人8.6亿多，收录企业及其他组织近2 068万户。

个人信用评估、信用报告系统收集的数据包括个人的基本信息（姓名、身份证号码、家庭住址、工作单位等）、银行贷款信息（银行贷款、金额、每月支付等）、信用卡信息（发卡机构、信用额度、付款记录）、结算账户信息，从全过程的角度，建立数据库，数据的收集范围将会逐步扩大。除现有信息外，个人征信系统还将收集个人住房公积金缴纳信息、社会保障信息、公用事业缴费信息、联合贷款信息、法人个人担保信息、法人个人担保信息等。

在中国，个人信用报告查询一般有两种方式，即中国人民银行的线下查询和中国人民银行官网的线上查询。查询用户可以持他们的有效身份证件到当地中国人民银行的分支机构柜台查询、打印信用调查报告，或注册并登录中国人民银行征信中心，并遵循相应的措施进行调查。

二、互联网征信的建设

央行征信报告一直是金融机构评估借款人还款能力和还款意愿的重要依据。互联网金融的发展使信贷服务惠及更多人，但由于央行信贷报告覆盖范围和信息完整性的限制，金融机构无法准确评估更广泛的人群。据易观国际的数据显示，截至2018年9月，央行征信中心覆盖8.7亿自然人、2 102万企业和其他组织，仅2.75亿人可以形成征信报告。换句话说，中国10多亿成年人中有60%以上没有信用卡或央行贷款记录,这使得金融机构在申请贷款时很难从央行的征信中心获得有价值的参考信息。许多互联网金融机构的贷款信息没有反映在央行的征信报告中。申请人有可能在多个互联网金融平台上逾期,而这些高风险因素无法通过央行征信报告获知,从而限制了金融机构对客户风险评估的准确性。为了扩大业务规模,降低坏账风险,金融机构希望获得更全面的客户信用信息,这是对央行征信报告的重要补充,实现了对客户风险的准确评估。

鉴于互联网低成本、覆盖面广、服务便捷的特点,2013年初,中国人民银行在四川、重庆、江苏启动了基于互联网的个人信用信息服务平台的验证和试点工作。2013年10月28日起,新增北京、广东、山东、辽宁、湖南、广西6个省市,试点范围扩大到9个省市。2015年1月,中国人民银行发布《关于开展个人征信业务准备工作的通知》,允许8家企业开展首批个人征信试点业务。首批获得试点资格的8家公司有互联网公司、金融机构和民营企业,分别是芝麻信用、腾讯征信、前海征信、鹏元征信、中诚信征信、中智诚征信、考拉征信、华道征信。

试点的成功和强劲的市场需求推动了第三方信用服务业务的快速发展。2018年3月,央行向百行征信有限公司颁发了个人信用牌照。百行征信是在央行主导下,由芝麻信用、腾讯征信、前海征信、鹏元征信、中诚信征信、考拉征信、中智诚征信、华道征信8家市场机构与中国互联网金融协会共同发起组建的市场化个人征信机构,填补了中国个人信贷市场的一个巨大空白。

根据征信行业管理条例的定义,征信是指收集、整理、保存和处理企业、事业单位和个人的信用信息,为信息使用者提供信用评价的活动。互联网时代,征信业务在征信渠道、数据来源、征信主体、技术手段、产品应用场景等方面都发生了重大变化。

首先,互联网从数据获取的角度拓展了传统征信数据的广度和深度。传统的征信数据来自税务机关、法院、电信公司等的贷款记录、信用卡记录、担保信息和专项记录信息,主要是银行等金融机构通过离线方式向国家金融征信基础数据库报告。互联网获取的数据包括交易、支付和社会行为,数据以文本、图像、音频、视频等各种形式呈现,可以动态地反映消费者的特征、财富、社会关系和行为偏好结构特点。

其次,从技术上提高了信用风险评估的综合性和征信服务的便利性。传统的征信技术大多局限于收集和处理离线的静态征信信息,形成"通用"的信用评级报告。互联网和大数据技术有效解决了海量数据的高频采集和实时存储问题。利用人工智能、神经网络等方法对海量碎片数据进行深度挖掘,将更多的特征变量纳入信用评估模型,提高了信用评估的全面性和实时性。此外,在互联网时代,借贷双方都突破了实物条件,方便快捷地获取金融服务,这有利于降低信用违约风险。

最后,互联网从服务对象的角度扩展了金融服务和信用评级的使用。传统征信产品主要为银行征信提供参考,互联网征信可以为小微企业和互联网金融消费者提供服务,征信产品多用于旅游、租赁、网购等领域。

然而,互联网征信并不是对传统征信的替代,而是对传统征信概念和内涵的延伸。其核心问题仍然是信用风险管理。互联网征信的出现改变了仅由央行向客户提供征信报告的局面,丰富了我国征信市场的主体,对促进普惠金融发展、完善社会信用体系建设具有重要意义。互联网普及率的深化效应在资本融资和支付平台导致了巨大的变化,金融服务、数据资源整合模式和技术以及信用调查服务理念和服务模式的创新,为中国的行业信用调查发展带来新的机遇。但有四个矛盾和问题值得关注。

(1) 如何解决个人权利保护与信息自由共享之间的矛盾。数据信息是征信业务的基础。互联网征信的最大优势是其强大的数据收集和处理能力,但是互联网高度开放和共享的本质也大大增加了个人和企业隐私被窃取、盗用和非法篡改的风险。在中国仍然缺乏特定的个人隐私保护法律,现有的法律规定处罚力度不够,导致合同违约的成本极低,加上收集证据程序复杂,取证困难,个人权益常常在不经意间被侵犯,缺乏社会契约精神。如果不建立相应的监管机制,很可能在两者之间形成恶性循环,导致整个社会信用体系的崩溃。加强个人隐私保护是全球趋势。难点在于"度",过度保护和过度激励都存在负外部性。严格的个人权利保护伴随着高昂的成本,严格的数据控制也会抑制行业创新。欧盟的《个人信息保护指南》和美国的《公平信用报告法》都提出了协调、统一和可持续发展的理念。然而,在个人信息权益保护方面存在着差距。如何实现权益保护与信息共享的均衡发展,是对央行顶层设计能力的重大考验。

(2) 如何克服互联网信用机构之间的"囚徒困境"。囚徒困境反映了个体理性与集体理性的矛盾,这种矛盾根源于个体利益的冲突。当前我国互联网核心数据主要是集中在少数几家大型互联网公司,其数据是多年积累的结果数据,各个数据系统之间存在较大差异,具有一定的垄断行业特点,并通过差异化竞争形成其核心资产,因此现阶段对完整信息和数据共享是很困难的。现阶段,央行牵头建立了100家银行征信调查,这是通过政府级的外部压力,促进机构间数据共享,减少信息不对称,建立行业共同利益关系的有益尝试。2018年10月23日,百行征信已与241家机构签署征信信息共享合作协议,涉及P2P平台、网络小贷等。一批新兴互联网金融机构已正式开始了第一批系统接入测试工作,但8家股权机构仍对接入存在疑问。除了自身利益之外,这些机构还拥有交易和社交网络等个人信息,而且不太可能在隐私保护法颁布前提交数据。然而,网络征信的长期发展离不开数据的共享和流动。未来征信机构的利益向行业的利益转移到何种程度,是构建互联网征信信息共享机制的重要挑战,需要政府的长期指导和支持。

(3) 如何解决互联网信用产品缺乏权威性和公信力的问题。征信服务的核心产品是征信报告,是互联网时代个人和企业的"经济身份证"。信用评价的有效性首先取决于数据的真实有效性,其次取决于数据与信用之间的强相关性。由于传统的信用评级更多地是指债务状况、资产水平等较强的信用指标,可以通过压力测试模型来评估客户的风险敏感性,因此传统的通用信用报告的权威性得到了普遍认可。然而,网络征信使用的非结构性数据较多,如消费能力、社会关系、行为偏好等,这些数据复杂、分散,形式各异。有一个问题,即在当前互联网监管机构尚未连接到中央银行信用报告体系,机构由于存在信息闭环市场链分裂,核心信贷信用企业获取用户数据容量有限的情况下,仅仅依靠互联网数据和先进的技术手段形成一个信用报告可以作为网络信贷业务发展的权威参考吗?欧美国家在信用评级方面已经形成了较为成熟的产业链,其成功经验在于:第一,提高了数据来源的广度和真实性。第二,采用标准数据格式对数据进行标准化处理,保证数据分析的准确性。第三,开发了专门的、多样化的征信产品,以满足不同客户的需求。例如,反欺诈和身份管理征信产品正在成为美国个人征信市场的重要产品,将征信产品的应用范围扩大到就业、企业咨询、保险、医疗、教育等新兴领域。这些经验对我国互联网信用产品的发展无疑具有借鉴意义。

(4)如何充分认识和重视网络征信的潜在风险,建立适合网络征信发展的风险控制体系。互联网、物联网、大数据、云计算、区块链等技术的快速发展促进了金融业与互联网技术的深度融合,为金融业和互联网行业都带来了巨大的发展机遇。然而,互联网金融对这些新兴技术的严重依赖也隐藏了许多风险。首先,互联网的虚拟性、信息的多样性以及互联网金融交易主体的不确定性使得大量的互联网交易超出了传统征信系统,给监管带来了巨大的挑战和风险。其次,金融科技推动了跨市场、跨行业、跨机构的金融业务交叉嵌套发展,对信用风险、流动性风险等传统金融风险产生了溢出效应,增加了互联网金融发展的外部风险。此外,互联网技术本身就是一把"双刃剑",给人类带来了极大的便利,但也带来了网络黑客、网络犯罪、网络诈骗、网络泄露等安全风险,威胁着互联网企业和征信机构的生存空间。

三、互联网征信建设的意义

根据征信行业管理条例的定义,征信是指收集、整理、保存和处理企业、事业单位和个人的信用信息,为信息使用者提供信用评价的活动。互联网时代,征信业务在征信渠道、数据来源、征信主体、技术手段、产品应用场景等方面都发生了重大变化,主要体现在以下三个方面。

(1)数据量和数据源。征信数据库在获得互联网技术支持后,可以从多个角度获取用户的行为数据,如社会特征、主要财产、消费记录、消费习惯、违约、贷款信息、担保信息等,可以涵盖用户生活的各个方面。它不仅可以在传统商业银行收集用户信息,还可以在互联网电子商务平台和P2P平台上获取用户的交易数据。另外,随着数据源角度的增加,数据量也呈线性增加。计算机技术的发展也为处理海量数据提供了基础,更大的数据量意味着更准确的估计,使用户的信用状况可以在短时间内得到全方位的评估。

(2)广泛使用。传统的信用信息只提供给商业银行等,而电子商务平台、P2P平台、分期付款商店等不仅获取困难,而且由于很多用户的信用信息匮乏而无法使用。互联网征信的建设不仅可以准确评估用户的信用,还可以通过授权企业获得,从而识别目标客户,对用户进行相应的风险评估,提供差异化的服务。

(3)填补中国个人信贷市场的空白。由于缺乏信用记录,大量的服务只能通过传统的抵押贷款提供。随着互联网征信平台的建设,每个使用互联网的人都可以得到相应的信用评估和服务,许多行业的门槛也会相应降低。另外,它也可以打破各个行业的信用壁垒,企业可以从各个角度选择偏好的程度。仅通过企业内部数据进行评价,准确识别目标客户,将成为历史。

四、互联网征信案例

王先生去某银行申请住房贷款,该行经过审核拒绝了王先生的贷款要求,理由是王先生征信报告被多家小贷公司查询且贷款审批未通过,因而判断王先生财务状况和还款能力出现了问题,所以拒贷。王先生十分奇怪,到人民银行征信服务大厅打印了个人信用报告,发现报告中"机构查询记录明细"一栏有多个小额贷款平台以"贷款审批"为由的查询记录。王先生表示自己并未在小贷平台申请贷款,为什么会有这么多查询记录呢?工作人员询问王先生是否浏览过这些小贷公司平台网站或者手机 App,并且点击了"同意"按钮?王先生回忆说,自己确实曾浏览并进入有关网页或者 App,也确实在协议页面点击了"同意"按钮,但是自己并没有详细阅读协议内容,也没有真的申请网络贷款。工作人员向王先生解释,虽然王先生并未办理网络贷款,但是点击协议页面的"同意"按钮则很大可能已经授权了对方查询其信用报告,因而出现了上述小贷公司查询记录。

第三节 供应链金融

供应链金融(Supply Chain Finance)是运用供应链管理的思想和理念为供应链上相关企业提供的金融服务。由于金融服务的主体通常是金融企业,也有人认为供应链金融是商业银行信贷业务的专业领域,是企业重要的融资渠道。具体来说,供应链金融是基于核心企业的供应链,并为其他链接在采购、生产、销售为核心的企业及其上下游企业(如供应商和经销商)提供灵活的金融产品和服务,如融资、结算、预付款。

显然，供应链金融是网络时代的必然结果。供应链金融全球化的今天，它的核心不是一个纯粹的金融活动，而是通过互联网和物联网等技术，建立在平台建设跨部门、跨区域的基础上，与政府、企业和行业协会等广结联盟，整合互联网、互联网行业生态系统和金融生态平台。同时，供应链金融考虑业务流、物流、信息流、通信流和现金流的计划、执行，以及金融资源的控制流的组织，是为行业供应链中的中小企业解决融资困难、融资成本高的问题，共同创造价值，最后实现通过财务资源优化产业供应链，同时通过产业供应链运作实现财务价值的过程。

一、供应链金融的含义

供应链金融的本质是为在供应链上游和下游的企业提供综合性金融服务，供应链融资并不是一个单一的业务或产品，对于核心企业"1"，从原材料采购到半成品和成品，最后由经销商进行销售所形成的完整的供应链网络，将供应商、制造商、分销商、零售商直到最终用户一起作为一个整体，为全方位的"N"个企业提供融资服务，通过相关企业的职能分工与合作，实现整个供应链的持续增值。

简单地说，在供应链中，有一个核心企业。过去，银行和其他金融机构主要向单一企业发放贷款。然而，上游企业作为供应商产生的应收账款，想要尽快收回，往往要看下游企业的具体情况。而下游企业在采购时往往面临资金短缺的问题。另外，供应链金融是银行等金融机构围绕供应链选择核心企业，为其上下游企业提供贷款的过程，主要通过应收账款质押融资和订单融资来实现。对于上游，核心企业从上游企业进货，一般要先货后款，有很长的结算期。上游企业可以在供货后开具发票并向供应链金融服务商质押，一般可收回80%的资金。对于下游，核心企业向下游企业销售产品，一般先付款后发货。下游企业自筹20%，供应链金融服务提供商自筹80%，再与下游企业账户一起转移到核心企业。在核心企业收到货款后，将货物送到供应链金融服务提供商指定的仓库进行质押。

供应链金融是核心企业为附属企业提供金融服务的产业链，包括抵押、融资、结算、保险等相关业务的综合金融服务。不同的金融企业将其服务转化为产品，赋予不同的产品名称，如贸易融资、存货质押、保理、订单融资、票据池（招商银行、浙商银行）、金融＋平台（建行e薪通、平安橙e网）等。参与业务的物流企业还推出了相应的产品，如动产抵押、现货贸易、仓单质押融资、交易大厅、集中采购（天津）、赊销宝（矿石）、任你花、帮你采、随你押、为你赚（钢银）、网络融资、物流监管（金银岛）、回款宝（敦煌网）。虽然名称较多，但大部分的资金来自银行，少部分来自平台沉淀基金和自有基金。从抵押来看，融资抵押的一部分来自不动产和动产，一部分是信用。但实际上，信用评级的主要依据仍然是实物，如土地、建筑、设备、原材料、半成品、成品、专利、交易信誉、借款企业的现金流等。开展供应链金融的好处是显而易见的。产业链中的企业是相互关联的。若一个企业出了问题，链条上的其他企业就会注意操作。关联信用组合可以节省资金金额；上下游企业信息交互验证，真实交易容易确认,链动态随时可控。供应链金融业务的关键是可用性,企业数据的及时性、真实性,以及大数据的应用,包括交易数据、操作数据、库存数据、物流数据、商品营业额数据、贷款数据、性能数据。其风险在于缺乏财务管理的能力、风险意识、主动性以及抗压能力。

二、供应链金融与大数据

财务是产生、存储、处理和传输数据的集合。在当今新经济时代,金融与大数据的结合已成为必然。金融大数据可以从大量的数据中获取有效的信息来支持企业的决策,从而进一步促进金融业和企业的经济发展。大数据将促进银行、保险、证券等金融机构的精准营销和风险规避,从而带来更好的经营业绩和更高的经营效率。然而,大数据在给金融业带来机遇的同时,也带来了许多挑战,如金融机构模式的演变,设施、技术、人才的缺乏,信息安全等。在供应链金融领域,与大数据的结合会有什么不同吗?大数据和人工智能给供应链金融带来了什么?

1. 降低了银行与企业间信息的不对称

为了降低中小企业贷款的风险,传统银行实行信贷配给机制。由于银行和企业之间的信息不对称,如果企业亏损,则银行为企业买单。金融机构运用科学的分析方法挖掘和分析数据,研究和预测当前的市场趋势,从而进入科学分析和决策的新时代。在这种情况下,利用"大数据"的能力将成为决定银行竞争力的关键因素。

2. 降低了相关金融机构的业务成本

供应链金融的运作比传统的运作更加复杂,对贷前调查和贷后管理的要求也更高。在现实生活中,金融机构需要申请人提供融资担保的相关材料,但这将使成本提高,抵押品管理通常需要一个合格的第三方监督机构,而不是银行。

3. 提高了金融机构现货押品的管控能力

如何有效地管理抵押物是金融机构和监管机构普遍面临的问题。银行需要监督公司对实物商品的控制,监管公司也需要对监管者的道德风险进行管理,避免出现虚假的仓单等问题。这说明金融机构和监管公司的监管能力还有待加强。随着时间的推移,大数据技术在金融机构中的应用有效提升了金融物流机构目前的贷款管理能力。

三、供应链金融的发展现状

1. 供应链金融的模式

(1) 以 B2B 电子商务平台为代表的供应链金融模式。这种模式是通过 B2B 电子商务平台,充分利用核心企业的资源,满足贸易交易中的融资需求,从而提高生产效率和融资能力。只有所有的环节都顺利进行,供应链中的企业才会变得活跃。典型的例子有钢铁搜索网、上海钢铁联盟等。

（2）以阿里巴巴和京东为代表的供应链模式。该模式的主要操作方式是收集企业在该平台上的一系列交易记录，对风险进行评估，然后给出不同的贷款额度。在这个模式中，典型代表是阿里巴巴、苏宁、京东等。京东数科的"京东宝贝"和"京东小贷"是其核心的信贷融资产品。

（3）以核心物流企业为代表的供应链模式。物流企业作为连接供应链中各企业的桥梁，在整个供应链中起着重要作用。目前，亚通、德邦、顺丰等大型物流企业都参与了供应链助力金融。它们通过整合物流、资金流和信息流进入供应链金融。

2. 供应链金融存在的问题

（1）法律法规体系不健全。近年来，供应链金融发展迅速，但在发展过程中仍存在许多问题。供应链金融作为一种新兴事物，在法律法规上还存在许多不完善之处，给其运作带来了诸多障碍。

（2）管理方式落后。供应链金融应用于各行各业，大部分与核心企业相结合，管理模式相对落后，无法满足新兴市场的需求。只有极少数比较成功的企业抓住了互联网发展的机遇，及时创新管理方法，实现了阶段性发展。

（3）风险控制不到位。供应链金融和互联网金融在为企业创造价值的同时，也伴随着巨大的风险。然而，大多数企业只是将两者结合起来，没有采取足够的风险控制措施，没有把供应链中的各个环节都控制到位，往往会导致适得其反的效果。

3. 发展供应链金融的对策和建议

（1）建立健全相关法律法规。与国外供应链金融的发展相比，我国供应链金融起步较晚，尤其是与互联网相结合的供应链金融。目前，中国的法律体系还不完善，存在很多漏洞，因此也给了很多投机者以可乘之机，从而扰乱了金融市场。有针对性地建立和完善相关法律法规体系，为互联网供应链金融提供一个良好的发展环境，以吸收越来越多的中小企业，甚至大型企业加入系统的供应链融资。同时，政府也应给予一定的政策支持，如对从事互联网供应链金融的企业给予一定的优惠政策，且具有足够的公信力。

（2）加强监管体系创新，完善风险防范体系。无论是对互联网金融的监管，还是对供应链金融的监管，都存在很大的问题，这进一步增加了操作过程中的风险。首先，完善监管制度，对监管制度进行创新，实现监管部门之间的信息资源共享，规避信息不对称带来的风险，提高监管效率。其次，加强市场准入原则，建立统一的准入标准，排除部分不合格企业。同时，该标准应具有灵活性，能更好地适应各参与企业的供应链财务。最后，完善信用评级体系建设。相关部门应尽快出台公平、公正、公开的信用评级标准，企业自身应树立正确的信用评级意识，积极参与信用评级体系的建设。

(3) 供应链上的各个企业都要加强自主创新能力。核心企业是供应链金融的主体,但供应链金融的完整运作需要供应链上所有参与者的共同努力,实现共赢。为了使互联网供应链金融能够长期发展,除了国家的支持外,企业自主创新能力的增强更为重要。为此,企业可以引进高素质的专业人才,充分发挥人才在科技创新中的重要作用,将最新的大数据、云计算等技术引入供应链金融。针对不同的情景,设计不同的、最合适的供应链融资方案,更好地实践金融服务于实体经济,促进企业的长远发展。

四、供应链金融案例

京东是国内大型的电商平台之一,其依托京东商城积累的交易大数据以及自建的物流体系,在供应链金融领域已经取得了飞速发展。2012年,京东与中国银行北京分行签订了战略合作协议,为京东供应商提供金融服务,用信用及应收账款为抵押,帮助供应商从银行获得贷款,从而试水进入供应链金融领域。2013年,京东开始独立利用自有平台,推出了"京保贝"互联网保理产品,在随后的两年又相继推出"京小贷"和"动产融资"两个核心产品,流程更加简单、便捷,解决供应商融资难的问题,提高整个供应链的流动性。

1."京保贝"

"京保贝"是京东首个互联网供应链金融产品,也是业内首个通过线上完成风控的产品。京东拥有供应商在其平台上采购、销售等大量的财务数据,以及之前与银行合作开展应收账款融资的数据,通过大数据、云计算等技术,对数据池内数据进行整合分析,这样就建成了平台最初的授信和风控系统。供应商可以通过这个系统获得一个授信额度,在额度范围内,供应商提交任意金额的贷款申请,后台都可以进行自动化的审批和放款,时间短至3分钟,融资款项来源为京东的自有资金。"京保贝"已服务近两千家供应商,并现已全面对外开放,向希望构建供应链金融能力的核心企业提供解决方案。

具体流程如下:

(1) 京东与供应商之间签订采购协议,确定稳定的合作关系,从而获得长期的真实交易数据;

(2) 由供应商向京东数科提交申请材料,并签署融资协议;

(3) 以过往的交易数据和物流数据为基础,系统可以自动计算出对申请供应商的融资额度,之后京东数科将批准额度告知京东;

(4) 供应商在线申请融资,系统自动化处理审批并在核定额度范围内放款;

(5) 京东完成销售后,向其金融部门传递结算单,自动还款,完成全部交易过程。

2. "京小贷"

"京小贷"是京东数科专门为京东开放平台商家推出的创新产品，提供无须抵押的信用贷款。它根据商家在京东的经营情况进行信用评级，提供授信额度，并有多个数据模型控制贷款流程及贷后监控，具有贷款便捷、全线上操作、有竞争力的贷款利率、个性化还款方案等特点，最长借款周期为1年，最高额度为200万元，有效解决了商家流动资金紧张的问题。目前，"京小贷"实现了对京东体系内供应商和商家的全覆盖，累计为超过5万个店铺开通了贷款资格。

具体流程如下：

（1）合作商户与京东签署协议，成为京东商城开放平台商家，并且在京东数据库中存在大量的商家真实交易数据；

（2）商家登录京东数科平台，申请贷款；

（3）京东后台系统在商家经营数据及以往信贷记录的基础上，自动给出适合的贷款方案；

（4）商家根据自身融资需求选择最优的贷款方案；

（5）京东数科将贷款信息传递给京东，系统自动审批并放款；

（6）贷款本息在双方结算款中自动扣除，完成全部交易过程。

3. 动产融资

动产融资是京东客户以拥有的动产为抵质押，向京东申请融资的一项服务。传统的动产融资由于中小企业动产价值难以评估以及质押后银行监管流动性下降的难题，大量企业无法获得动产融资服务。京东推出的动产融资服务可以通过京东数据库中积累的海量产品历史及当前价格数据和模型化的方式自动评估商品价值，同时与仓储公司合作，全面整合了质押商品从生产、运输、存储到销售的全链条数据交叉验证，并对质押物实时监测和调整质押物数量，提高了质押商品的流动性，实现动态质押。京东的动产融资产品有效地填补了银行在消费品质押领域的空缺市场，盘活了中小企业库存。

具体流程如下：

（1）融资商家的仓储服务能委托或移仓给京东合作的仓储公司，双方建立合作关系；

（2）商家登录京东数科提交合作意向；

（3）京东联系商家合作的仓储公司，核对相关资料，并通过系统对其质押货物价值进行评估；

（4）在通过合作意向审核后，商家提交申请资料，并登录京东钱包完成动产融资授权；

（5）双方签订协议，京东数科按协议内容放款；

（6）货款到期后，商家通过京东钱包还款。

第四节 智能投顾

智能金融是智能技术与金融产业的巧妙结合。传统金融业经过物联网、大数据、人工智能、区块链等新兴技术的深度改造，呈现出互联互通、深度智能、海量数据的新型金融业态。在大数据资源和深度学习算法的支持下，智能金融的发展呈现出明显的自学习和自进化特征。随着使用范围的不断扩大和应用频率的不断提高，智慧金融的效率也在不断提高。智能金融的一个重要应用是智能投顾。智能投顾是指利用大数据挖掘技术和深度学习算法完成的投资咨询系统。一方面准确描述客户的投资行为，另一方面深入挖掘和优化机构提供的产品组合，准确配置客户的个性化需求。

智能投顾的概念应该分开理解，即智能和投顾。投顾是指投资顾问，而智能是指以更有效、更准确的方式提供投资策略。以基金为例，目前市场上不存在资金短缺的问题，而是资金过多。据基金协会统计，截至 2018 年第一季度，市场基金总数已超过 5 000 只。选择适合自己的基金，其中一个重要的因素是花费时间，但更重要的是，普通人没有良好的投资培训。智能投顾服务可以基于量化模型，根据客户的预期和风险承受能力，大量筛选适合客户的沙漏层。

一、智能理念

智能投顾可以理解为一种使用人工智能作为推荐股票和投资组合并自动执行交易策略的手段的服务模型。智能投顾主要基于 1952 年诺贝尔奖得主马科维茨（Markowitz）提出的现代投资组合理论。这一理论是所有资产配置模型的先驱，后来通过夏普和华尔街的发展，形成了更完整的投资体系。智能投顾的相关操作是基于投资者预先设定的风险偏好和财务状况，智能配置大类别资产和投资组合管理。智能投顾利用互联网技术为包括中小投资者在内的各类用户提供服务，快速高效地解决投资问题。与传统投资顾问相比，智能投顾有五个突出优势：

（1）低成本，充分发挥互联网技术的作用，大大降低投融资服务成本；

（2）操作简单，提高了投资咨询服务的效率；

（3）避免受投资者情绪影响，机器人严格执行预先设定的策略，分散投资风险；

（4）越来越多的用户熟练使用互联网，可以接受智能投顾服务；

（5）信息相对透明，投资平台公开了大量相关信息。

截至 2018 年，市场上的智能投顾企业非常火爆，各企业提供的服务也各不相同。如果将其分类,不难发现,智能主要体现在三个方面,即智能选择、智能库存分配和智能服务。

智能选择是指在资产配置中,通过计算机资产配置模型得到最优投资组合,通过多因素风险控制模型更好、更准确地把握前瞻性风险,通过信号监测和定量手段制定定时策略。计算机使资产配置更加精确,投资决策更加理性。

智能库存分配的意义非常明显。在购买基金时,老百姓不知道购买后什么时候加仓,不知道什么时候赎回,也不知道什么时候市场风格变了,要从这个基金调整到另一个基金。库存分配也需要根据市场变化和对未来的预测,调整投资组合资金分配。

智能服务随着单个企业提供的服务而变化。智能服务除了提供基础选型、仓库调整等服务外,还包括个性化定制,可根据客户的特点、要求等进行调整。

二、智能的原理

如何在智能投资和智能护理中实现智能化?涉及哪些因素?原理很复杂,主要通过计算机建模分析,为每个客户画像,通过画像为客户提供不同的投资服务。用户档案包含客户的背景、文化、金融知识、风险偏好、家庭等信息。聪明的投资银行家根据客户的回答,画出他们的风险偏好图。目标是将客户置于风险概况中。智能顾问在制定客户的风险概况后,根据客户的风险类别,为客户提供资产配置建议。例如,偏向风险,更倾向于股票;风险厌恶,更倾向于债券。

有效的智能投顾,需要在以下两个方面进行充分考虑。

(1) 聪明的投资者需要在效率最高的市场投资。理论上,这个市场应该包括全球所有的市场,即所有的国家(发达国家和发展中国家),以及所有的资产类型(股票/债券/基金等)。一般而言,发达国家的资本市场比发展中国家的资本市场更好、更有效率。同时,要实现智能投资顾问胜过投资经理的目标,找到低成本、高质量的指数基金是关键。目前,中国国内符合这一要求的指数基金非常有限,这意味着一个好的聪明的投资者,必须放眼全球,选择世界上最好的指数基金品种。

(2) 如果智能投顾是基于市场效率理论为客户设计最佳投资组合,那么智能投顾必须是100%被动的,没有任何人为干预。如果有人干扰,那么这就违背了智能投资的初衷。要做到百分之百的被动,智能投顾需要做的另一件事是挑选那些同样完全被动的投资,这就决定了真正的智能投顾只选择一定标准的指数基金。

三、智能投顾的发展状况

美国是智能投顾的诞生地。2008年金融危机后,美国投资者迫切需要对冲和综合资产配置,技术进步催生了智能投资和咨询服务。近年来,美国由机器人管理的资产以惊人的速度增长。在美国,由机器人管理的资产在2012年几乎为零。到

2016年底，这一数字已增至0.3万亿美元。据国际知名咨询公司科尔尼预测，到2020年，这一数字将达到2.2万亿美元。这充分说明，智能投顾在美国有很大的发展空间。目前，美国智能投顾市场有200多家公司。这些公司可以分为两类：传统金融机构和资产管理公司。有些是像贝莱德（Blackrock）和先锋（Vanguard）这样的老牌巨头，有些是像 WealthFront、Betterment 和 Personal Capital 这样的后起之秀。WealthFront 和 Betterment 是美国的智能投顾先行者，两家公司的市场份额加起来超过30%。WealthFront 和 Betterment 是全智能投顾公司。利用投资理论建立定量交易决策模型，通过问卷调查判断客户的风险偏好，为客户生成自动化、智能化、个性化的资产配置建议。

我国的智能投顾起步较晚，尚处于起步阶段，推出的产品基本上都是半智能投顾产品。参与智能投顾市场的公司可以分为三类：传统金融机构、资产管理公司和互联网技术公司。2016年（2017年中国私人财富报告），中国的私人财富达到165亿元，比2011年增长了5倍。预计到2020年，中国私人财富规模将超过200亿元，未来市场规模将达到1000亿元，这充分体现了中国智能投顾的市场潜力。与此同时，随着2018年4月《资产管理新规》的正式发布，刚性支付被打破，投资者的风险意识逐渐增强。这将使中国金融市场的投资品种更加丰富，投资渠道更加多元化。在国外，智能投顾的投资对象主要是ETF，而在中国，ETF产品数量少，结构简单，属于市场边缘产品。因此，在中国的智能投顾市场，投资对象并不局限于ETF，而是涵盖了中国金融产品的主要类型。易财、蓝海投资海外ETF；魔方、拿铁金融投资国内公募基金；Win 专注A股推荐。由于市场和政策的原因，国内平台无法完全复制美国的商业模式。虽然 WealthFront 和 Blue Ocean Investment 尝试通过全球资产配置来引导客户开设美国股票账户来实现海外ETF投资，但实际上很难绕过中国外汇配额的限制。

四、智能投顾面临的问题

国内智能投顾的大规模推广主要面临投资者和监管问题：从投资者的角度，一方面，国内散户占更高的股票市场，他们往往是由市场主导方向，专注于短期的市场波动。短期的策略更倾向于股票的简单操作，没有固定的投资结构来形成的利益多元化的投资组合。另一方面，智能投顾提供的预期收益率相对于刚性支付的隐性信托资产没有明显优势。因此，国内投资者可能不会主动购买智能投顾的投资产品。从监管的角度来看，很多专注于智能投顾的平台都面临着牌照、法规等政策限制。证券投资顾问受到《美国证券法》和《证券投资顾问业务的暂行规定》的约束，限制其提供投资建议，不能管理全权委托，这使得国内情报利益相关业务主要限于做出投资建议，并不能作为主要机构或代理直接在二级市场上交易。所以，只能将购买门槛低的公共资金作为资产配置的主要目标。到目前为止，智能投顾平台还没有获得证监会颁发的咨询营业执照。

虽然智能投顾的发展在国际市场上正如火如荼,国内市场也准备启动,但由于法律的滞后,智能投顾的发展存在以下问题和风险。

1. 监管套利风险

我国目前仍处于制度监督模式下。商业银行在中国银行保险监督管理委员会的监管下开展智能投顾服务,证券公司在中国证券监督管理委员会的监管下开展智能投顾服务。这将导致监管套利、规则的不公平,甚至导致监管规则的"竞次"。

2. 金融机构与非金融机构之间的不公平竞争风险

目前,新规规定,"非金融机构不得利用智能投顾越权经营,不得变相经营资产管理业务。"资产管理业务是金融机构的独家业务。非金融机构即使持有投资顾问资格,也不得从事资产管理业务。而智能投顾需要具备资产管理功能(代表客户进行自动买卖操作),金融机构与非金融机构之间存在不公平竞争风险。

3. 法律滞后会阻碍行业发展的风险

海外智能投资和自主经营模式在我国也面临着被禁的法律壁垒。《中国证券法》第一百七十一条禁止投资咨询机构及其从业人员代理客户进行证券投资。自动执行是它的特点之一,也是它的优点之一,这就使得它不可能充分发挥它的优点。

4. 伪智能投顾驱逐真智能投顾的风险

智能投资顾问或许是探索中国股市的新途径,因为真正的人工智能投资顾问与一般的自然人投资顾问相比:第一,更智能,"脑容量"、记忆和学习能力更强,更能配置和匹配资产。第二,交易速度更快,程序化交易允许在几毫秒内做出决定并执行交易。第三,更理性,更能克服人的弱点。第四,它更加公平和忠诚。然而,真正的人工智能投资顾问还没有出现在我国,伪智能投资已经是顾问台上的第一步。"劣币驱逐良币",虚假智能投顾的野蛮增长可能导致智能投顾的污名化,使真正的智能投顾在我国无法发展。

五、智能投顾的发展建议

(1)传统金融机构利用自身优势来布局,迅速抓住市场大量的数据资源和技术储备来形成业务的关键元素。商业银行、基金公司、证券公司等传统金融机构占据了大部分的市场份额,有成熟稳定的商业规模和客户群,积累了丰富的业务场景和相当大的数据量,具有发展智能投顾的先天优势。传统金融机构拥有强大的财务实力以及人才和技术储备,结合先进的科学和人工智能等技术手段将更容易。在客户画像等方面量化投资模式的构建要比互联网技术做得更好,产品设计也会更加先进和智能化。基于以上优势,传统金融机构可以快速建立产品优势,占据竞争地位。此外,中国投资者以散户为主,"羊群效应"严重。智能投资产品一旦得到市场认可,就能迅速建立品牌优势,抢占客户资源。因此,传统金融机构可以利用自身优势,迅速进入智能投顾市场,提前布局,抢占市场高地。

(2) 学习外国的经验,促进投资能力,加强专业人才队伍的建设。虽然由于监管和金融市场上存在较大差异,国外智能投顾的发展方向和发展利益与国内有很大不同。但在投资方面,发达国家在量化投资、资产配置等方面的经验对于我国智能投顾的发展具有非常高的参考价值。如何实现跨区域的资产配置、跨资产类别的投资,提高投资能力,是我国智能投顾面临的重要问题。同时,投资能力的提高也有利于摆脱所有智能投顾对 ETF 的依赖,从而培养"内部技能",在中国金融市场上找到发展智能投顾的路径。智能投顾服务具有专业性,涉及大数据、人工智能、量化投资等专业领域。未来,中国智能投顾要做大做强,实现可持续发展,各参与机构必须尽快组建投资专家、人工智能专家、数据科学专家等专家团队。

(3) 在国家层面,有必要建立健全相关法律制度,完善智能投顾行业准入规则,明确信息披露的定义、要求和约束,使之有法可依。在市场准入方面,既要严格遵守相关金融牌照的发放要求,又要保持行业监管的第一道防线。更重要的是鼓励市场参与,对有准入条件的金融机构发放金融许可,鼓励更多有条件的企业进入金融行业。在加强立法的同时,我们也应该加强市场监管,打击投机业务实体,抑制道德风险,严重惩罚那些违反法规规定的企业,撤销其金融许可证,确保法律法规的有效性,并确保该行业的健康、有序发展。完善信息披露机制,要求平台向投资者披露产品信息、资本投资、投资风险等信息,防止虚假交易,保护投资者。

六、智能投顾案例

2014 年 2 月 20 日美国时间下午 4 点,上市公司 Acacia Research Corp 发布了低于预期的财报。美国股市官方的收盘时间是下午 4 点整,但是纽约证券交易所两个系统中的一个以及纳斯达克交易所需要额外的时间来执行收盘的指令,所需的时间是 1~2 秒。该公司的股价在 127 毫秒内出现了一连串的可疑交易,美国当地时间的 15:59 分 58 秒的成交价格为 15.36 美元,16:00 分 01 秒的成交价格为 14.90 美元,且最后 1 毫秒放量成交 15 177 股。这一两秒的时间差给高频交易公司创造了完美的机会。此前商业资讯供应商 Business Wire 可以让付费用户提早一秒得到公司的新闻,这一秒的时间优势看上去做不了什么,但对于以毫秒来计算时间的高频交易程式来说,则可以像"秃鹫"般迅速扑向猎物,上演一场"突袭美股收盘市场"的大戏。

2013 年 4 月 23 日美国东部时间 13 点 07 分,黑客使用美联社账号发布消息称,白宫受到两次爆炸袭击,总统奥巴马受伤,此消息导致道指 3 分钟之内大跌超过 150 点之后再涨 120 点。一位华尔街前交易员称:"市场在 3 分钟之内大跌后迅速大涨主要是高频交易的系统自动下单并自动纠错所致,普通的人脑完全不可能在短时间迅速搜集信息、判断并做出交易。"

不过高频交易在引入中国市场的时候,遭遇更多的则是"水土不服"。2013年8月份光大乌龙指事件后,则让很多市场人士对"高频交易"谈虎色变。"光大乌龙指"事件后国内各家券商和基金公司都对算法交易和量化投资系统进行了自检,高频交易策略是关注的重点。董梁称,在信息化、自动化的大趋势下,此类"黑天鹅"事件的出现是难以完全消除的,但是通过缜密的系统设计、严格的风控、完善的流程,是可以使其发生的概率大大降低的。

高频交易在国外虽然已普及,并成为国际投行交易"利器",但引入国内尚需时日。第一,T+0交易制度未推出,高频交易买入后无法及时卖出。第二,国内证券交易系统的交易数据记录"连续",高频交易对交易数据的要求非常苛刻,需要精确至毫秒,而中金所目前的交易记录数据披露不能达到国外对高频交易的要求。第三,中国的交易所和监管机构除监管外,更多地会兼顾散户的利益诉求,高频交易本身对散户而言是不公平的竞争。根据上海证券交易所和复旦大学联合课题组发布的《高频交易及其在中国应用市场的研究》中提出对于高频交易的监管,要在保留高频交易现有优点的基础上降低风险。美国的监管体系中有熔断机制、取消错单、无成交意向报价、综合审计跟踪系统、大额交易报告系统等各种监管机制。我国要发展真正意义上的高频交易存在T+1交易制度、缺乏做市商制度、交易成本高、批量挂单撤单不合法等成本、制度和法规的制约。

第五节　数字货币与区块链

一、数字货币的起源

1952年,加州富兰克林国民银行首次发行银行信用卡,标志着一种新型的商品交易中介出现。美国银行于1958年开始发行"美国银行信用卡"。1974年,罗兰·莫雷诺发明了IC卡作为电子货币的存储媒介。1982年,美国建立了电子转账系统,随后英国和德国也发展了类似的系统。以银行信用卡为代表的电子货币迅速成为主流货币形式。电子货币使货币完全去物质化。虽然我们仍然使用卡作为电子货币的载体,但卡本身并不是货币。真正的钱是储存在卡上的数字。就像早期的纸币对应金库中的黄金价值一样,早期的电子货币对应银行中的纸币数量。然而,随着国家货币的发行转向电子货币,电子货币越来越脱离纸币,成为纯粹的数字货币。

电子货币是法定货币(以下简称法币)的电子形式。其发行机制与传统法币相同,资金的转移由金融机构承担和维护。许多人认为这种电子货币有一些缺点,如不能使用匿名、全球分销、交易成本高,所以他们开始尝试设计一些新的电子货币方案,如20世纪90年代出现了DigiCash、e-gold、B-money、ecash。这些尝试有的局限于纸面设计,而没有实际实施;而实际实施的全部失败,要么没有流通,要么流通范围极为有限。失败的大部分原因可以归结为集中式的组织结构。这些货币是由特别机构发行的,它们仲裁、监控和维护货币的安全使用和流通,并使用中央服务器记录其流通情况。在缺乏国家信用支持的情况下,一旦发行和维护机构破产或遭受法律和道德上的谴责,或记账中心服务器遭到黑客攻击,就会面临信用破产和内部崩溃的风险。

二、数字货币的定义

虽然数字货币的发展已有十余年,但学术界对其内涵的认识尚未达成统一。多数学者直接遵循各国政府对数字货币的定义,也有部分学者根据数字货币的特点和用途探讨其内涵。Wagner将数字货币定义为以电子方式存储和转移的货币;Dwyer认为数字货币的关键在于解决重复支付的问题。Bissessar认为数字货币是一种使用分布式会计系统的去中心化货币。克劳斯认为,数字货币包括虚拟货币和加密数字货币。

同时,对于数字货币与货币的本质也产生了一些问题。

1. 数字货币是否具有价值

货币的商品属性和债务属性是货币的两个方面。随着货币的演变,这两个属性的重要性会不断变化:债务属性会变得更加明显,而商品属性会变得更加模糊,甚至消失。当处于实物货币或贵金属货币阶段时,货币的商品属性相对较强,而债务属性相对较弱。当进入信用货币阶段时,货币的商品属性表现逐渐消失,而债务属性表现增强。数字货币本身没有价值,本质上是财富价值的序列符号。数字货币的发展并没有脱离信用货币的范畴。数字货币作为一种信用货币,在本质上仍然是一种货币符号。在信用货币阶段,金融机构发行的货币实际上是提供金融信贷。目前,数字货币的设计思路主要有两种:一种是基于"中央银行—商业银行"的数字货币,本质上是组织信用;另一种是基于P2P的数字货币,本质上是个人信用。

2. 数字货币的发行主体是国家还是个人

根据货币发行主体的性质,可以分为公有财产和私有财产,即货币国有化理论和货币非国有化理论。历史上,政府长期掌握着货币发行的权力,货币发行的国家化逐渐成为共识,形成了货币国家化理论。在硬币流通时代,由于金属的稀缺性,政府对货币发行的垄断并没有造成明显的灾难。但在纸币流通阶段,纸币的发行不受贵金属储备的限制。政府很容易因自身的金融需求而发行纸币,导致货币贬值、通货膨胀、财富分配不公、经济危机和社会不满。哈耶克基于经济自由主义的视角,提出了货币去国有化的思想,即废除中央银行体系,允许私人发行货币,在自由竞争的过程中找到最好的货币。信用担保是货币发行的关键问题。在信用货币时代,货币本身没有价值。在不同的货币发行制度下,信用担保存在较大差异。政府发行的纯法制信用货币体系本质上是政府信用担保,政府担保货币流通价值。与黄金等实物挂钩的信用货币体系实质上是商品价值与政府信用的双重保障。与美元等强势货币挂钩的信用货币体系本质上是对不同主体信用的多重担保。从发行人的属性来看,主要分为公发行和私发行,这本质上是法币(国家信用)与私币(私人信用)的区别。因此,不同的数字货币发行主体背后有着不同的信用担保,这也是许多虚拟货币存在较大信用风险的关键所在。

由于信息不对称,在货币发行过程中存在委托代理问题。传统的货币制度存在双重委托代理问题。传统的货币流通体系是银行主导的间接融资过程,货币发行是国家信用在金融机构间的主要分配,即一级市场存在主要的委托代理问题。在个人融资中,个体单位依靠自身对金融机构的信用进行二次融资来获得资金,也就是说,在二级市场上也存在着主要的委托代理问题。P2P数字货币系统是一个委托代理信任问题。个人融资等同于个人信用的担保,简化为私人信用之间的问题,即主要的委托代理问题。

3. 数字货币发行的发行量与流通量应如何确定

数字货币发行的锚定变得相对重要。在纸币流通时代,为了刺激经济发展和减少政府债务,政府总是有动机发行更多的货币,特别是在没有货币锚的情况下。由于数字货币具有无形、无价值、低成本等特点,其发行难度和重要性越来越大。信息技术能力成为新时期数字货币更好的支撑点。基于区块链技术的数字货币设计受限于信息技术的能力。根据数字货币的设计规则,收购数字货币需要通过网络实现"挖掘",能源消耗和计算处理"挖掘"将被转换成数字货币的价值,也就是说,数字货币的流通与网络技术的处理能力。科技是衡量一个社会生产力的重要标准,信息技术水平是互联网时代发展的重要指标。数字货币的发行可以与信息技术的能力挂钩,这说明数字货币的发行找到了更好的锚定机制。

除了货币的基本流通外,数字货币的流通主要取决于信用创造能力。货币信用创造能力是影响货币数量调整的重要因素。基础货币的流通是显而易见的。为了应对舆论压力,各国央行都对基础货币的发行持谨慎态度,但间接货币信贷创造的影响相对隐蔽。货币信贷创造是金融交易过程的内生过程。一般来说,央行发行货币并创建一个信用基础载体。商业银行吸收存款,同时对贷款进行定价和分配,发放新的信贷,形成货币信贷循环体系。在银行主导的传统信贷创造机制中,银行既是借款人和贷款人的中介,又是信贷的创造者,影响着货币的流通。银行的过度放贷和信贷扩张很可能导致金融危机。随着金融业的不断发展,信用创造的主体不再局限于银行,包括证券公司,形成了以金融市场为核心的现代信用创造机制。

三、数字货币的风险

没有一个集中的组织结构,如何规范数字货币的流通成为一个棘手的问题。数字货币只是一串字符,可以用很少的成本进行复制和篡改;随着电子货币在网络中流动,其交易数据最终必须记录在"账簿"中,利用黑客技术篡改这些记录并不困难。因此,一个未经维护的电子货币系统的安全性几乎是不可能得到保证的。主要涉及以下两个问题。

(1) 货币伪造。在集中管理的系统中,所有用户账户余额都记录在中央服务器中,用户不能修改账户余额,除非他们入侵中央服务器。如果没有这种集中式管理系统(用户的电子货币存储在他们的钱包里),就很容易修改余额。

(2) 双重支付。集中管理系统可以实时修改用户的账户余额,有效防止重复支付,即用户利用网络延迟等漏洞向两个人支付相同金额的钱。一个无监督的系统很难阻止这种情况的发生。

早期的数字货币尝试了两者。例如,B-money 方案提议使用工作负载证明机制来发行货币。每一种货币的转移都会广播给所有用户,每个用户都知道其他人的账户,从而证明交易的真实性和正确性。如果出现网络错误,用户可以向第三方申请赔偿和仲裁。如果仲裁未能达成协议,每个用户可以决定自己的赔偿或处罚。Bit Gold 方案描述了一个系统,它使用一种分散的方法来创建一个永久性的工作负载证明链,该链记录用户的公钥、时间戳和签名。该方案认为工作负载的价值在于它的稀缺性、难以产生、可安全存储和传输。比特币可以防止双重支付,而运输通过点对点拜占庭回弹方法。不幸的是,拜占庭回弹方法依赖于网络地址投票,而不是计算投票,因此容易受到 Sybil 攻击。旨在创建匿名数字货币的 DigiCash 使用盲签名切断取款和支付之间的联系,首次将密码算法引入数字货币设计。

四、比特币的诞生

2008 年 10 月 31 日,中本聪发表了一份关于比特币的白皮书,名为《比特币:一个点对点电子现金系统》。"利用金融机构作为受信任的第三方来处理电子支付信息,这种'基于信任的模式'有其固有的弱点。"中本聪说。因此,他希望创建一个"基于密码而非信用的电子支付系统,以便任何协议方都可以直接进行支付,而无须第三方中介的参与"。在现实生活中的现金交易中,该系统需要做两件事:防止伪造和防止重复支付。2009 年 1 月 3 日,中本聪挖出了 trands 区块。他在格林尼治时间 18:15:05 挖出了第一批 50 个比特币。比特币诞生了。

具体来说,比特币是一种什么样的货币呢?对于初学者来说,复杂的计算机概念很难理解。例如,假设有 100 个人是彼此的朋友,形成一个圈子。最初,每个人都没有资产,社区有一个共同的账簿,每个人都可以检查和监控所有的交易。当一个交易在圈内发生时,系统会给出一个问题,大家都可以抢着回答。第一个答对问题的人将获得开票权和 50 个比特币的奖励(到 2018 年,每四年减半至 12.5 个)。每个账户中的块将被打上时间戳以连接到前一个事务。除此之外,还有 2 100 万比特币的限制。

由上面的释义来看,比特币有以下几个特点。

(1) 去中心化。不依赖任何一个中心记账,而是由大家一起维护一个账簿,任何人都可以到记账中心去抢。

(2) 不可篡改。每个块都是时间戳,并且所有块都连接到前一个块,因此如果想更改块中的数据,则无法匹配时间戳。如果想篡改数据块,必须获得超过 51% 的数据块的批准才能进行更改,这在很大程度上避免了篡改的可能性。

(3) 公开透明。任何一个账户的往来账目都可以在区块链上查到。

(4) 匿名性。由于节点之间的交换遵循固定的算法,其数据交互是无须信任的(区块链中的程序规则会自行判断活动是否有效),因此交易对手无须通过公开身份的方式让对方对自己产生信任,对信用的累积非常有帮助。

(5) 抗通胀。各国法币的总量没有上限,政府每年都在大量印钱,比特币的上限是 2 100 万,任何人不得更改。

五、数字货币案例

2017 年江苏省发布的《互联网传销识别指南》中就新增了数字货币传销部门,其中点名了包括珍宝币、百川币、SMI、MBI、马克币在内的 26 种数字货币项目。这些数字货币采取传销的方式进行推广,也就是俗称的"拉人头",会员通过发展下线可以获得奖金和提成。"传销式数字货币"的"交易行情"完全由组织者和平台方操控。前期为了吸引投资者加入,往往会把价格炒高,一旦开盘,平台方和组织者就会集中抛售套现,价格狂跌。除了组织者和极少数提早退场的人,其他投资者将血本无归。

相比其他传销,数字货币传销一般具有三大特点:一是有实在的产品——数字货币,而且被包装得很高级;二是参加者可以获得"拉人头"奖励,奖品是数字货币本身;三是数字货币会随着参与骗局人数的增加而升值,在数字货币升值周期,参与者可获得数字货币的数量也会增长,参与者包括最底层参与者也会获利,但是进入贬值周期,底层参与者往往损失巨大。

据了解,"传销式数字货币"宣传的收益模式一般分为"静态奖"和"动态奖",都是为了满足一些人"赚快钱"的梦想。"静态奖"指购买数字货币产生的收益。想得到"静态奖",投资者必须缴纳入会费。2016 年,湖南常德警方破获了一起美国未来城"万福币"特大网络传销案。"万福币"的"静态奖"就是:"只要缴纳一万元人民币即可注册成为会员,不发展会员,只等万福币价格上涨,即可躺着拿钱,一年稳赚3倍左右,如果发展得好也可能达到5～10倍。"2017年,中华币的骗局被媒体揭开。据报道,中华币的"静态收益"模式是,注册成为"中华币"会员即可购买中华币,门槛为一单500美元(汇率固定为6.9,500美元即3 450元人民币)。每单500美元中的一部分会作为推广费用被扣除,剩下的钱每天把2%用于购买会升值的"中华币",最终保证三年保底6倍收益。又如"万福币",平台设立了一个所谓的"动态奖",根据会员发展下线的多少进行分级,等级最高的可以拿到下线会员缴纳资金的80%作为提成。这些推广方式和传销非常类似,因此称为数字货币的传销骗局。

第三部分
互联网金融面临的机遇与挑战

第五章　互联网金融的风控与监管

第一节　互联网金融的风险识别与风险控制

一、互联网金融的风险识别

学者们普遍认为互联网金融兼具互联网风险和金融风险,如流动性风险、市场风险、信用风险等,金融风险因素渗入了互联网的特性导致互联网金融风险具体的诱发原因、发生形式、演变形式等方面都发生了改变,因此互联网金融表现出了与传统金融不相同的一面。此外,互联网金融还衍生出了自身独有的金融风险。

互联网金融的运行平台和运行结构与传统金融结构有所不同,二者面临的风险也有所区别。风险识别主要是发现其经营的业务活动中是否具有风险因素,并根据风险不同的定义详细具体地区分出各种风险。只有识别出风险,才能够对风险进行分析评价和管理控制,并准确地把握业务未来的发展方向。

(一) 互联网金融风险的分类

互联网金融风险的种类众说纷纭,目前国内外尚未形成统一的分类标准。根据互联网金融的金融属性和互联网特性将其面对的风险主要分为以下几类。

1. 信用风险

信用风险(Credit Risk)又称违约风险,是指交易者未能履行约定契约中的义务而造成经济损失的风险,即受信人不能履行还本付息的责任而使授信人的预期收益与实际收益发生偏离的可能性,是金融风险的主要类型。信用风险的通常含义是债务人未按约定和法律法规规定履行还款义务而给企业经营目标带来的不利影响,但对于网络借贷机构或股权众筹机构,其信用风险还包括平台借款人或融资人、回购人不按约定或法律规定向平台投资人履行还款或分润、回购义务给投资人带来的不利影响。

中国互联网金融的长期无序发展、多如牛毛的互联网金融平台,为诈骗团队提供了成长的空间。利用互联网金融平台主要通过大数据线上审核的业务特点,不法分子对受害者个人信息进行盗取或伪造,通过调整个人数据不断进行试错,以此来寻找风控漏洞,从而骗取贷款。由于利益空间巨大,从前单打独斗的不法分子如今已聚合成为有组织的诈骗团队,甚至形成了一个完整的产业链,从中介助贷到贷款资金安全转移等众多业务,都有违法现象出现。有些互联网金融企业的在职员工为了贪图利益,甚至与所谓的借款人里应外合,相互配合着骗取贷款。类似的互联网诈骗使得互联网金融行业付出了很大的代价。目前互联网金融平台上的诈骗手段主要分为两种:一种是诈骗者利用盗取的他人信息进行骗贷;另一种就是个体真实的骗贷行为,在不同平台骗取一定额度的贷款。

此外,还有一种信用风险源于互联网金融公司的业务很难核实。因为互联网金融业务主要依托于互联网技术,绝大部分的操作均在网上进行,对大额借贷和抵押品的担保进行处理和核实都存在一定的困难,如果借款人不能按约履行义务,核实和处置抵押品可能要花费巨大的成本和时间,因此互联网金融平台相较于传统金融机构具有更大的信用风险。目前互联网金融从业者们对于互联网金融风险控制的认知存在一定争议,一种是坚持传统金融的风控手段,另一种是坚持互联网金融的大数据风控手段。两种风控手段都存在着各自的优势和劣势,就目前来看,持不同观点的双方就此问题还未能达成共识。

2. 流动性风险

流动性风险(Liquidity Risk)是指因市场成交量不足或缺乏交易的意愿,导致未能在理想的时间点完成买卖的风险。互联网金融的流动性风险主要是指互联网金融企业的资金供求在金额、时间等方面的失配,给其实现经营目标带来的不利影响,其流动性风险与银行机构相比相对较小,在监管工具、监管指标方面,互联网金融企业也与银行具有本质区别。银保监会指出流动性风险是商业银行无法以合理成本及时获得充足资金,用于偿付到期债务、履行其他支付义务和满足正常业务开展的其他资金需求的风险。

流动性风险在金融系统中普遍存在,且主要分为两种,一种是日常经营中现金流不匹配的流动性风险,另一种是市场中的流动性风险,有时两者可能同时发生。金融的本质是资金的融通,互联网金融企业在日常经营中如果出现流动性不足的状况,不能按期支付投资者利息或者不能足额提供贷款,就可能导致挤兑等恶性风险事件的发生。在日常经营过程中,互联网金融企业往往为了更高的利润率,会迅速扩张企业规模,以便占领市场。通常的做法是,企业首先以自有资金进行配资,放贷并购买高风险的债券,再将债权打包成金融产品,销售给投资者。这样一来,企业就可以利用收回的资金进行再一轮的投资,为业务的快速扩张提供保障。此外,企业通过支付更高的利息率来吸引投资人,保证其能够源源不断地有资金注入。但上述过程中存在着重大的风险,如果互联网金融机构未能充分预计好资金流的匹配性,未能满足投资人的交易需求,或者债权不能及时转给投资人,大量债权主体无法偿还债务等,都会导致整个链条风险事件的发生。如果互联网金融机构未能对市场的变化准确预估,因而持有过少的流动性资产,就可能导致流动性风险。流动性风险的危害还远不仅如此。在极端情况下,流动性风险会导致互联网金融机构不计成本地抛售可供出售的金融资产,从而引发资产价格下跌。这样的操作会进一步引发更大范围的抛售,并导致资产价格进一步下跌,形成恶性循环。

互联网金融企业用较高的杠杆扩大资产负债表,扩张企业规模,在货币市场宽松宏观经济上行时,这种模式尚且能够维持。一旦货币政策出现转向,货币投放收紧,导致投资人变少,企业产生资金周转困难,引发支付危机,就会造成流动性风险。传统金融机构一般都有比较完善的预防流动性风险的制度,但互联网金融公司缺乏相关的流动性风险防范保障措施。由于互联网金融具有互联网的特性,其操作具有实时性和便捷性的特点,参与者往往会保持更低的流动性来获取最大利润,出现风险事件传播的速度更快,留给人们处置应急风险的时间更短,一旦出现偶然性的差错,在很短时间内就会造成流动性风险的发生,给互联网金融甚至是一个国家的整个金融体系都会带来沉重的打击。

3. 市场风险

市场风险(Market Risk)是指由于市场价格(包括金融资产价格和商品价格)波动而导致表内、表外头寸遭受损失的风险。就互联网金融而言,既有以从事信贷业务为主业的互联网小额贷款机构和互联网消费金融机构,还有不从事信贷业务的互联网支付机构、互联网征信机构和互联网保险机构,因此需要结合互联网金融各业态产品的实际情况,对市场风险进行定义。互联网金融市场风险是指利率、汇率、股票价格、商品价格和费率的大小及波动或市场开拓中的不确定性等影响市场份额的其他因素,给互联网金融企业实现经营目标带来的不利影响。

由于互联网金融具有便捷性和优惠性的特点,因此能够吸收的存款更多,发放的贷款也更多,客户的交易量也就更多,但与此同时,其面临的价格波动风险和利率风险更大。此外,互联网金融机构的数量越来越多,而客户资源相对是非常有限的,这就造成机构之间的竞争加剧,各个机构被迫采取各种手段来自保。为了增强竞争力,互联网金融机构可能采取提高收益率、赠送更多理财金的方式来吸引客户,但这些措施容易给市场利率造成波动,引发市场风险,更有甚者宣传虚假信息,给行业的竞争带来了不良风气。

4. 合规风险

合规风险(Compliance Risk)是指互联网金融企业未遵守法律、法规、规章、行业协会强制性自律规范和其他规范性文件可能遭受法律制裁或监管处罚、财务损失或声誉损失,给企业实现经营目标带来不利影响。从互联网金融的行业维度来看,互联网金融基本运营模式可以分为第三方支付、互联网理财、P2P平台、众筹以及互联网消费金融等,因其运作方式和结构不同,各个业态的规范约束也不尽相同,面临的风险种类和权重也有所区别。

互联网金融的合规风险主要来自三个方面:一是因相关法律法规不完善、不健全带来的风险;二是因金融交易违反法律的规定所产生的风险;三是因跨境监管互联网金融机构所带来的法律风险。当下,我国有关金融领域的法律条文从数量上来讲不在少数,但绝大多数法规都是针对传统金融行业的。随着互联网的兴起与发展,互联网金融在我国金融市场的占比越来越高,但与之相匹配的法律法规尚不健全。这使得监管部门无法从法律的强制性高度对互联网金融进行有效的监管,监管的规范性和强制性较弱。另外,现有的法律法规虽对互联网金融活动做出了一定的约束,但是随着互联网金融产品和金融业务的创新发展,新的问题将不断出现,而法律法规所特有的"滞后性"使得现有的法律法规难以跟上互联网金融的发展速度,容易造成监管上的漏洞,给不法分子留有钻空子的余地。

虽然如今的相关法律法规对互联网金融行业进行了一定程度上的约束,但由于犯罪成本低、获利高、执法力度不够等原因,在实际交易过程中,违反交易规则的行为屡屡发生。例如,使用非正常手段套取信用卡中的资金,P2P网络贷款中一些不合规的借款人非法吸收公众存款、非法募集资金等。另外,一些电商平台数据库肆意买卖用户隐私数据资料,非法获利。这些行为都违背了法律的规定,造成互联网金融交易中的风险。由于互联网金融具有互联网的特性,消除了金融交易的时间与空间的限制,同时弱化了国家之间的边界。金融交易不再只是一国之间的活动,而是全球性的活动,参与金融交易的客户来自世界各国。同时由于各国之间在互联网金融监管方面的法律规定存在差异,当发生金融法律纠纷时,不同国家的法律裁决结果很有可能不一致,这种跨境司法监管就会带来法律问题。

5. 操作风险

操作风险(Operational Risk)是指由不完善或有问题的内部程序、员工、信息科技系统以及外部事件所造成损失的风险,不包括法律风险、策略性风险和声誉风险。互联网金融的操作风险主要分为系统性安全风险和技术风险。系统性安全风险为计算机本身的加密技术漏洞产生的损失,如黑客攻击、病毒侵袭或TCP/IP协议的安全缺陷。技术风险则为技术选择风险和技术支持风险。技术选择风险即在克服计算机系统漏洞时由于技术选择错误造成的损失;技术支持风险为互联网金融机构在进行业务操作时,由于一些专业性问题没有达到要求,技术支持不到位导致的损失。

互联网金融中的人为操作风险是指外部人的操作风险和互联网金融公司中员工的操作风险。不完善的制度和有问题的操作导致互联网金融公司的损失。外部投资者在对互联网金融公司的产品操作投资过程中,可能会受到互联网金融公司的产品创新过快的影响,导致投资者对其产品的风险认识不足或者产生误解,过分关注收益而对于风险预估不足,同时对于操作环节的不熟悉还可能导致投资者的操作行为并不能真实反映其意图的情况发生,从而导致损失。内部人风险的典型例子是2016年6月玖富资产出现重大风险。玖富的部分员工因工作原因离职,其中个别别有用心的员工利用手中的客户资源,借助玖富互联网金融资产公司的名义向客户发送短信,要求客户将借款和还款利息打到私人账户,最后卷款私逃。该事件给互联网金融公司和客户造成了双重损失。互联网金融公司的员工每天经手巨额财富,员工个人的道德修养、素质品德和眼界心胸都不断地经受考验,在巨大的利益面前很难保证没有人被利益冲昏了头脑,选择铤而走险。

在互联网金融公司中,从业人员的素质显得尤为重要。内部员工可能会为了个人或者公司的利益违规操作,进行高风险投资,人为破坏公司的内部控制制度,给公司带来严重的经营风险和财务黑洞。有的表现为内部人员大意操作导致操作失误,而给公司或者投资者带来风险。内部员工具有信息优势,按经济人的假设定理,他在犯错成本不高的情况下,就有很大的动力人为操作,进行借贷和放贷等操作,进行高风险的投资,这就引发互联网金融公司的风险扩大。有些互联网金融公司的内部人员侵犯客户的隐私权,非法获取用户数据,再通过非法手段将这些数据转卖出去牟利,这种行为严重损害了客户的利益,同时给客户带来不信任感,极易造成客户的流失,同时严重影响公司的社会形象,给公司造成损失。互联网金融作为一种特殊行业,往往有着特殊的人为操作风险。完善内部风险控制制度,加强员工素质的培养,减少和降低内部人为操作风险任重而道远。

6. 其他风险

除上述互联网金融面临的五个主要风险之外,还有其他风险,如洗钱风险、战略风险和声誉风险。洗钱风险是指不法分子通过互联网金融企业实施洗钱行为或互联网金融企业未履行反洗钱义务,给其实现经营目标带来的不利影响。战略风险指互联网金融企业在战略分析、战略选择和战略实施等战略管理和战略变革中的失当,给其实现经营目标带来的不利影响。声誉风险是指互联网金融企业因其自身、客户或合作伙伴等的经营、管理和其他行为,自身、客户或合作伙伴遭受的外部事件等导致的利益相关方、潜在利益相关方和利益无关方对互联网金融企业自身实施负面评价,给其实现经营目标带来的不利影响。

建立在互联网上的互联网金融在风险控制上主要通过大数据审核为主、人工审核为辅的风险控制机制。同时中国互联网金融从业人员的专业水平良莠不齐,加之行业规范缺失,征信体系尚不健全,不同互联网金融公司之间的信息库完全独立,政府对于公民的个人信息保护力度不够,以及公民自身对于个人信息保护意识的不足,导致互联网金融行业风险加剧,甚至出现很多信息盗用、贩卖等现象,以上诸多问题威胁着互联网金融的发展。

(二)互联网金融风险识别体系

互联网金融风险识别的目的主要是构建健全的互联网金融风险识别体系,为我国互联网金融风险识别提供一套成熟、有效的评估方案和评估办法,使其上升成为一种范式,指导我国互联网金融风险防控实践,同时创新我国互联网金融风险识别理论,不断地丰富对风险的识别以及风险预防手段,不断地提高政府以及大众的风险防控意识和能力。

互联网金融风险识别主要坚持以下四点原则:一是科学性原则,即我国互联网金融风险指标的筛选必须是合理、科学的,有科学的筛选方法,能够做到客观、有效和准确。二是全面性原则,即我国互联网金融风险体系是一个复杂的体系,风险的评估必须保证全面性,这里所指的"全面"是基于科学基础之上的全面。要能尽量涉及或囊括所有可能产生的风险类型和风险指标,同时又不能重复选择,或无意义选择,或过少过多选择等。三是可操作性原则,即认可指标的筛选、评估方法的确定、评估标准的设立等都必须建立在可操作基础之上,要做到理论指导实践,而非纸上谈兵。四是动态连续性原则,即要坚持发展的眼光,考虑到互联网金融的发展,又要认清风险的变化特征,将其纳入动态连续的风险识别变量之中。

互联网金融风险识别是一个较为复杂的过程,具有指标复杂、专业性要求高、识别结果指导性强等多种特点,需要构建独立的风险识别管理主体。因此,需要成立专门的风险识别部门,由政府带头并参与,从企业管理部门、业务部门、技术部门、人力资源管理部门等抽调专职人员,同时聘请专职风险识别专家,邀请经济管理研究机构、财经院校教师、社会专家等领域人才参与,共同组成风险识别管理部,主要负责我国互联网金融风险识别工作。

我国互联网金融风险识别体系的建设综合了多方因素的考虑,包括互联网环境下的金融风险识别所具有的特殊性和基本要求、互联网金融行业的特点,互联网金融风险的类型和特点等,同时借鉴国内外有关互联网金融风险识别体系的相关理论。现阶段,我国对于互联网金融风险识别体系的基本框架已经建立。

风险识别体系以业务循环系统、管理制度系统、产品系统和时间系统作为输入要素,借助于流程分析法、事件分析法、头脑风暴法以及法律分析法等识别方法,识别企业面临的信用风险、操作风险、合规风险、流动性风险、市场风险、业务风险、洗钱风险、战略风险和声誉风险等的具体风险点,并将风险点输出到数据库系统中的风险点表中,再由风险评估小组进行评估。风险识别体系就是识别企业面临的各种具体风险点的一个动态系统。由于各从业机构产品体系、业务形态差别较大,所以风险体系也存在较大差异。

二、互联网金融的风险控制

互联网金融风险控制系统包括平台、行业协会以及政府三类,彼此之间相互影响,风险也相互传导,因此互联网金融的风险控制绝非是单一方面的任务,上述三方应通力合作,共同维护整个生态系统的稳定状态。在风控过程中,应分别采取不同的风险控制手段,使三者之间相互制约、相互促进,通过社会舆论、引导作用,使三者达到一种稳定平衡的状态。

(一) 平台自控

1. 国内风险控制方式

中国的互联网金融企业在快速发展的同时,还要注重自身的信誉建设,遵守法律法规和道德规范,以提升客户体验为服务目标,树立良好的企业形象。在企业日常经营中,要注重互联网金融的风险控制,不同互联网金融业务的风控标准应符合业务自身特点,灵活变通,通过有针对性的措施来增强企业的风险防范能力。良好的风险控制为企业的健康发展提供了保障。

首先在技术设计方面,我国互联网金融企业在注重技术效用的同时应注意风险防范,尽可能减少技术漏洞,并在完成初步技术设计后要不断进行内测环节,进行风险试错,通过模拟黑客攻击等环节保障技术可靠性。其次,企业建立全面的风控系统与专门的风控团队,对随时可能出现的技术风险进行检测、预警与修复。这就要求互联网金融企业要利用"云计算+大数据"等技术,建立有效的风险预警机制,防患于未然,将风险控制在源头,避免出现扩散。运用先进的IT审计手段,进行风险项目审计,从而在企业层面构建"检测—预警—修复—审计"的全方位风控体系。另外,大数据风控也是常用的风控手段,是指通过大数据构建风控模型,从而对借款人进行风险控制和风险提示的风险管理办法。大数据风控以大数据为基础,凭借数据挖掘和神经网络等技术来消除互联网金融交易双方的信息不对称,从而应对互联网金融业态频发的信用风险。

互联网金融平台是整个风险控制系统最基本的构成单位,也是金融风险的源头所在,因此做好平台自控,从风险源头监控风险、预警风险,提高互联网金融平台的风险控制能力是互联网金融风险控制系统的第一道屏障,是维护系统稳定运行的基础。平台一般从以下几个方面做好风险自控工作。

(1) 建立完备的贷款信息调研体系,设立专门的贷前调研部门,按照规范合理的流程对申请贷款的企业或个人展开调查、严谨分析,确认贷款用户还款渠道,评估还款能力。

(2) 健全信用评级体系,构建信用评级模型,利用大数据工具对项目和用户的资信水平进行分析,确认贷款期限与额度;同时遵守各项法律法规,保护客户信息安全,履行信息披露义务,落实用户第三方存款制度。

(3) 加强从业人员的培训,同时增强贷款审查人员、检查人员的责任意识,健全贷款的审查审批决策制度,形成审贷分离、相互制约的贷款发放制度;引入第三方律师事务所对平台贷款全部项目的全程跟踪调查,规范贷款发放过程中的法律过程,做到法律零风险,保障平台上债券的真实性;实行用户资金的第三方托管,防止违规担保、违规建立资金池的情况发生。

（4）对风险较大的项目进行重点监控，并对该类项目的进展情况密切关注，力求将项目风险降到最低。

（5）分散平台风险，多元引入平台放款项目分散风险；及时处理不良资产，加强与资产管理公司等不良资产处理机构的合作，及时处理不良债权，加快资金回流，保证平台流动性。

（6）对于新兴技术应持有开放的态度，如引入区块链技术、大数据技术等在征信体系建设上的应用，为互联网金融平台的可持续健康发展保驾护航。

2. 国外风险控制方式

美国的互联网金融企业统一称为金融科技公司。美国拥有完善的金融体系，互联网金融的出现势必会对传统金融行业造成冲击，所以美国的金融巨头们阻碍金融和科技创新的融合，并将互联网金融定位为类金融。与此同时，美国的征信体系也相对完善。美国的征信体系包括三个客体：信用服务中介机构、信用立法体系和相应的信用执法机构，完全实行市场化运作。除小微企业和出现过重大违约记录的个人之外，人们想从银行进行融资并不困难。所以，互联网金融平台对于美国人而言，更多的是一种金融业态的补充。

美国金融行业具有完善的征信产业链，从信息的收集标准化，到数据的处理与分析，再到数据在整个社会系统中的使用，每一环节都相当成熟。美国的互联网金融公司在征信环节大多采取"双管齐下"的战略，即企业自建征信系统，同时借助政府征信体系进行完善。企业通过对自身数据的分析，建立个性化的模型考察信贷信息相对较弱人群真正的信用状况、借款人的借款能力和借款人的还款意愿。同时借助政府的征信体系作为企业自己征信系统的补充。

在传统的征信体系中，美国的金融机构依赖于银行的信贷数据和各种固定资产等传统信息，而互联网金融公司通过大数据征信分析，不仅仅依赖于传统的信息，还能通过借款人的日常行为、爱好、思想倾向、借款人的还款意愿和能力相关的一切描述性风险特征，利用能搜集到的所有数据来建立起企业的多维度风险评估模型，从而挖掘更多的有潜在金融需求的用户，并把控风险。

根据调查和统计模型的测算，80%的信贷风险来自信贷审批环节，贷后管理只能控制20%的风险。美国的互联网金融企业充分利用大数据分析，来对服务对象进行风险评估和提供服务。美国的金融科技公司与中国的互联网金融公司相比，具有更高效率和质量的大数据分析应用，具有较为完善的大数据搜集渠道和数据积累，较多的信息合作和共享，较好地降低和控制互联网金融风险，这些都是值得中国互联金融企业学习和借鉴的地方。

但目前在美国互联网金融行业中对大数据的利用尚无统一标准，对结构化的大数据和复杂的社交网络数据以及文本数据等利用得也较少，不同公司的多维数据和算法作为公司的核心竞争机密，都是各自保密的。互联网金融企业通过开发复杂的算法,利用拥有的数据建立多维分析模型,不同模型间相互验证,最终得到客户的信用评级和得分,然后对这些客户开展业务。

除此之外,美国金融科技公司对于消费者的借款额度等是有一定限制的,这一措施从客观上保证了借款人的还款能力和其他投资者的安全,同时还降低了投资者的参与风险。美国投资者在参与金融科技公司的产品遇到权益受损时,可以向联邦证券委员会、消费者保护局以及证券交易委员会投诉,一旦受理进行行政诉讼,美国的监管机构都有先行赔付机制,这样就能很好地保障投资者的合法权益。美国投资者因此养成了很好的法律维权意识,有合法的维权通道,不仅使交易的合规性得到保障,还有助于提升消费者对公司的信任度,客观上推进了美国金融科技公司的发展。

美国的现有金融体系较为成熟,民众的基本金融需求都能够满足,参与金融科技公司的投资者一般都是具有一定金融知识、对收益要求较高的投资者,相比较国内的投资者来说,前者具有更高的风险承受能力。所以在美国的金融科技创新中,投资者更加理性,拥有更多投资渠道,可以选择的产品更加丰富,使得互联网金融风险的防控取得更好的效果。

(二) 行业自律

互联网金融在中国作为一种新兴行业,行业协会数量众多,质量也是良莠不齐,因此中国人民银行于2016年3月25日在上海牵头成立了中国互联网金融协会。现有的行业协会包括作为其他行业协会分支的中国互联网协会互联网金融工作委员会、中国支付清算协会互联网金融专业委员会等,还有北京市网贷行业协会、中关村互联网金融行业协会、广东互联网金融协会等,另有互联网金融企业自行组织成立的互联网金融行业协会等。行业协会作为一个非政府机构,对一个行业的监督和管理主要是通过行业的自律实现。在新兴的互联网金融行业中,行业协会应该做好的工作包括:规范企业的进入和退出、促进互联网金融行业的信息流通、进行风险预警、对消费者进行保护。

行业自律是建立完善互联网金融生态环境的主要途径。当前,金融发展呈现出业态多样、主体多元、高度关联、动态平衡等与生态系统相似的特征。同时,金融创新层出不穷,金融市场复杂性和交叉性特点日趋显著,政府与市场之间的信息不对称进一步加剧,市场预期管理难度持续增加。行业自律是一种用来约束市场的机制,通过标准规则、信息披露等自律手段,着眼眼前利益的机会主义行为将得到制约,市场主体的诚信意识将会提高,从而形成具有正外部性的社会资本。与此同时,行业自律也是一种市场沟通机制,行业协会既可以汇总行业内的种种声音并代表市场统一发声,集中向监管部门反映行业合法合理的诉求,同时还能够降低政府与市场对话沟通的成本,为监管部门提供标准化、透明化、集中化的行业数据以及有效的对话机制。

做好新时代互联网金融行业自律,切实发挥行业自律的市场约束和沟通作用,有助于凝聚多方力量,共同建立良好的互联网金融生态环境。我国互联网金融行业自律要求如下。

一是完善行业基础设施体系。丰富完善登记披露、统计监测、举报、信用信息共享等行业基础设施功能,有序组织推动个人征信机构投入运行、发挥作用,统筹整合各类行业数据资源,为行业提供优质、高效、便捷的基础设施服务,为中央及地方金融监管部门提供及时、准确的监管信息服务。

二是完善标准规则体系。以防控互联网金融风险和保护金融消费者为切入点,通过标准规则推动监管政策执行,保障政策落地,在监管政策尚未出台的领域,发挥标准规则先行先试作用,弥补监管制度空白,引导市场预期和发展方向,为制定监管政策提供实践经验。

三是完善统计监测体系。有序推动互联网金融统计制度落地实施,持续完善统计监测系统功能,按照"大统计"思路,运用统计数据、披露数据、信用数据、监督数据,加强数据交叉核验,持续丰富统计监测产品,充分掌握行业底数和风险底数。

四是完善教育培训体系。以从业机构高管为重点,研究推动从业人员资格评价和继续教育,总结开展虚拟货币、现金贷、首次代币发行(ICO)等风险提示的经验效果,同时加强对于互联网金融的宣传与教育活动,进一步做好金融消费者的风险提示工作。

五是突出市场化自律要求。处理好政府、市场与自律的关系,深入探索和创新社会组织以市场化措施支撑监管、可持续开展自律管理的方式方法,避免使协会成为人员冗余、层级过多的变相官方机构。

六是突出国际化视野要求。切实履行社会组织对外交往职能,坚持"走出去"和"请进来"相结合,坚持中国特色与国际经验相结合,在监管部门指导下,发挥行业机构的智慧和力量,主动深度参与互联网金融国际标准和治理规则研究制定,为全球互联网金融发展贡献中国标准、中国经验和中国方案。

七是突出精细化管理要求。营造精益求精的敬业风气,努力把各项工作做深做细做实,不断提高自律管理和会员服务的规范化、科学化、精益化水平。

八是突出信息化支撑要求。面向信息化时代要求,借鉴监管科技理念,善用大数据、云计算、人工智能等信息化创新手段,持续提升互联网金融行业自律的质量和水平。

九是突出专业化队伍要求。强化"一专多能、一岗多责",全面提升服务、执行、协调、学习、调研等方面的工作能力,进一步加强作风建设,切实做到能力建设和作风建设双管齐下,打造一支能力过硬、作风优良、德才兼备的行业自律人才队伍。

(三)征信与立法

对中国互联网金融强化监管是有必要的,要进行顶层设计和监管,完善相应的法律法规和制定产业发展引导，在以安全性为前提下，鼓励互联网金融的创新发展。在监管过程中，可以借鉴美国的监管方式，多部门相互协调配合监管，并根据不同业务类型量身定制相适应的监管规则。同时规范对互联网金融行业的准入门槛限制，明确交易个体的责任，加强对违法的处置力度，使得对互联网金融的监管有法可依。

应加快互联网金融跨国界交易活动相应法律法规的出台，加强国际间的合作，这有利于解决国际互联网金融间的争端。对于互联网金融公司中，基于虚假或者错误的财务信息发放的高管的薪酬要具有追索权。对互联网金融企业要设立创新的红线，避免互联网金融企业过度创新和非法集资等行为。

充分利用互联网金融企业的业务数据，加强对互联网金融企业的技术监管，建立数字化的监管系统，利用大数据的分析方法对互联网金融企业的业务进行数据监控，建立完整的数字信息预警体系、社会评价体系、数据共享机制、提升监管效率，同时降低监管成本。树立互联网金融风险忧患意识，做好突发事件的应急处理预案，防范风险挑战。

征信系统要做到相互配合，即政府层面的公共征信体系、私人公司的征信体系和互联网金融行业内部征信体系的合作，同时明确征信体系的参与方。互联网金融行业对于信息安全的要求更高，因此加强信息安全监管和保护公民的合法权益是重中之重。互联网金融企业在建设征信体系时，不仅要像传统金融企业那样收集用户的信用数据，还要收集行为数据，多源的数据信息有助于保障交易的安全。除此之外，相关企业还应建立完善的信息保护机制，加大对违法侵权责任追究制度，打破行业和地域的壁垒，加快信息流动，加大对征信系统推广和保护个人信息的宣传。

加大对互联网金融失信的惩处力度是我国互联网金融监管的重点所在。建立明确的黑名单制度并加快相关法律法规的出台与实施，让失信主体为其失信行为付出代价，提高违法的成本，对于互联网金融的持续健康发展至关重要。

政府在我国互联网金融行业发展中扮演着重要角色，我国建立全国性的征信体系，需要政府部分的大力参与，促进传统金融机构的信息开源，开放国家数据库来进行征信体系的验证，对征信体系建设进行监管，保障公民信息隐私权和信息安全。制定完善的互联网信用风险评估标准和信息共享机制也十分必要，可以透明化消费者、厂商和政府之间的信息，使得获取各方面信息的成本降低，同时提高互联网金融的服务效率和质量。互联网消费闭环的数据收集应进一步完善，用互联网来进行数据收集，用云储存大量的数据，构建数据的闭环，覆盖公民生活的方方面面，一个人的信用即可用数据来准确地表达。

政府在参与互联网金融企业的监管中，应当通过相应的法律法规来行使具体的监管职能。第一,在人大立法层面,进一步明确各职责部门的监管职能。虽然中国在互联网金融领域的法律法规数量逐年增多,但是在监管调度方面还存在着一些问题,区块链整体的风险监管方面的问题尤为突出。就这一情况,全国人大立法机关应当加快研法、立法步伐,通过以立法的形式赋予互联网金融监管部门监管职能,尽可能地具体到细节部分,确保针对互联网金融风险的监管能落到实处。

第二,在行政立法层面,应当明确界定互联网金融机构的主体地位和经营范围。目前,中国政府对互联网金融机构的法律地位与经营范围虽然采取了一定的限定措施,如给第三方互联网支付平台施行业务许可制度等,但是依然有部分互联网金融模式没有以立法的形式来明确其法律地位和经营范围,如针对众筹平台的监管还没有详细的法律法规。

另外,应当进一步明确互联网金融模式及业务的边界,以现行法律法规为基础,结合当前互联网金融发展的现状来进行完善。同时,由于目前大部分互联网金融业务在开展过程中没有实体票据和凭证,政府立法机关应当尽快出台电子票据与电子凭证、网络购物支付与网络借贷行为等方面的规范性文件,明确其法律地位和依据,从根源上实现对互联网金融风险的监管。

第三,在面向互联网金融机构方面,政府监管部门可以借鉴对传统金融机构的监管经验,再根据互联网金融机构的不同业务模式特点进行调整。由于互联网金融机构不同的业务模式所带来的风险不同,所以不能简单地比较。相对而言,建立针对开设网络业务的传统金融机构的评估体系难度较低,但建立针对第三方支付机构、P2P网络借贷、网络众筹、网上理财等业务模式的互联网金融机构的评估体系难度较高,而对于采取混业经营模式的互联网金融机构,其评估体系的建立则需要根据其各类经营业务量来计算权重系数,然后进行综合评定。

第四,中国可向国外相对成熟的互联网金融市场借鉴经验。国外政府对本国的监管并不只局限于非现场监管的模式,其在建立风险预警系统和监管评估体系的基础上,政府还有与非现场监管模式协调运作的现场监督检查模式,通过现场调查取证来确定互联网金融机构或互联网金融市场存在的问题,并采取对应的监管措施来解决这些问题,避免给互联网金融市场酿成更为严重的后果,同时也根据现场监督检查的结果来找出当前监管存在的不足,不断调整和完善后续监管措施。欧美等国政府及监管部门正是通过这一方式从法律法规和制度体系等层面来全面提高自身对互联网金融行业的监管水平、质量和效能。

近年来,中国经济持续发展,如今已成为世界第二大经济实体,体量庞大,涉及影响因素众多,经济运营复杂多变。同样,互联网金融在中国作为一种新兴行业,所面临的运作流程和业务类型的复杂度是相当高的,同时其发展速度快、业务模式多变的特点无形之中给监管部门带来了巨大压力,若仅仅依照针对传统金融行业的监管机制来监管互联网金融,其效果可想而知。

中国对互联网金融运营监管措施的制定和实施可以学习国外的成熟模式。实际上,中国互联网金融行业起步较晚,其中的不少金融产品均是借鉴国外产品的产物,许多运营理念和发展模式也与国外已经成熟的业务模式相类似。通过加强国际间的交流与合作,互相参考借鉴经验来提高监管效率,通过贴近国际互联网金融产品的发展轨迹实现监管流程简化,及时高效地达到监管目的,中国互联网金融监管一定会走出一条自己的道路。

三、案例

PayPal 最初是 1998 年在美国加州成立的一家非银行第三方支付公司。其目前能够在包括美国在内的全球 100 多个地区进行支付。在消费者保护方面,2006 年,美国 28 个州的检察官曾对 PayPal 发起诉讼,要求 PayPal 对消费者澄清:消费网络购物时,是否与信用卡消费一样享受《监管指令 Z》的保护?PayPal 不得不明确表示,因为自己不是信用卡机构,所以不会承诺与《监管指令 Z》完全一致的条款,但会明确揭示自己版本的消费者权利和纠纷解决机制条款。但与此同时,PayPal 明确承诺完全遵守《监管指令 E》的要求,特别是对未经授权交易损失,PayPal 承诺客户最高只用承担 50 美元。

在消费者的隐私保护方面,虽然《格莱姆-利奇-比利法案》主要是针对金融机构的要求,但 PayPal 主动承诺遵守该法案的条款。在存款保险方面,PayPal 一直在主动征询 FDIC 的看法,最终在 2012 年 2 月得到了 FDIC 的回复:PayPal 受客户委托代理客户存入经 FDIC 认可的无息账户(FBOAccount)中的资金,可以获得 FDIC 的存款保险;但是 PayPal 本身不是银行,不能享受存款保险,因而当 PayPal 倒闭时,滞留在其他环节中的资金并不享受存款保险。

在反洗钱方面,在 PayPal 发展之初,只需要提供一个电子邮件地址就可成为其会员。但到了 2003 年,PayPal 因在处理非法离岸赌博业务时,被控掩盖非法货币转移,触犯了《美国爱国者法案》,最后不得不花费了 1 000 万美元来进行诉讼和解。

此后,PayPal 为满足反洗钱要求,管理变得更加严格。比如,在客户身份确认方面,除电子邮件地址外,还要求提供信用卡、贷记卡或银行账户的信息;在对可疑交易的处理方面,PayPal 会对发现的可疑交易账户进行冻结,除非客户能够逐项说明资金的来龙去脉,否则,甚至会关闭账户;PayPal 还明确规定,信托机构不能持有 PayPal 账户。此外,PayPal 还明确提醒,不要与他人共享账户,不要代替他人转账,以免造成不必要的麻烦。尽管上述规定给客户造成诸多不便,引起客户抱怨,甚至离开,但为了满足监管要求,PayPal 仍不得不严格加以执行。

2012年3月,应PayPal的主动征询,FDIC明确表示:PayPal不是银行。这一度让很不情愿接受像银行一样严格监管的PayPal颇感欣慰,因为其不仅在经营银行方面的经验严重不足,更重要的是,被作为银行监管之后的运作成本要高得多。

但FDIC还明确表示,其认定不是银行的主要理由是PayPal"没有取得银行牌照",FDIC还进一步澄清:其观点对州监管者没有约束力,州监管者仍可能将PayPal视为是一家未经许可的银行。显然,FDIC只是简单根据PayPal是否获得了"银行"许可来进行认定的,而不是根据其业务实质。

不幸被FDIC言中,纽约州和加州正是从PayPal所进行的业务性质的角度,怀疑PayPal在非法从事银行业务。2002年6月,纽约州金融服务局叫停了PayPal在该州的业务,因为其认定PayPal在该州非法从事银行业务:消费者需在PayPal先充入一笔资金,然后才能进行网上购物支付,这些来自普通公众充入备用的资金本质上属于"存款",此类业务除非事先取得存款性金融机构牌照,否则不得擅自开展。

为满足纽约州的监管要求,PayPal提出了五种开展业务的替代方案:

第一种,买家直接将资金放入卖家可以进入的储蓄账户或虚贷记卡账户;

第二种,由富国银行代替PayPal进行电子转账,将资金划入卖家在其他银行的账户;

第三种,通过富国银行以支票支付;

第四种,将汇集到的客户资金,以客户名义购买货币基金份额,收益归客户,这些资金不属于PayPal,因而也不会体现在PayPal自己的账户上;

第五种,以委托方式,将客户资金存入无息FBO账户,以此表明PayPal本身并未从这些滞留资金中为自己牟利。

在前面三种方案中,资金都没有在PayPal账户中沉淀,因此,纽约州金融服务局表示认可。但若按照第四种和第五种方案,因资金仍然在PayPal账户中发生沉淀,纽约州金融服务局明确表示其仍然属于银行业务范围,即使FDIC表示PayPal不属于"银行"也不影响其判断。在按照监管要求对业务模式进行艰难的调整之后,一直拖到2013年10月PayPal才在纽约州取得支付牌照(Money Transmitter)。

第二节 互联网金融的监管

一、互联网金融监管的现状和问题

随着互联网金融的出现与发展,政府相关部门加大了对其监管的力度。在互联网金融发展的初期阶段,政府部门对其的监管主要通过传统金融的监管框架和政策法规,专门针对互联网金融的政策法规相对较少。近年来,随着互联网金融的发展,互联网金融引发的诸如互联网金融诈骗等一系列问题不断涌现,其一次次地向公众"展现"着自身的风险性。因此政府相关部门加大了对互联网金融的监管力度,先后出台了一系列政策法规来规范互联网金融交易。在互联网金融交易的正常运行和互联网金融业的稳健发展中,这些政策法规做出了贡献,同时也完善了我国金融监管的政策体系。

我国现行的金融监管体制是针对传统金融业而设立的。20世纪90年代初期,金融行业经营风险和管理难度都偏高,为了解决这些问题,稳定金融市场,恢复有序的金融秩序,我国设立了金融业"分业经营、分业管理"的制度。这一监管制度严格规定了包括金融市场准入、分支机构的设立、金融产品的发行与定价、治理机制、风险监控与防范等多个方面。该制度将传统金融业划分为三种经营模式:证券业、银行业和保险业,分别由证监会、银监会和保监会来进行监管。中国人民银行作为监管机构主要负责人,主要从整体方面对三种经营模式进行宏观方面的指导和监控,以此维护整个金融系统的稳定。2018年全国"两会"期间,国务院机构改革方案宣布,将中国银行业监督管理委员会和中国保险监督管理委员会合并,组建中国银行保险监督管理委员会,作为国务院直属事业单位。根据《国务院机构改革方案》,银监会和保监会合并,同时,将银监会和保监会拟定银行业、保险业重要法律法规草案和审慎监管基本制度的职责划入中国人民银行。

2006年,银行监管委员会制定并颁布了《电子银行业务管理办法》,这一规定对电子网上银行的准入设立和运行作出了明确规定。

2010年,央行颁布了《非金融机构支付服务管理办法》,对支付宝等类似的第三方支付机构的设立、运行和风险防控等进行了明确的规定;随后,银监会和保监会就互联网金融风险分别发布了《关于人人贷有关风险提示的通知》和《关于提示互联网保险业务风险的公告》等。

2015年7月,央行等机构制定了《关于促进互联网金融健康发展的指导意见》,规定明确要求严守监管底线,将监管责任落到实处。其中,中国人民银行主要负责对第三方支付业务的金融监管,证监会主要负责对众筹融资业务和基金网上销售业务的监管,银监会主要负责对互联网信托业务的监管,保监会则主要负责对互联网保险业务的监管。

2015年12月,随着《网络借贷信息中介机构业务活动管理暂行办法(征求意见稿)》的颁布,国家正式开始了对于P2P网贷平台的监管。全国多个省市的工商管理局先后对"投资类"和"互联网金融类"的企业停止了注册登记,同时对P2P网贷平台的营销广告提出了具体的规范要求。

2016年4月,央行发布了《互联网金融风险专项整治工作实施方案》,要求各省级政府联合当地金融监管机构,主要对在工商系统中注册登记的企业进行业务性质的界定,以便明确监管部门,分类别进行专项监管。

2017年2月23日,银监会正式发布了《网络借贷资金存管业务指引》,明确了客户资金第三方存管制度,并要求分账管理客户资金与网络借贷信息中介机构自有资金,从而降低网络借贷资金挪用风险。

2017年6月,互联网金融风险专项整治工作领导小组办公室对外发布《关于对互联网平台与各类交易场所合作从事违法违规业务开展清理整顿的通知》,该通知指出,目前我国互联网金融平台与各类交易所存在着大量的交易合作,将权益类资产拆分后向不特定对象发行,或以"团购""分期""大拆小"等方式变相突破200人的限制。此外,一些金融产品无视期限限制,使得资金与资产之间期限不匹配,造成严重的资金池问题。同时,一些平台在没有对投资者进行风险评估和向投资者进行风险提示的情况下,就对其出售金融产品,一旦风险爆发,将造成极大的社会危害。针对这些现象,必须清理整顿目前现有的互联网金融平台。

2017年12月1日,央行针对网络借贷发布《关于规范整顿"现金贷"业务的通知》,针对小额贷款公司资金来源,提出"以信贷资产转让、资产证券化等名义融入的资金应与表内融资合并计算,合并后的融资总额与资本净额的比例暂按当地现行比例规定执行,各地不得进一步放宽或变相放宽小额贷款公司融入资金的比例规定。"

2017年12月8日,银监会下发《关于做好P2P网络借贷风险专项整治整改验收工作的通知》,该通知集中针对P2P网贷平台,对其下一步的整改及验收工作提出了详细的工作计划,明确了P2P平台验收合格的标准、P2P平台的整改和备案时间表。

2018年3月8日,互联网金融风险专项整治工作领导小组发布《关于加大通过互联网开展资产管理业务整治力度及开展验收工作的通知》,明确指出互联网资管业务属于特许经营业务。

2018年4月19日,中国人民银行等三部门发布《关于加强非金融企业投资金融机构监管的指导意见》,针对金融机构的不同类型,股东要实施差异化监管,通过正面清单和负面清单的方式,强化股东资质要求。

2018年4月16日,中国银保监会等四部门发布《关于规范民间借贷行为维护经济金融秩序有关事项的通知》,通知规定,未经批准,任何单位和个人不得设立从事或主要从事发放贷款业务的机构或以发放贷款为日常业务活动。

2018年4月27日,中国人民银行等多部门联合发布《关于规范金融机构资产管理业务的指导意见》,进一步细化了标准化债权资产的定义,对资管业务制定了监管标准。

2018年5月30日,中国证监会、中国人民银行联合发布《关于进一步规范货币市场基金互联网销售、赎回相关服务的指导意见》,对开展货币市场基金互联网销售业务作出了规定,明确了对非银支付机构在为基金管理人、基金销售机构提供基金销售支付结算业务过程中应遵循的章程。

2018年7月11日,中国人民银行发布《加强跨境金融网络与信息服务管理的通知》,对境外提供人和境内使用人的合规义务、行业自律、审慎管理职责进行了规定。

2018年8月31日,中国证监会发布《中国证监会监管科技总体建设方案》,明确了监管科技1.0、2.0、3.0信息化建设工作需求和工作内容,推进了证监会信息系统的资源与数据整合程度,突出了科技在监管工作中的作用。

2018年10月,中国人民银行等三部门联合发布《互联网金融从业机构反洗钱和反恐怖融资管理办法》(试行)。

2018年12月,中国人民银行等三部门联合发布《关于完善系统重要性金融机构监管的指导意见》,明确系统性金融机构监管的政策导向,弥补金融监管短板,引导大型金融机构稳健经营,防范系统性金融风险。

目前,我国互联网金融正处于探索和发展的阶段,对其的监管还没有形成完整的监管体系。近年来,随着互联网金融的不断发展,第三方支付、P2P、众筹等众多新型的互联网金融与传统行业的联系愈发密切,对于我国尚未成熟的互联网金融监管来说是个不小的考验。

互联网金融在新时期发展背景下取得了巨大飞跃,在此情况下,加强对其的监管工作便成为首要任务。有关部门应积极借鉴吸收其他企业的先进优秀管理经验,或是国外科学管理模式,促使我国互联网金融监管工作能够顺利开展。我国土地面积广阔,所以在开展互联网金融监管工作时必须要考虑到差异性要素,即地区差异性和经济差异性要素。同时不断向集中化监管方向靠拢,地方应密切联系中央,这有利于实现共同监管目的,并且在此基础上还要构建较具特色的监管模式,确保互联网金融始终处于相对安全的运行状态下。

现阶段互联网金融监管主要存在的问题如下。

1. 安全体系建设不够完善

从西方发达国家监管的成功经验来看,他们之所以能够实现对互联网金融的合理约束,之所以恶性互联网金融犯罪的情况发生概率较小,其根本在于良好的社会诚信制度。只有当整个社会拥有了完善的诚信制度,拥有了一套完善的诚信体系,才能够真正去避免频繁跑路的情况发生。这就要求未来我国必须要能够加快公民信用档案的建立,加速诚信体系的构建,并且对其不断完善,不仅仅涉及个人,同时也应该扩展到公司法人乃至更多人群,从而在风险发生的早期就将风险规避。另外,由于当前信用体系缺失,征信体制尚不健全,无法判别互联网金融业务中的个人和企业的具体信用情况,这会形成互联网金融的信用风险,成为行业发展的隐患。这些问题都是需要在后续发展过程中不断完善以及优化的。

现在我国的大环境下，缺乏宏观审慎监管专门机构，系统性风险难以防范。在现行监管体制下，虽然能够比较有效地控制各自行业内的风险，但是缺少能统一执行宏观审慎监管的部门和相关制度措施。由于实行分业监管，各机构只能获取与自身相关的监管数据和信息，这便导致数据的单一性，对市场整体风险的识别和判断容易出现偏差。在监管具体执行过程中，不同监管部门只是各自为营，对风险跨市场、跨区域传递的认识不足，缺乏风险监管的全局意识。由于单个监管部门的协调能力有限，在监管协调过程中，对于超出行业、区域范围的风险，监管效果难以达到预期。

互联网使用日渐频繁，互联网技术不断创新优化，借助云技术手段收集大量相关信息并实现妥善保管成为可能，企业因此获得了极大的便利。但与此同时，数据信息面临的风险隐患也在增大，个别不法分子企图盗取企业核心资料，不再需要进入企业内部进行获取，只要通过互联网便可完成犯罪。不仅仅是企业信息，互联网也是个人隐私泄露的一种主要途径，这些问题表明当前的信息安全体系普遍存在着不完善的情况，急需相关工作人员提出合理化解决措施。

2. 法律法规不够健全

是否使用互联网技术作为载体是互联网金融与传统金融行业的重要区别，前者以大数据作为依托，以虚拟的服务模式运行。该种运行模式本身加剧了资金的不稳定性，从监管层面而言极大地削弱了监管的有效性。建立健全互联网金融监管的法律体系，并能使之与互联网金融的发展协调一致是互联网金融监管的重要基础。

但目前而言，我国还没有出台针对互联网金融系统的监管法律，仅有的关于促进互联网金融发展的法规文件也无法适应互联网金融的创新节奏，具有严重的滞后性。同时我国对于金融行业的监管模式一向是"先发展、后监管"，这在机制建设上与互联网金融发展模式不相适应，导致在监管过程中没有明确的法律依据，监管的"度"很难准确把握，造成了一系列因监管不到位而产生的金融风险。因此根据互联网技术的特点及互联网金融发展的特征，加快建立健全互联网金融监管的法律体系是切实有效实现互联网金融监管的重要手段。

目前，获得互联网金融牌照是我国互联网金融机构的准入条件。互联网金融牌照是互联网金融监管的第一环节，是金融市场准入的常态式监管。一方面，随着近年来互联网金融的发展，行业内也涌现出一批实力雄厚的企业，在混业经营的趋势面前，他们对于金融牌照的"野心"也伴随着实力的增长日益强烈。从另一个方面来说，随着监管的逐渐严格，这些依托互联网开展金融业务的企业的违规成本越来越高，这也逼得企业对于可以持牌合规经营的愿望更为强烈。

在我国需要审批的金融牌照主要包括银行、保险、信托、券商、金融租赁、期货、基金、消费金融公司、基金销售、第三方支付牌照、小额贷款、典当12种。包括互联网金融在内,我国金融行业一直实行牌照监管模式,这种监管模式的主要体系是法律法规—主管机构—行业自律三个层面。在法律法规层面有对机构、业务、人员及技术的准入规则,且其中多数规则是暂行性的,后续衔接情况尚不确定。由于金融行业发展较快,在监管规定还未出台时,很多业务就开始进行了。现在的互联网金融就是个典型案例,从发展到扩张阶段,监管部门会出具一些指导性建议;从发展到问题爆发阶段,监管部门将联合其他相关部门进行联合治理。整个业务的发展、扩张、爆发过程中缺乏统一的指导监管性规范,相关监管制度系统关联性较差。

基于我国现状来看,虽然互联网金融取得了突出成就,但相关的法律法规仍不健全,因此互联网金融发展过程中也就容易出现一些违法操作行为。例如,部分企业仍实行非法集资及高利息贷款等业务,受到法律法规不健全因素的影响,致使犯罪分子为了追求高额利润开始钻法律空子,从而产生了一系列负面后果。

《关于促进互联网金融健康发展的指导意见》已经发布,其内容引发了人们的关注。从整个指导意见中我们看到,针对现有互联网金融发展过程中所存在的一系列问题的探讨以及分析占据了该意见的绝大部分。虽然对于现存的监管漏洞以及不足进行了弥补,但其本身依然仅仅是一个单纯的指导性意见,并不具有法律效力,只是通过现有的指导内容对现有的市场进行规范。对于那些互联网金融平台以及P2P企业在违规操作之后的惩罚、监管等方面,我国并没有出台相应的法律条例,没有明确的对于相应责任人的处罚方式。作为一个新兴行业,互联网金融近年来刚刚兴起,在现有的《中国人民银行法》《商业银行法》等法律中鲜有涉及互联网金融的相关内容。上述种种问题表明,我国急需出台明确的关于互联网金融监管的法律法规,从而减少由监管方式以及策略缺失导致的损失。

3. 监管创新不够及时

我国目前对于互联网金融采用的监管体制与模式仍然是对传统金融机构的监管模式,其无法有效地覆盖互联网金融的特征,因此监管效果不理想。监管机构进行监管时缺乏法律支撑,目前我国对互联网金融发展相关的法律法规主要集中在互联网金融基础设施建设、鼓励互联网金融发展及保护互联网金融消费者权益三个方面,监管层面的法律法规基本处于空白状态。没有专门的法律法规为监管提供法律支撑,导致在监管过程中缺少合法的依据,监管效果势必会大打折扣。互联网金融行业在某种意义上来讲属于数据技术密集型行业,因此对监管人员的技术水平有着较高的要求,与对传统金融行业监管人员的要求有所不同。目前,我国金融监管机构还没有一支能够完全胜任互联网金融技术要求的监管团队,采用的多是传统金融监管工作人员,因此在技术上存在差距,也在一定程度上影响了互联网金融的监管效果。

自互联网金融在我国发展以来,以网络借贷为代表的一系列业务模式缺少一个针对性的监管部门对其进行监管,造成了现有互联网金融监管的不利。各个部都不愿为监管职责负责,同时由于互联网监管不仅仅涉及金融部门,同时也需要工信部门以及网络安全部门等多方的共同参与,各个机构以及部门相互配合才能够切实有效地实现现有互联网监督管理的有效性。因此,未来我国中央政府、地方政府以及各个部门之间需要进行有效的协调,才能寻找到一个多方联合的监管策略与模式,现有互联网金融监管的有序性及合理性才能得以保障。

当前无论是互联网技术还是互联网金融,发展速度都十分迅猛。而我国的互联网金融监管体系仍处于较为松散的状态,导致这种现象的根本原因就是互联网金融监管的工作理念较为传统,且部分企业监管工作实施期间存在着严重违法行为,致使多数客户隐私信息遭到泄露,不仅危害客户信誉,甚至对互联网金融整体水平造成严重的影响。

目前在互联网金融监管领域,呈现出"政出多门"的现象,其发展的法制监管、第三方支付业务监管由人民银行负责,第三方证券基金销售业务由证监会负责,而网络借贷的资金监管主要由银保监会负责。这种主体不明的监管模式,致使非单一市场交易的监管效率持久低下。

4. 监管存在漏洞

互联网金融普遍具有类型多样性和模式多元化的特点,再加上应用范围的不断拓展,使得手机银行等金融业务广受社会大众青睐。但随着时间进程的不断推进,手机软件逐渐呈现出杂乱局面,其形式也是层出不穷,如直播平台、贷款平台及融资平台等,甚至还有虚拟货币,对于金融监管部门提出了严峻的考验。一旦电子资金成本出现去向不明或是平台不能支撑运营成本则将造成极大亏损,进而不但会对经济市场规范性带来阻碍影响,甚至还会对我国互联网金融的未来发展产生约束作用。另外,一些金融机构在进行虚拟货币交易时,存在着夸大宣传的嫌疑,且投资者了解交易实际情况的途径往往只能通过网络,进而借助电子方式投入资金,在此期间一旦出现交易中断或是亏损等现象,运营者很容易营造出盈利假象欺骗投资者,虽然承诺会达到投资者理想收益,但在融资达到一定数额后便会卷款潜逃,造成投资者经济效益的巨大损失,并且因双方未签订任何合同条款,监管部门也根本无法参与其中对运营者起到约束规范作用。

"特许制"是我国金融业监管的重要手段,其实质是一种市场准入的限制,金融行业之所以采取这种手段的监管,主要原因在于金融行业的"公众性"和"外部性"。施行"特许制"的后果是经营风险和系统风险较大,通过提高市场的准入标准可以在保障投资者合法权益的同时为其后续监管减少阻碍。"特许制"是我国金融行业监管的主要措施,在从事金融活动尤其是集资等领域,对于未获得允许的非法集资活动,监管部门一直采用严厉打击的手段进行监管。这种监管手段在传统金融监管过程中取得了积极的效果,因此也被运用到互联网金融监管领域。

从互联网金融角度看,这种制度与互联网金融的发展是不相协调的。原因在于互联网金融是一种以互联网为依托的金融服务模式,其中典型的 P2P 借贷平台、众筹融资平台等都具有融资倾向和功能,都是融资者通过互联网发布资金需求的平台。从监管机构的角度看,"特许制"既履行了监管职责,又放大了监管部分的权限,同时也增加了监管机构的监管成本和监管强度,存在一定程度的局限性。

面对这种局限,监管机构本身会采用抓大放小的工作思路,对危害可能性较大的行业重点监管,危害可能性较小的行业常态监管。对于互联网金融来说,监管部门更多地采取后者,但其自身的发展特征决定其风险并不亚于体量较大的传统金融机构,因此在监管层面就出现了监管机制与互联网金融行业发展不协调的问题。

二、国际互联网金融的监管经验与启示

(一) 美国的互联网金融监管经验

1. 美国对 P2P 网络借贷的监管

美国主要从现有的 P2P 相关法律出发,来寻求有用的监管措施,并通过联邦政府和州政府的配合完成监管工作。美国证券交易委员会通过强制信息披露的方式来规范 P2P 互联网贷款行业,尽管美国联邦贸易委员会不是监管机构,但它可以对 P2P 网络贷款公司采取执法行动。美国对金融消费者权益的保护和监督的力度也在不断增加。特别是在国际金融危机之后,联邦政府专门成立了消费者金融保护局来保护消费者在金融层面的合法权益。

2. 美国对第三方支付的监管

从机构职能的角度来看,第三方支付机构被看作是一种货币服务机构,仅仅是经营货币转账业务的一般机构,而不是存款机构。因此,第三方支付机构与传统银行存款机构差异性较为明显,第三方支付机构不需要接受银行监督。美国在对第三方支付实施监管时,强调交易过程而非第三方支付的过程。1999 年下半年颁布的《金融服务现代化法》将第三方支付机构定义为非银行金融机构,其监管服从于金融监管的总体框架,即实施职能监管。在法律上,第三方支付被视为转账业务,实质上是传统货币服务的延伸。因此,美国并没有将其作为一种新型的机构,也没有设立专门的法律,现实中主要是站在货币服务业务管理角度进行监管活动。自 2000 年以来,美国有超过 40 个州参照《统一货币服务法案》制定了关于本州非金融机构货币服务的法律。此外,还制定了《美国金融改革法》、《隐私权法》、《统一商法典》和《电子资金转移法》等法律法规,从不同角度对第三方支付机构的电子支付结算活动进行规范。2012 年 2 月,美国政府提出《互联网用户隐私权利法案》,要求企业在使用网民数据时必须保持透明,并保证用户的数据安全。2018 年 4 月 16 日,美国商务部国家标准与技术研究院(NIST)发布了《提升关键基础设施网络安全的框架》。

3. 美国对虚拟货币的监管

政府并不发行虚拟货币，银行也不对其进行监管。但是不可否认的是与虚拟货币有关的产品和业务已经给联邦金融监管机构带来了新的挑战。这些挑战主要来自虚拟货币自身的特征。根据《银行保密法》的规定，银行监管机构主要在以下两个方面对金融机构的合规性进行规范：首先，金融机构应该建立反洗钱体系框架，加大洗钱行为或可疑行为的犯罪难度和成本；其次，严格履行《银行保密法》中关于交易记录和报告的相关要求。银行监管机构对金融机构的一系列检查不应受时间限制，及时纠正金融机构存在的违规行为和反洗钱措施的行为，并采取其他监管措施相互配合。

（二）英国的互联网金融监管经验

1. 英国对 P2P 网络借贷的监管

英国最初由公平交易管理局（OFT）和金融服务管理局（FSA）共同完成对 P2P 的监管工作。公平交易管理局的任务主要是审核机构的资质，对符合规则的机构授予消费者信贷许可证，从而限制部分违法机构进入 P2P 市场；金融服务管理局的任务主要是监管金融消费者的资金。英国在 P2P 监管方面的制度较为完善，依靠行业自律是其监管政策的原则。英国对 P2P 的监管政策较好地诠释了宽容与支持，因此一些小微企业受到了 P2P 平台的高度重视。金融服务管理局被划分为金融行为监管局（FCA）和审慎监管局（PRA）。金融行为监管局负责履行公平交易管理局和金融服务管理局对 P2P 的监管职责，并对 P2P 网络借贷进行统一管理。2014 年，金融行为监管局发布了《众筹监管规则》，该规则规定了进入 P2P 行业应具备的准入条件和退出机制。经过近十年的迅速发展，截至 2014 年底，英国共有 40 多个 P2P 网络借贷平台，交易量达 15.66 亿英镑。

2. 英国对股权投资型众筹的监管

2013 年，英国的股权投资性众筹的总融资额高达 2 800 万英镑，英国金融行为管理局对股权投资型众筹平台颁布了许可政策。该政策主要是逐个授予许可措施。由于在监管过程中逐个授予许可只是一个短暂性的过渡措施，金融行为监管局 2014 年发布的《众筹监管规则》中考虑到了这一点。为了保护投资者在金融领域的合法权益以及推动股权投资型众筹的发展，《众筹监管规则》对众筹监管的统一规则以及投资者的性质、投资范围等提出了要求。对于股权投资型众筹在市场中发挥的作用，金融行为监管局给予了一定程度的肯定，并对股权投资型众筹采用适当宽松的监管规则。适当宽松的监管规则会吸引更多的股权投资型众筹融资者，与此同时也可使市场准入门槛和监管成本降低。

综上所述，美国、英国等国家的金融监管目前并没有普适于各国的金融监管原则，但很多国家均已逐渐意识到互联网金融监管的重要性，加强了监管措施。虽然不同的国家对互联网金融监管的具体做法上有一定差别，但也存在一些共通之处，我们需要学习并消化吸收,结合我国的实际,优化我国对互联网金融行业的监管。

(三) 亚洲地区的监管经验

1. 日本的互联网金融监管经验

日本在互联网金融监管方面的主要经验是注重法律法规体系的建设。在整个亚太地区,日本是最早开展互联网金融业务的国家之一。在起步阶段,日本就意识到法律体系建设对整个行业发展的重要性。因此,自进入21世纪之后,日本为了加强对互联网金融的监管,相继颁布了一系列的法律法规,其中比较有代表性的有《金融商品交易法》《金融商品销售法》《资金清算法》等,这些法律的出台为日本互联网金融监管工作的开展提供了强有力的依据和支持。

2. 我国香港的互联网监管经验

香港开展互联网金融监管工作的经验之一就是组建完整的监管机构,香港金融管理局作为监管体系中的主导机构,其主要职责是制定该地区互联网金融监管政策,颁布监管原则、内容与方法等。而电子银行研究协会属于行业自律组织,其主要职责就是辅助香港金融管理局,保障监管工作的顺利进行。香港金融管理局制定了清晰明确的监管目标:降低金融风险,鼓励金融创新。在该目标的指导下,香港金融管理局要采取合理措施,做好预防工作,将互联网金融交易过程中的风险控制在合理范围,保证金融市场的有序和稳定发展,同时还要鼓励互联网金融企业积极创新。

香港开展互联网金融监管工作的另一经验就是制定了完善的监管制度。从香港回归开始,香港金融管理局颁布了一系列的监管法律、条例和制度,明确了市场的准入制度、业务发展范围、监管模式和方式等内容,严格规定了网上银行审核程序,并建立了风险预防机制。完善的监督制度为香港互联网金融的发展起到了"保驾护航"的作用。

3. 新加坡的互联网金融监管经验

新加坡负责互联网金融监管具体工作的部门是新加坡金融管理局,该机构工作所秉承的核心原则是坚持以风险为核心,从"硬件""软件"两方面开展监管工作,既要求互联网金融机构加强相关技术配套设施的建设,同时还要求加强对各相关企业风险的监控,各企业需严格按照监管原则,采取谨慎的措施来降低相关风险。在具体的监管工作中,新加坡金融管理局通过颁布政策、法律、说明等,努力构建起完善的监管体系,同时强调互联网金融企业要主动将业务交易中可能发生的风险告知客户,加强信息的披露力度。

在控制互联网金融风险方面,新加坡要求各互联网企业在执行相关监管政策的基础上,秉承审慎原则,制定并落实较为详细的措施:一是在网站首页、企业制度细则等方面明确告知相应的声明、通知等,并在企业内部构建起网络金融监管体系;二是要加强对技术风险的关注和监管力度;三是要加强相关信息的披露,增强透明度。

4. 印度的互联网金融监管经验

印度政府在互联网金融监管工作方面的侧重点在于技术及安全标准，其中主导机构是印度储备银行。互联网金融的系统安全、金融业务的外包风险以及相关企业的信用风险是其关注的重点。鉴于此，印度储备银行提出了以下规定：一是互联网金融机构要定期提供关于系统维护及系统安全管理的相关证明；二是对于相关业务外包工作的监管应进一步加强，降低外包风险；三是互联网金融机构的超级链接不应使客户误认为金融机构对某种与业务无关的特定产品或服务提供了担保，最大限度地控制信用风险。

三、互联网金融的监管策略

发展互联网金融是丰富我国金融业务、推动金融行业改革、促进我国社会经济发展的一种重要途径，其在国民经济发展中的地位越来越重要。近年来，互联网金融在取得快速发展成绩的同时，也暴露出一些问题和缺陷，其产生的金融风险较传统金融行业的风险，影响范围更广、风险规模更大、传播速度更快，这些因素很大程度上限制了互联网金融的健康发展，因此互联网金融监管工作就显得格外重要。近些年国家逐渐意识到了这一问题，也采取了一定的措施来加强对互联网金融的监管，2016年4月国务院颁布了《互联网金融风险专项整治工作实施方案》，该方案对互联网金融监管工作作出了规定，对P2P网络借贷、股权众筹、互联网保险、第三方支付、通过互联网开展资产管理及跨界从事金融业务、互联网金融领域广告等重点领域要区别对待、分类施策，集中力量进行整治，同时要及时总结经验，尽早建立起健全的互联网金融监管长效机制。

目前我国互联网金融监管法律体系建设尚不完善，主要体现在存在法律监管重叠、法律监管空挡、监管内容不明确、监管职责不清晰等方面，针对这些问题，我国应从以下几方面着手。

一是要通过人大立法，使互联网金融监管做到统一。截止到目前，我国还没有一个专门的、统一的法律来从总体上对互联网金融进行监管。按照我国的国情以及互联网金融监管工作的需要，全国人大应以立法形式通过一部专门的法律，并明确负责监管工作的职能部门，按照互联网金融的业务种类，将这些业务种类清晰地划分给具体的监管部门。也就是说，尽量通过法律的形式，明确我国互联网金融监管的主要部门，以及各部门主要负责监管的互联网金融业务种类，使统一监管原则和监管目标，统一和协调整个监管法律体系成为可能。同时从整体上明确监管职责，可以最大限度地减少监管冲突情况的出现。

二是通过行政立法的形式，明确我国互联网金融机构的主体地位和业务范围。目前我国法律只认可第三方支付机构的主体地位，其他互联网金融机构，如众筹机构、网络借贷机构等的主体地位我国法律尚不承认,因此这些机构的具体业务经营范围也没有明确。如果可以通过法律形式使这些金融机构得到认可,那么就可以顺势明确其业务经营范围,界定各个业务种类的经营边界,减少监管政策的空白及灰色区域,同时监管政策的稳定性和持续性还可以得到保障。此外,针对已经发行且目前正在沿用,但与现实发展情况相比已明显滞后的法律,国家应及时地进行修正和完善,从而确保监管工作能够做到"有法可依、有法必依"。

三是要完善互联网金融监管的具体细则。我国应在监管法律体系的基础上,进一步细化监管措施,明确监管工作的具体政策和手段,使得监管法律体系科学落实,保证法律体系的可操作性,同时该举措还能够强化对监管机构和监管者的监督和约束。此外,我国还应注重互联网金融监管法律体系的完善与建设,并与监管法律相互协调配合,以法律作为补充,弥补互联网金融监管法律体系中的空白区域,构建出完善的监管法律体系,框架如下。

1. 打破现有监管格局,建立统一的监管平台

从历史沿革来看,中国人民银行扮演着重要的角色,监管职能几乎由其一家承担,后来因为各个领域的专业化程度不断加深,为了使监管工作更加专业化,从而陆续成立了三会,而在2018年银监会和保监会两会合并成立银保监会,目前两会一行分业监管,各司其职。这种分业监管对我国的金融监管发挥了重要的积极作用。而近几年随着互联网金融企业的蓬勃发展,各个互联网金融企业推出的产品种类众多,涉及领域极广,是典型的混业经营。以阿里巴巴集团为例,其旗下的蚂蚁金服是专门经营互联网金融的子公司,我们熟悉的支付宝、余额宝、蚂蚁花呗等应用都是其互联网金融产品,支付宝是典型的第三方支付结算类产品;余额宝是货币基金产品;蚂蚁花呗是小额消费信贷产品;招财宝是P2P理财产品;芝麻信用是第三方征信机构;蚂蚁达客是股权众筹产品;蚂蚁微贷是小额信用贷款。可见蚂蚁金服的产品已经涉及了几乎所有互联网金融领域,而且其产品与产品之间的联系也越来越紧密,如余额宝就是特别为支付宝中的余额打造的产品,招财宝平台的所有交易由支付宝提供第三方支付结算服务。面对此前从未出现过的企业产品之间联系如此紧密的情况,监管部门应做好应对措施。

2013年,尽管中国人民银行牵头提议了金融监管协调部际联席会议制度,但根据国务院批复的要求,由于该会议不刻制印章,不正式行文,所以行政权力不强,实质上仅是一个信息沟通会议。因此建议合并三会,成立"国家金融监管总局",或暂不合并三会,先成立一个由主管金融的副总理为主席的金融监管部级联席会议,并赋予一定的行政权力,促进各个监管专业之间的协调,避免各个监管文件之间的冲突,有效防范系统性。

2. 构建科学的监督评估体系

我国在传统金融行业的评级机制较为成熟,对行业内的金融机构以及客户群体的评级也较为科学,但是互联网金融发展到今天,我国还没有明确的监管机构和评价机制来对互联网金融机构和客户群体进行评级评估,对于监管机构来说,掌握互联网金融参与者的经营状况、信用状况等十分困难,无形中提升了监管的难度。

目前我国互联网金融发展的主要模式有传统金融机构在线化、第三方支付模式、网络借贷模式、网上理财模式等,构建监督评估体系可从互联网金融发展模式入手,针对每种经营模式制定特定的监督评估方法。对于经营两种以上金融模式的机构,则可以按照经营业务总量计算出各自所占的比重,然后以此确定评估权重,并运用加权综合的方法进行评估,这样能够使评估结果更加公正。

不同的互联网金融机构应制定不同的评估指标和评估内容,这些指标和内容应包括资本充足率、社会信用情况、盈利能力、流动性控制能力、科技风险防范能力等,在每个指标的框架内,再细分下一级评估指标,从而构建出多层级的评估指标体系,最后运用科学的评估方法得出最终的评估等级。

互联网金融机构的法人以及高级管理人员应被纳入多层级监管评估体系监督和评估的范畴。按照评价标准,在一定时期内(通常是一年)对其负责的业务板块的市场占有率、业务经营情况进行评价。

3. 建立基于大数据的风险预警机制

互联网金融传播速度快,一旦风险发生,短时间内风险影响的范围较广,甚至会影响到整个行业的发展。我国应在大数据的基础上,通过建立数据库、观测数据变化趋势等科学手段预测金融风险,并依照数据结果采取相应的风险应对措施,这就是所谓的基于大数据建立风险预警机制。建立风险预警机制是一项错综复杂的系统性工程,涉及面较广,相关利益主体较多,协调要求较高,我国在开发这一机制时应考虑到其困难性和长期性。

建立风险预警机制首先应建立一个统计口径统一、数据结构合理的金融行业数据库,开发过程中可以借鉴欧美等发达国家在数据库建设方面的先进经验,深入了解数据库建设的原理、方法、模式等,再结合我国互联网金融行业的实际发展现状,构建起一个数据覆盖面广、来源真实的动态数据库。数据库建成后,如何利用数据库也是十分重要的,即在数据中挖掘信息的过程中,金融监管部门及各金融机构主体要科学运用数据分析模式和方法,通过风险识别系统得出风险评估结果,对每次的评估结果及时总结,以此分析互联网金融风险发生的可能性、风险发生的类型,从而给金融行业提供预警提示。

基于大数据的风险预警机制的核心内容主要包括动态数据库的建立、数据的真实性和有效性、风险识别模型和方法的科学性、风险预警提示的及时性和动态性等,因此这对数据收集人员、数据收集方式、监管部门人员的综合素质、风险识别模型分析方法等要求很高。

此外,风险预警机制的运用要有一定限制,其一旦被滥用,很容易造成整个互联网金融行业的不稳定,而且对于风险预警的相关数据和信息的保密工作也至关重要,否则风险信息泄露后,会给不明真相的金融参与者带来恐慌感,由于互联网金融具有传播迅速的特点,市场很可能因此产生波动。现阶段我国互联网金融领域存在着混业经营的情况,这给互联网金融监管工作带来了不小的挑战,鉴于这种情况,我国应对现有的互联网金融业务展开调查,分析蕴藏在各个业务中的潜在风险,以此来制定监管措施,同时还要将措施逐步细化,以便日后监管工作的开展。

四、案例

e租宝案是指"钰诚系"下属的金易融(北京)网络科技有限公司运营的网络平台打着"网络金融"的旗号上线运营,"钰诚系"相关犯罪嫌疑人以高额利息为诱饵,虚构融资租赁项目,持续采用借新还旧、自我担保等方式大量非法吸收公众资金,累计交易发生额达700多亿元。警方初步查明,e租宝实际吸收资金500余亿元,涉及投资人约90万名。一年半内非法吸收资金500多亿元,受害投资人遍布全国31个省市区。

e租宝就是一个彻头彻尾的"庞氏骗局"。e租宝对外宣称,其经营模式是由集团下属的融资租赁公司与项目公司签订协议,然后在e租宝平台上以债权转让的形式发标融资;融到资金后,项目公司向租赁公司支付租金,租赁公司则向投资人支付收益和本金。在正常情况下,融资租赁公司赚取项目利差,而平台赚取中介费;然而,e租宝从一开始就是一场"空手套白狼"的骗局,其所谓的融资租赁项目根本名不副实。

e租宝原控制人丁宁承认:"我们虚构融资项目,把钱转给承租人,并给承租人好处费,再把资金转入我们公司的关联公司,以达到事实挪用的目的。"e租宝前后为此花了8亿多元向项目公司和中间人买资料。"钰诚系"多位高管都证实了用收买企业或者注册空壳公司等方式在e租宝平台上虚构项目的事实。

安徽钰诚融资租赁有限公司风险控制部总监雍磊称,丁宁指使专人用融资金额的1.5%~2%向企业买来信息,他所在的部门就负责把这些企业信息填入准备好的合同里,制成虚假的项目在e租宝平台上线。为了让投资人增强投资信心,他们还采用了更改企业注册金等方式包装项目。

在目前警方已查证的207家承租公司中,只有1家与钰诚租赁发生了真实的业务。有部分涉案企业甚至直到案发都被蒙在鼓里。公司曾通过钰诚集团旗下的担保公司向银行贷过款,对方因此掌握了公司的营业执照、税务登记证等资料;但直到2015年底他的企业银行账户被冻结后,他才从公安机关处得知自己的公司被e租宝冒名挂到网上融资。

"1元起投,随时赎回,高收益低风险"是e租宝的宣传口号。许多投资人表示,他们就是听信了e租宝保本保息、灵活支取的承诺才上当受骗的。e租宝共推出过

6款产品,预期年化收益率为9%~14.6%,远高于一般银行理财产品的收益率。最高法在2010年出台的关于非法集资犯罪的司法解释里明确说明,不能用承诺回报引诱投资者。实际上,由于金融行业天然的风险性,承诺保本保息本身就违背客观规律。银保监会更是明确要求,各商业银行在销售理财产品时必须进行风险提示。

但是,e租宝抓住了部分老百姓对金融知识了解不多的弱点,用虚假的承诺编织了一个"陷阱"。为了加快扩张速度,钰诚集团还在各地设立了大量分公司和代销公司,直接面对老百姓"贴身推销"。其地推人员除了推荐e租宝的产品外,甚至还会"热心"地为他们提供开通网银、注册平台等服务。正是在这种强大攻势下,e租宝仅用一年半的时间,就吸引来90多万实际投资人,客户遍布全国。

2018年2月7日,北京市第一中级人民法院已对被告单位安徽钰诚控股集团、钰诚国际控股集团有限公司被告人丁宁、丁甸、张敏等26人所犯集资诈骗罪、非法吸收公众存款罪、走私贵重金属罪、偷越国境罪、非法持有枪支罪一案立案执行。

第六章 互联网金融的发展前景

第一节 互联网金融的发展机遇及挑战

近年来,我国互联网金融发展十分迅猛,受到社会各界的密切关注,给人们带来了全新的金融服务模式和更好的体验,在一定程度上,对传统的金融行业造成了一定的冲击。但由于互联网金融是新兴事物,在我国发展时间尚短,其在发展过程中面临着诸多的不确定性,未来必然会遇到各种不同的问题和风险,但也会遇到很多机遇。因此,必须正确地判断和认识当前我国互联网金融发展过程中面临的机遇和挑战,并采取有效的措施,才能使互联网金融步入健康良性发展的轨道,更好地发挥金融在经济社会发展中的积极作用。

一、我国互联网金融的发展机遇

1. 弥补传统金融供给缺陷,对我国金融体系的完善进行补充

传统金融中小微金融供给不足,互联网金融的出现恰好可以提供有效的补充。自改革开放以来,我国的经济结构发生了显著的变化,国有经济一家独大的现象正在转变,中小企业和民营经济发展迅速。但在金融领域中,国有金融独大、民间资本弱小的现象仍十分明显,金融资源在国有经济、民营经济与小微企业之间分布失衡的问题仍比较突出。除此之外,互联网金融机构不具备商业银行的大额授信能力。由于资产规模和资本实力相差较大,商业银行等金融机构可以从事大规模的授信业务,其服务群体或客户相对宽泛,其中单一客户的利润总额尤为突出,由此带来的竞争优势显而易见,致使其更倾向于为大企业、大客户、大项目提供信贷融资服务。由于受到自身资产规模较小和资本实力较弱的限制,互联网金融机构的单一客户信贷投放额度较为有限,经营范围和业务对象的范围相对较小。因此,互联网金融机构将其战略发展定位于"草根金融",服务于小微企业发展和个人创业,其正逐步成为弥补传统金融供给缺陷的重要力量。

2. 随着经济转型发展可以带来更多的客户资源

经济转型发展能够创造更多的商业机会,小微企业的快速发展以及国家鼓励个人创业的政策能够为互联网金融机构带来更多的客户资源。互联网金融发展的定位主要集中于服务"小微企业""草根金融"等,随着我国经济转型,原有的经济发展方式发生转变,在新的经济发展环境下,中央提出"万众创业、大众创新"的口号,小微企业的数量得到了较为明显的上升,这为互联网金融的发展提供了广泛的客户资源。同时随着经济转型的深化,小微企业,尤其是科技型小微企业和以互联网为依托的网商、微商等微型企业,在数量与质量上得到较为明显的提升,这对于互联网金融的未来发展十分有利。

3. 互联网金融发展面临行业的整合升级

现阶段,互联网金融行业处于发展生命周期中的"成长阶段",面临着行业整合、转型升级的问题。经过2013年以来爆发式的增长,互联网金融行业的发展生命周期将逐步由高速成长期向成熟期转变,互联网金融机构数量的增长速度将逐步放慢;在不同的互联网金融机构之间会出现兼并重组、优胜劣汰的现象,不能适应经济金融环境变化的互联网金融机构将被逐步淘汰,具备一定实力和核心竞争力的互联网金融机构将不断地做大做强;不断推出新的金融产品与金融服务,行业内部的整合速度将显著加快。对于一些想要在互联网金融行业实现长远发展的企业来说,这是一个难得的机遇。此时的互联网金融机构更应采取强化内部管理、完善组织架构、创新产品服务、增强风险防控能力等具体措施来树立品牌、打造核心竞争力,才能在互联网金融行业大浪淘沙的发展中生存成长。

二、我国互联网金融发展面临的挑战

当今互联网金融发展迅猛,与我国金融市场化改革以及大数据、云计算、互联网现代信息技术的快速发展是分不开的。与此同时,金融市场化改革和科技进步将继续为互联网金融提供进一步快速发展的机遇,互联网金融的发展势不可挡。然而作为一种新兴事物,互联网金融的发展还面临着一系列挑战,如互联网金融模式创新不足、互联网金融发展存在风险、互联网金融发展受到打压以及法律监管的缺失等。

1. 互联网金融商业模式创新不足

商业模式的创新是决定互联网金融能否持续健康发展的直接因素,是决定互联网金融企业能否做大做强的关键因素。近年来,金融行业涌现出众多互联网金融相关的新产品、新公司,国内外互联网金融模式层见叠出,涌现出大数据金融、电商金融、P2P、众筹、互联网金融门户、直销银行等众多互联网金融模式。但此时,我们仍应保持理性、清醒的认识,目前我国互联网金融总体上处于快速发展的起步阶段,存在着金融模式创新不足、不成熟的问题。国内互联网金融模式经常模仿成功的金融模式,缺乏原生性、创新性。一方面,国内互联网金融企业大都"模仿"国外同类型企业,其商业模式只是将国外市场的互联网金融模式简单移植到国内市场,这导致企业没有或缺少原创性,从而使互联网金融模式陷入缺乏创新的困境。实际上,我国互联网金融的各种模式基本上都可以在美国找到原型。余额宝是一种金融创新的产品,受到广大用户的欢迎,但在 1999 年,美国支付公司 PayPal 就推出了与余额宝类似的产品——账户余额的货币市场基金。如今,PayPal 货币市场基金在货币金融市场销声匿迹,其主要原因是美国利率市场化导致 PayPal 货币市场基金收益率大幅缩水,从而导致与银行存款利率相差不大。2007 年以来,我国 P2P 网贷发展十分迅速,进入 P2P 网贷领域的企业迅速增加。P2P 网贷的兴起与我国金融市场不发达、银行等金融机构无法满足小微企业的融资需求等原因有关,还有一个重要原因就是模仿和引进国外 P2P 发展模式。另一方面,众多模仿者模仿国内已取得成功的互联网金融模式。在中国,跟风效应非常明显,一家成功的企业往往会成为其他企业争相模仿的对象,当前我国互联网金融的火爆与这种情况密切相关,但互联网金融过热也造成了潜在的危机。

2. 金融机构的竞争威胁

进入 21 世纪以来,随着大部分商业银行的股改上市已经完成,我国商业银行的发展进入了一个新的阶段。股改上市之后的商业银行发展迅速,为我国金融业的整体转型发展注入了新的活力,不仅带来了新的管理理念、服务模式,还带来了新的企业发展文化,上市之后,商业银行的业务覆盖范围和服务深度都得到了明显的改善。在现阶段面对互联网金融的快速发展,以上市的商业银行为代表的传统金融业发展呈现出了新的特征,传统的息差业务收入在总收入中的占比不断降低,中间业务收入不断提升,商业银行自身的金融产品创新和服务创新能力不断增强。为了应对互联网金融快速发展带来的冲击,传统的商业银行在积极地进入互联网金融领域谋求发展,依靠原有的网络覆盖和客户资源优势,再加上资金、人才、管理等方面的优势,极大地增强了商业银行对互联网金融的竞争力,使互联网金融的发展受到来自商业银行竞争的威胁。

互联网公司尤其是行业巨头企业纷纷拓展金融业务(如腾讯、百度、京东等公司效仿龙头企业阿里巴巴公司进军金融业,建立互联网金融发展运行机构),对互联网金融机构造成巨大的竞争压力。新经济呈现的特征之一就是互联网技术的普及与推广,生产效率由此得到了一定程度的提升,随着新技术、新模式的不断出现与应用,互联网产业在实现自身快速发展的同时,加速向金融领域渗透、融合,以互联网公司为母公司的新的互联网金融机构不断出现,对现有的互联网金融机构和传统金融业产生了显著的影响。从相关数据来看,截至 2019 年 6 月,我国网民规模达到 8.54 亿人;互联网普及率超过 60%,其中网购人群规模达 6.38 亿人。数据表明,互联网金融企业具有较强的客户资源优势和网络信息技术优势,给传统金融机构带来了竞争的威胁。

随着经济、金融全球化的推进,金融业的发展问题已是一个高度国际化的问题。互联网金融的本质是金融,但它不等同于传统金融,其互联网化的发展模式使互联网金融具有更强的扩张性。在我国现有的金融发展环境中,随着人民币国际化的不断深化,有关金融领域的准入限制条款正在变少,标准有所降低,国外互联网金融机构进入中国市场的趋势日益明显,如 Lending Club 等在西方发达国家发展较为成熟的互联网金融公司都纷纷制定了进入中国市场发展的计划,凭借先进的理念、雄厚的实力、富有吸引力的产品和良好的服务,将对我国本土的互联网金融业带来竞争的威胁。

3. 互联网金融风险事故频发

2013 年是中国互联网金融发展元年,各类 P2P 平台和众筹平台如雨后春笋般疯狂生长。2014 年底开始出现大量 P2P 平台"跑路潮",2015 年这一情况愈演愈烈,直到涉及投资人最多、金额最大的 e 租宝非法集资案的爆发,将互联网金融推到了舆论的风口浪尖。根据网络公开资料统计,2014 年以来有 11 起涉及互联网金融的案件已经被定性,其中有 7 件案件被定性为"非法吸收公众存款",有 4 起案件被定性为"非法集资"。在互联网金融的发展过程中,不仅涉案数量增多,涉案金额也屡创新高。2018 年 6 月 15 日,累计交易额超过 750 亿元的 P2P 平台"唐小僧"发布公告:该平台将于 6 月 15 日至 19 日进行系统升级,系统升级期间暂停运营。6 月 19 日,"唐小僧"平台因涉嫌"非法吸收公众存款罪"被上海市公安局浦东分局经侦支队立案调查。"唐小僧"的"爆雷"事件很快引发了一系列"连锁反应":这一案件发生不久,联璧金融、小诸葛金服等 P2P 平台相继出现资金链断裂或负责人跑路的情况;7 月,P2P 平台"爆雷潮"呈现持续发展的态势,相继有四家交易规模高达"百亿级"的 P2P 平台停业,包括钱爸爸(累计交易金额 300 亿元)、牛板金(累计交易金额 390 亿元)、银票网(累计交易金额 140 亿元)、投融家(累计交易金额 103 亿元);除此之外,还有很多交易规模较小的 P2P 平台也卷入"爆雷潮"。互联网金融风险的集中爆发严重危害了金融行业的稳定以及社会的稳定,阻碍了互联网金融的发展,成为人们关注的焦点。

第二节　互联网金融未来的发展方向

互联网的迅猛发展引发了客户消费模式的深度变革,打破了传统行业的竞争格局,带来了极大的社会经济变化。互联网的规模不断扩大,互联网技术日新月异,P2P、众筹、网上理财等互联网金融模式异军突起,互联网金融进入快速成长期。在新的竞争环境下,各界人士对互联网金融未来的发展方向、互联网金融能否全面替代传统商业银行、能否打破金融业的传统格局等问题尤为关注。互联网金融未来的发展方向如下。

1. 行业规范进程加快

现如今,互联网金融已经不再是新生事物,但受众仍长期对其保持着新鲜感。受众们一直对互联网金融保持着新鲜感的原因主要有两个方面。第一,互联网金融行业正在不断地创新。例如,金融模式从最先出现的网络借贷平台发展到消费金融、大数据金融、科技金融等,互联网金融一直具有新颖性。第二,发展良好的互联网金融公司十分注重用户体验,通过各种金融模式为用户提供便利、营造客户体验场景,以增强用户黏性。

上述两点都符合产品以及企业的成长周期规律,人们往往只会关注产品的成长期和成熟期,而不会关注产品的衰退期。如果金融企业能不断创新金融产品、不断提升重要用户的客户体验,那么该企业将会长期处于发展期,令企业及其产品始终保持自身优势,与传统产业不同,互联网金融企业做到了这一点,这也正是互联网金融未来发展的一大趋势。

互联网金融是金融产业的重要组成部分,健康的行业环境是产业发展的重要基础,虽然我国在互联网金融领域的政策和监管已经日益趋严,但互联网金融企业损害客户利益、侵害客户资产的情况仍然层出不穷。现阶段,防范系统性风险是我国金融工作的重中之重。十九大报告中指出要健全金融监管体系,堵住金融系统中所存在的各种漏洞。在这一报告中,互联网金融产业也在这一整治范围之内,该行业迫切需要向理性化、规范化方向健康发展。

自2016年互联网金融行业首部监管暂行办法出台以来,我国各监管部门逐渐加强对互联网金融行业的监管。在监管日益严格和互联网金融发展迅速这一背景的催化下,金融能够更大限度地发挥出在社会资源分配中的作用,充分发挥其产业优势,继续朝着好的方向发展。这表明互联网金融的发展需要在合法合规的约束下寻找更大的发展空间。

合法合规是互联网金融发展的基础。合法合规的平台不仅有利于行业整体的健康发展、降低系统性风险,更有利于企业塑造自己的品牌、吸引投资、获得大批忠实用户。在互联网金融产业日新月异的发展下,未来会遇到很多不可预见的问题,监管机构需要出台更加规范严格的制度,防止投机倒把者投机,防止某些互联网金融产品游走在灰色边界,让行业治理和产品创新同步进行。在监管趋严和信用社会不断发展的情况下,互联网金融产业将会不断提升合法合规意识,主动进行自律,加强风险管控,以此来保障金融秩序。

随着监管强度的加大,我国连续出台了一系列重磅监管文件。其中,银监会在2017年2月和8月分别下发了《网络借贷资金存管业务指引》和《网络借贷信息中介机构业务活动信息披露指引》,这两个文件的出台标志着网贷行业存管、备案、信息披露三大主要合规政策悉数落地。

如此，未来互联网金融产业的合法合规化是不可避免的趋势，加强风险管控、保障金融行业的健康发展是互联网金融企业的重要责任。

2. 互联网金融监管加强

合法合规是互联网金融未来健康发展的前提，企业发展必须坚持合法合规为首要原则，加强风险管控，提高识别风险与化解风险的能力，唯有这样才能更好地履行企业社会责任，在金融发展的道路上走得更稳、更远。

2013年，互联网金融热潮席卷中国，越来越多的公司吹响了进军互联网金融的号角，主要体现在以下几个方面：以阿里巴巴、腾讯为代表的互联网企业纷纷推出各自的互联网金融产品，如余额宝、娱乐宝、财付通、微信支付等；电子商务的供应链金融模式、P2P网贷模式以及众筹模式相继出现；第三方网贷平台正式拿到互联网保险公司牌照；金融机构、商业银行都加快了其业务运营模式的转型等。毫无疑问，互联网金融有利于满足小微企业投融资的需要，提高金融服务水平，降低相关交易成本，推进市场利率化，增加百姓投资渠道和投资收益。作为一种新生事物，互联网金融在快速发展的同时，不可避免地会遇到大量的问题和风险。在2013年的互联网金融大会上，中国人民银行领导明确提出，互联网金融有两个底线不能突破：一是非法吸收公共存款；二是非法集资，P2P平台不能设立资金池。在2014年1月16日举办的中国互联网金融高层论坛上，中国人民银行官员指出，互联网金融存在三个方面的风险：第一方面，机构没有明确的法律定位边界，其可能游走在灰色地带；第二方面，部分互联网金融还没有建立起完备的资金第三方存款制度，导致客户资金安全存在隐患；第三方面，金融机构不具有健全的内控制度，可能会引发各种经营性风险的爆发。

在互联网金融的发展过程中出现的问题很多，例如，不少公司为了提高基金产品的销量，在承诺高收益率的同时忽视了存在的风险。一旦互联网金融发生系统性风险或突发事件，可能会造成大规模挤兑以及社会恐慌，这将会给整个金融体系造成灾难性的影响。互联网金融并没有改变金融的本质，它实质上也是金融，并不是新金融，但它也并不等同于金融。即便如此，我们也应该按照现有的金融法规将其纳入监管的范畴，而不能简单地任其发展、随波逐流。因此，在鼓励互联网金融创新的同时，必须加强互联网金融监管，建立针对互联网金融的监管机制。加强监管并不是要抑制互联网金融的发展，更不是要遏制金融领域的创新，而是要扫除以互联网金融为名的不法金融活动，防范互联网金融风险，建立完善健全的"游戏规则"，为全行业的发展创造良好的发展环境。我国目前的互联网金融监管机制尚不完善，很多金融创新都是处于灰色边界的创新，如果没有完善的监管机制对其约束，未来将会给互联网金融行业的发展带来巨大的阻碍。

对互联网金融加强监管是金融行业发展的必然趋势。金融市场的发展要求监管部门要及时发现并研究发展过程中出现的新问题,制定有效的新对策。在立法层面和政策层面,应该鼓励金融创新;在技术层面,应该解决消费者权益保护的问题,防范系统性风险,以更好地促进互联网金融行业的健康发展。对互联网金融行业加强监管的同时,必须尊重这个新生金融产品的自身特点。需要警惕的是,一些传统银行在"喊话"加强监管的背后是遏制竞争对手的发展。监管是为了让互联网金融更好地发展,而不是利用监管来阻碍它的发展,更不能让监管手段成为传统银行维护其既得利益的工具。加强监管不能以牺牲"鼓励金融创新"为代价,应以维持金融市场的稳定、维护消费者权益、规范市场秩序、加强风险管控为导向,寻找监管和鼓励其发展的平衡,给予互联网金融创新更多、更大的发展空间。同时,要更好地发挥市场在资源配置中的决定性作用,以及政府在资源配置中的调节作用。未来,互联网金融持续发展的趋势不会改变,鼓励金融创新与加强监管应同步进行。疏于监督,泡沫必将破裂,这将给金融市场带来灾难性的后果。

3. 互联网金融对传统金融行业的影响加大

秩序正常的金融能够为实体经济提供更好的服务。在当代社会经济快速发展的情况下,互联网金融产业未来的发展趋势就是使互联网金融在实体经济服务中发挥最大的效用。在提供金融服务的过程中,互联网的促进作用在于打破了信息不对称性,为资金供应方和资金需求方提供了重要的桥梁,同时优化金融供应链结构,减少大量不必要环节,降低实体产业的融资成本。在互联网金融产业不断增多的情况下,实体产业将有更多的融资渠道可以选择;同时,在互联网大数据征信的快速发展下,资金方会了解到更多的融资者信用信息,以便于金融行业对风险的把控,降低融资风险,制定与实体产业融资者相符合的借贷金融产品,充分利用资金的价值,推动资金流向精准产业群体。

传统金融行业如银行机构,在实业产业的细分中,会有诸多的部门机构,如房地产、农业、能源、制造业等。这是因为不同领域涉及的金融应用方式有所不同。早期的互联网金融涉及范围十分广泛,也在一定程度上导致互联网金融在涉足相关行业时不断遇到难题。因此,不断有互联网金融公司选择进入专业化领域,专注发展某个技术型领域,并在该领域做大做强,为金融行业的发展做出自己的贡献。正因为如此,专业型、垂直型的互联网金融公司才能为众多的中小微企业提供相应的金融服务,以此实现多种类型的小额化金融,进而实现普惠金融的深入化。

互联网金融是新兴事物,富有活力和创造力,不仅具有额度较小、方便快捷的特点,而且具有强大的信息处理能力,在组织模式方面也有一定的优势。互联网金融利用这一点极大地降低了金融交易的成本,很好地解决了许多传统金融体系不能很好解决的问题,如融资、理财、移动支付等。互联网金融大大拓展了金融服务的生产可能性边界,使以前不能获得传统金融支持的主体也可以得到金融支持。从短期角度来看,互联网金融游离于传统金融服务之外的市场上,当然从长期角度来看，互联网金融并不仅仅局限于被传统金融所忽视的市场，也会向传统金融的核心业务领域发展，给传统金融带来越来越大的挑战。

互联网金融顺应互联网发展的趋势，顺应客户消费方式的变化，为客户提供良好的体验，因此，必将得到越来越多投资者的喜爱。如今，人们的生活离不开互联网和移动互联网。人们可以在网上购物、订餐、交友，甚至可以在网上交水费、电费以及电话费。互联网正在加快向传统行业发展的步伐，并与之融合。互联网消费在人们生活中扮演着不可替代的角色。因为互联网金融迎合了广大用户的互联网消费需求的变化趋势，让用户足不出户就可以享受到便捷的金融服务，所以它深受用户的欢迎，节约了用户的交易成本、出行成本、时间成本。未来，越来越多的人将会在网络上办理金融业务，不再去银行营业网点办理各类金融业务，这将会导致营业网点逐步被互联网所取代。

现阶段，互联网金融的发展速度超乎我们的想象，已经渗透到我们生活中，渗透到金融服务的各个领域，包括支付、基金、担保、融资、投资理财、保险、小额贷款和银行业务等各个方面。互联网金融发展迅猛最关键的原因是互联网崇尚普惠金融。互联网与金融结合在一起，必然符合互联网精神，让普通大众都能享受到金融服务，让人们感受到传统金融机构不愿提供的平民化、大众化的金融服务。我国互联网金融热潮的出现说明一个问题，就是我国的互联网金融还不够发达，我国的资本市场特别是银行存款市场还没有真正实现市场化。因此，从另外一个角度说明，互联网金融的发展有利于推进利率市场化，有利于推动金融市场的开放和创新。

互联网金融对传统金融的影响逐步加大，这是人力所不能控制的，任何扼杀互联网金融发展的做法都是违背社会经济发展规律的，必将受到经济规律的惩罚。当然，互联网金融和传统金融业不是势不两立的关系，而是共生共荣、相互补充、相互促进、共同发展的关系。正如网络视频不能完全取代传统电视、电子书不能完全取代纸质书、电子商务不能完全替代零售业一样，互联网金融也不能完全取代传统金融业。但互联网金融的快速发展给传统银行业带来的挑战日益严峻，传统金融业必须高度重视互联网金融的发展，不能对其采取过分打压的策略，更不能采取"拿来主义"，只有切实转变发展观念和发展方式，学习和借鉴互联网的思维模式，充分利用既有的优势和专业知识，突破行业技术、观念、体制和机制等束缚，创新业务模式，以更加开放的姿态促进金融互联网的发展，加快吸收互联网金融的优势，推动传统金融企业转型升级。唯有如此，才能更好地适应互联网以及移动互联网迅猛发展的需要。

4. 互联网金融向移动互联网金融方向转变

互联网金融快速发展必然推动移动互联网金融的发展。互联网金融出现以来，随着互联网规模不断扩大，迅速发展的互联网金融正在悄无声息地改变着我国的金融体系和金融服务方式。对互联网金融模式进行创新是互联网金融持续健康发展的关键,也必将促进移动互联网金融更好、更快地发展。

互联网金融充分利用它的开放性,将资金需求方和资金供给方精准联系起来,实现透明化地精准对接。引导资金流向最需要的人群,从而精准助力实体经济,引导实体经济脱虚向实。2017年7月召开的全国金融工作会议将服务实体经济作为金融工作的首要原则和首要任务,可见中央极其重视互联网金融的发展。在此背景下,互联网金融回归服务实体经济的功能将进一步得到增强,这也是今后互联网金融行业发展的重要趋势。

金融必须服务于实体经济,其核心是降低金融虚拟化程度、回归本源,向直接服务实体经济转变。这就需要金融机构将不同的金融产品灵活地组合起来,提供差异化、多样化的综合服务,防范和化解金融风险,推动企业的转型升级。当前,移动互联网、大数据、云计算的发展十分迅猛,它们与互联网金融的结合,会将信息不对称带来的影响降到最低限度,互联网金融未来具有巨大的成长空间,充满无限的可能。引人注目的是移动互联网发展迅猛,未来互联网金融向移动互联网金融转变的趋势不可阻挡,移动互联网金融的发展前景更为广阔。移动互联网将移动通信和互联网结合在一起,可以满足用户在任何时间、任何地点、以任何方式获取和处理信息的需求。近几年来,移动互联网与传统行业融合发展的步伐逐步加快,移动互联网在推动社会信息化建设、促进行业发展、丰富人民群众文化娱乐生活等方面发挥了重要作用,移动互联网的发展也孕育了无限商机,其市场前景十分广阔。

自2007年9月苹果iPhone面世以来,移动互联网发生了翻天覆地的变化,带宽、智能终端、操作系统、软件和云端服务合力推动着移动互联网不断创新,移动互联网用户规模得到了爆发式的增长。如今,移动互联网正逐渐渗透到人们日常生活、工作、娱乐活动的方方面面。随着3G、4G、5G通信技术的快速发展,智能终端价格和电信资费逐步降低,智能终端不断进行更新换代,移动互联网无处不在,带领人们进入互联网发展的新时代,开启了更多用户的移动互联网生活,有力地改变着人们的行为模式和生活习惯。

移动互联网金融是基于移动互联网平台发展而成的金融形态。移动互联网发展迅速,并正在快速改变人们的生活方式,甚至对金融政策的实施产生不可预测的影响。移动互联网金融是以移动信息技术进步、移动互联网发展为基础的。移动互联网使金融产品能够随时随地进行交易,降低了交易成本,技术的进步、手机的普及使互联网金融进入广大普通民众的日常生活中。

移动互联网和互联网金融是当前市场的两大热点,两者融合必将给金融行业带来巨大的发展潜力。随着移动通信技术的日新月异、智能终端的发展和普及以及移动安全技术的快速发展,移动互联网金融服务范围不断变大、金融产品创新和内涵不断拓展。基于移动互联网的迅猛发展,我国移动互联网金融也呈现快速发展的势头,移动互联网金融作为互联网金融领域的蓝海市场,未来发展潜力深不可测。

唯有"移动"起来的金融,才具备在下一个周期继续参与竞争的资格和生命力。在这些事物当中,大数据、云计算和应用社交将给金融行业带来更多新的机遇,并将使金融行业逐步"移动化""社交化""云化",给金融行业带来许多新的具有移动互联网特点的金融模式。这种金融模式将具有低成本、方便快捷的特点,能够使人们不受地点和时间的限制享受金融服务。移动互联网能够体现"定位、轨迹、社交、圈子、喜好"五大特点,而依据这五大特点,移动互联网金融将会创造出更多的金融产品。可以预见,移动互联网金融将与人们日常生活更加紧密地结合在一起,在衣食住行、娱乐和社交中将会出现更多的互联网金融创新。在以后的发展中,移动互联网金融将成为互联网金融行业最耀眼的存在。

5. 投资群体年轻化,服务更注重用户体验

随着智能手机、移动互联网的快速普及,手机已经成人们日常生活中必不可少的一部分,此外,以移动支付为切入点,伴随着移动互联网与金融的深入结合,出现了很多更加丰富化、多样化的移动金融产品,如移动基金、移动网上银行、移动保险等产品。通过手机移动端,人们即使足不出户,也可以享受到以前享受不到的金融服务。

年轻用户是互联网的中坚力量,据相关数据统计,80后、90后占到互联网金融消费群体的70%以上。这个年龄段的群体虽然不是社会财富最大的拥有者,却是接触互联网最多的群体,他们大都喜欢冒险、崇尚创新、热爱自由,这与互联网能最快获取信息的特质吻合。

此外,互联网金融平台能够提供多样化的创新产品来满足用户对于投资、资金的多元化需求,同时,互联网金融的发展更加注重用户体验。其技术不断提升,预计未来不仅是软件的提升,相应的硬件设备也会不断进行改进。譬如技术安全方面,指纹、虹膜、人脸、步态等技术会不断进步;软件应用方面,智能化技术会不断提升,为用户提供更好的体验。

参 考 文 献

[1] 廖理.全球互联网金融商业模式:格局与发展[M].北京:机械工业出版社,2017:250-270.
[2] 姚文平.互联网金融[M].北京:中信出版社,2014:3-19.
[3] 艾瑞咨询.2015互联网金融风险控制研究报告[R].2015.
[4] 艾瑞咨询.2015年中国互联网金融发展格局研究报告[R].2015.
[5] 艾瑞咨询.不再野蛮——2016年中国互联网金融发展报告[R].2016.
[6] 艾瑞咨询.如今薄宦老天涯——2017年中国互联网金融行业发展报告[R].2017.
[7] 艾瑞咨询.寥落寒山对虚牖——2019年中国互联网金融行业监测报告[R].2019.
[8] 易观.中国网上银行市场季度监测报告2018年第4季度报告[R].2019.
[9] 易观.中国第三方支付互联网支付市场季度监测报告2018年第4季度报告[R].2019.
[10] 柏亮.中国众筹行业发展报告(上)[M].北京:中国经济出版社,2017.
[11] 吴晓光.浅谈网络融资业务在我国的发展与监管[J].浙江金融,2011(6):29-32.
[12] 朱玲.股权众筹在中国的合法化研究[J].吉林金融研究,2014(6):13-20.
[13] 谢平,邹传伟.互联网金融模式研究[J].金融研究,2012,12:11-22.
[14] 黄健青,辛乔利."众筹"——新型网络融资模式的概念、特点及启示[J].国际金融,2013(9):64-69.
[15] 胡吉祥,吴颖萌.众筹融资的发展及监管[J].证券市场导报,2013(12):60-65.
[16] 苗文龙,刘海二.互联网众筹融资及其激励机制与风险管理——基于金融市场分层的视角[J].金融监管研究,2014(7):1-22.
[17] 孟韬,张黎明,董大海.众筹的发展及其商业模式研究[J].管理现代化,2014(2):50-53.
[18] 廖理.互联网金融需按业态监管 P2P和众筹是金融监管的最大挑战[J].中

国经济周刊,2014(20):27.

[19] 前瞻产业研究院. 2016—2021年中国众筹行业市场前瞻与投资规划分析报告[R].2016.

[20] 谢作翰.我国众筹融资市场发展现状与趋势浅谈[J].科技经济市场,2016,(7):125-126.

[21] 鞠冉.互联网金融下的非营利性众筹融资模式分析[J].社会科学辑刊,2014(3):101-104.

[22] 刘姝姝.众筹融资模式的发展、监管趋势及对我国的启示[J].金融与经济,2014(7):89-90.

[23] 寒雨.众筹的力量[J].创业邦,2011(2):79-79.

[24] 艾瑞咨询.2015年中国权益众筹市场研究报告[R].2015.

[25] 范家琛.众筹商业模式研究[J].企业经济,2013(8):4-6.

[26] 郭子扬.互联网众筹模式和风险管理[D].杭州:浙江大学,2017.

[27] 胡吉祥.众筹的本土化发展探索[J].证券市场导报,2014(9):4-10.

[28] 徐韶华,何日贵,兰王盛,等.众筹网络融资风险与监管研究[J].浙江金融,2014(10):10-15.

[29] 王江,廖理,张金宝.消费金融研究综述[J].经济研究,2010,45(S1):5-29.

[30] 黄小强.我国互联网消费金融的界定、发展现状及建议[J].武汉金融,2015(10):39-41.

[31] 孙国峰.中国消费金融的现状、展望与政策建议[J].金融论坛,2018,23(2):3-8.

[32] 金露露,李游.互联网金融背景下大学生分期购物平台风险研究[J].淮南师范学院学报,2015(5):31-34.

[33] 鄂春林.基于场景视角的互联网金融资产端创新[J].新金融,2017(2):45-49.

[34] 胡兵.电商消费金融的发展之道[J].人民论坛,2018(16):114-115.

[35] 彭飞,向宇.消费金融公司国际比较及其借鉴[J].西南金融,2014(7):39-42.

[36] 罗恩泰.汽车金融公司的优势[J].中国金融,2016(11):30-31.

[37] 宗楠.基于产业链视角的互联网消费金融的风险及监管研究[J].长春金融高等专科学校学报,2017(2):65-70.

[38] 钟奇霖.蚂蚁花呗、京东白条等新型消费方式的盈利模式探析[J].中国国际财经(中英文),2018(4):190-191.

[39] 赵华伟,郭强,彭云.互联网金融[M].北京:清华大学出版社,2017:280.

[40] 彭志雄.我国互联网消费金融分析报告[D].成都:西南民族大学,2017.

[41] 李小龙.我国互联网消费金融风险及其防范研究[D].合肥:安徽大学,2017.

[42] 张宝明,李学迁.网络金融[M].北京:清华大学出版社,2017:225-226.

[43] 赵永新,于婧,监文慧,等.互联网金融理论与实务[M].北京:清华大学出版社,2017:98-104.

[44] 果怀恩.互联网金融:概念 体系 案例[M].北京:人民邮电出版社,2017.

[45] 芮晓武,刘烈宏.中国互联网金融发展报告[M].北京:社会科学文献出版社,2014.

[46] 孙央.互联网基金销售的法律监管探究[D].上海:华东政法大学,2014.

[47] 基金代销收紧 销售牌照价格连续上涨.(2016-10-07)[2020-07-22].https://mp.weixin.qq.com/s/DQr9qDQ5BqWurClCqlKu9g.

[48] 余额宝之后,互联网基金销售兴起这个新玩法.(2016-09-16)[2020-07-22].https://m.huxiu.com/article/163825.html.

[49] 关于互联网基金销售的相关问题.(2015-03-10)[2020-07-22].http://www.csrc.gov.cn/pub/hubei/xxfw/tzzsyd/zqtz/201503/t20150310_269865.htm.

[50] 互联网基金销售的模式及发展.(2017-03-03)[2020-07-22].https://www.weiyangx.com/233758.html.

[51] 庞小凤,马涛.我国互联网信托发展及其业务思考[J].现代经济探讨,2016(7):52-55.

[52] 姚崇慧.拆解"灰色"互联网信托[J].中国外汇,2017(14):64-66.

[53] 谭明月.我国互联网信托发展现状分析[J].商场现代化,2014(20):207.

[54] 谢平,吕雯,夏玉洁,等.金融互联网化:新趋势与新案例[M].北京:中信出版社,2017.

[55] 赵姿昂.互联网信托风险与法律制度之完善[J].人民法治,2016(1):43-45.

[56] 董晋粤.互联网金融模式及对信托业的影响分析[J].消费导刊,2017(10):106,124.

[57] 杨叶平.基于互联网的信托公司业务转型发展研究[J].中国市场,2017(14):23-24+39.

[58] 王波,罗云,陈彩云.中国互联网信托:内生逻辑、运营模式与风险规制[J].西安财经学院学报,2019,32(3):76-83.

[59] 中国保险行业协会.互联网保险行业发展报告[M].北京:中国财政经济出

版社,2014.

[60] 杨望,郭晓涛.资产证券化护航消费金融创新发展[J].当代金融家,2017(12):82-85.

[61] 从蚂蚁金服看我国互联网保险的发展.(2017-01-06)[2020-07-22].https://stock.pingan.com/main/a/20170106/12657545.shtml.

[62] 中国人民银行开封市中心支行课题组.大数据金融体系建设与应用研究——以兰考普惠金融改革试验区为范本[J].金融理论与实践,2017(6):105-109.

[63] 吕秀梅.大数据金融下的中小微企业信用评估[J].财会月刊,2019(13):22-27.

[64] 陈剑,王艳,郭杰群.大数据金融及信用风险管理[J].网络新媒体技术,2015,4(3):8-12+18.

[65] 卢琦,陈伯韬,阮曦博.大数据背景下互联网征信产业的潜在风险及对策[J].市场研究,2018(7):36-38.

[66] 王伟.互联网个人征信体系怎么建[J].人民论坛,2018(14):72-73.

[67] 吴凤君,陈昕瑶.互联网征信中个人信息法律保护——以芝麻信用为例[J].西南金融,2017(9):11-16.

[68] 冯雷.互联网金融与我国信用评级业发展路径选择[J].征信,2017,35(6):59-61.

[69] 赵娜娜.互联网金融背景下征信体系建设问题探讨[J].征信,2017,35(03):39-41.

[70] Lu Q H, Gu J, Huang J Z. Supply chain finance with partial credit guarantee provided by a third-party or a supplier[J]. Computers & Industrial Engineering,2019,135:440-455.

[71] 陆玲梅.供应链金融运作模式的案例分析[J].现代营销(下旬刊),2019(9):162-163.

[72] 蔡恒进,郭震.供应链金融服务新型框架探讨:区块链+大数据[J].理论探讨,2019(2):94-101.

[73] 吴睿,邓金堂.互联网+供应链金融:中小企业融资新思路[J].企业经济,2018,37(2):108-114.

[74] 宋华,卢强,喻开.供应链金融与银行借贷影响中小企业融资绩效的对比研究[J].管理学报,2017,14(6):897-907.

[75] 杨磊,唐瑞红,陈雪.科技型中小企业在线供应链金融创新融资模式[J].科

技管理研究,2016,36(19):214-219.

[76] 夏同水,冷倩.供应链金融探析[J].新疆大学学报(哲学·人文社会科学版),2016,44(2):32-40.

[77] 张保银,车佳玮.供应链金融下银行的应收账款融资定价决策[J].统计与决策,2016(3):51-54.

[78] 盛鑫,陈功玉.供应链金融业务创新策略选择研究——基于物流企业集群视角[J].技术经济与管理研究,2015(11):14-18.

[79] 李国英.论供应链金融与P2P平台融合[J].开放导报,2015(5):105-108.

[80] 王晓东,李文兴.供应链金融研究综述与展望——基于产业与金融互动机理[J].技术经济与管理研究,2015(7):100-103.

[81] 朱宁.网络视频平台的供应链金融服务研究[J].图书情报工作,2015,59(S1):256-260.

[82] 唐时达,李智华,李晓宏.供应链金融新趋势[J].中国金融,2015(10):40-41.

[83] 王灏.智能投资顾问服务之法律风险承担[J].暨南学报(哲学社会科学版),2019,41(8):27-38.

[84] 袁康,邓阳立.道德风险视域下的金融科技应用及其规制——以证券市场为例[J].证券市场导报,2019(7):13-19+40.

[85] 郭雳.智能投顾开展的制度去障与法律助推[J].政法论坛,2019,37(3):184-191.

[86] 陈娟,熊伟.智能投顾的业务属性和准入监管研究[J].金融监管研究,2019(4):46-61.

[87] 杨东,武雨佳.智能投顾中投资者适当性制度研究[J].国家检察官学院学报,2019,27(2):3-18.

[88] 刘沛佩.我国证券市场智能投顾发展的监管思考[J].证券市场导报,2019(01):62-69.

[89] 郑佳宁.论智能投顾运营者的民事责任——以信义义务为中心的展开[J].法学杂志,2018,39(10):62-72.

[90] 袁森英.我国证券智能投顾运营商市场准入制度的构建[J].西南政法大学学报,2018,20(3):56-64.

[91] 郭雳,赵继尧.智能投顾发展的法律挑战及其应对[J].证券市场导报,2018(6):71-78.

[92] 吴烨,叶林."智能投顾"的本质及规制路径[J].法学杂志,2018,39(5):

16-28.

[93] 曹宇青.金融科技时代下商业银行私人银行业务发展研究[J].新金融,2017(11):33-37.

[94] 黄林,李长银.智能化对银行业的影响及应对策略[J].经济纵横,2017(10):108-113.

[95] 李文莉,杨玥捷.智能投顾的法律风险及监管建议[J].法学,2017(8):15-26.

[96] 姜海燕,吴长凤.智能投顾的发展现状及监管建议[J].证券市场导报,2016(12):4-10.

[97] 李晴.互联网证券智能化方向:智能投顾的法律关系、风险与监管[J].上海金融,2016(11):50-63.

[98] 潘慧峰,蔡显军,孙伟,等.数字货币市场是否达到了弱式有效?——基于广义谱方法的检验[J].科学决策,2019(5):1-13.

[99] 易宪容.区块链技术、数字货币及金融风险——基于现代金融理论的一般性分析[J].南京社会科学,2018(11):9-16+40.

[100] 倪清,梅建清.当前数字货币管理存在的问题[J].上海金融,2017(11):87-89.

[101] 李建军,朱烨辰.数字货币理论与实践研究进展[J].经济学动态,2017(10):115-127.

[102] 孙立坚,杜建徽.数字货币和分布式记账技术对我国货币金融政策的启示[J].上海金融,2017(6):3-9.

[103] 范薇,王超,谢华.美国数字货币反洗钱监管[J].中国金融,2017(10):84-85.

[104] 周陈曦,曹军新.数字货币的历史逻辑与国家货币发行权的掌控——基于央行货币发行职能的视角[J].经济社会体制比较,2017(1):104-110.

[105] 朱建明,郝奕博,宋彪.基于区块链的财务共享模式及其效益分析[J].经济问题,2019(10):113-120.

[106] 陈宇.区块链技术下实体书店线上线下融合发展路径研究——以当当实体书店为例[J].出版广角,2019(14):40-42.

[107] 邹传伟.区块链与金融基础设施——兼论 Libra 项目的风险与监管[J].金融监管研究,2019(7):18-33.

[108] 孙彬,徐春.区块链技术协助共享经济的发展契机研究[J].新疆大学学报(哲学·人文社会科学版),2019,47(3):20-28.

[109] 赵蕾,陈晓静,戴敏怡.区块链技术风险监管实证研究[J].上海对外经贸大学学报,2019,26(3):89-98+108.

[110] 王文会,陈显中.P2P网贷的区块链解决方案[J].人民论坛,2019(7):78-79.

[111] 信莉丽.区块链技术视角下的媒体融合路径探索[J].传媒,2019(3):80-83.

[112] 周春慧.区块链技术在内容产业的传播价值研究[J].科技与出版,2019(2):72-77.

[113] 杨杨,杜剑,罗翔丹.区块链技术对税收征纳双方的影响探析[J].税务研究,2019(2):114-118.

[114] 焦松.区块链:行业趋势与监管治理[J].证券市场导报,2018(7):1.

[115] 冉景刚.区块链在数字出版业中的应用研究[J].出版发行研究,2018(6):34-38.

[116] 姚博.比特币、区块链与ICO:现实和未来[J].当代经济管理,2018,40(9):82-89.

[117] 肖雯雯,王莉莉.区块链技术对科技金融创新的作用机理与对策研究[J].科学管理研究,2017,35(6):102-105.

[118] 许多奇.互联网金融风险的社会特性与监管创新[J].社会科学文摘,2018(12):73-75.

[119] 王怀勇,钟文财.互联网金融宏观审慎管理的哲学辨思[J].经济法论坛,2018,21(2):113-126.

[120] 李炎炎.互联网金融风险监管与防控研究[J].全国流通经济,2018(36):98-99.

[121] 范琳,关宏.互联网金融背景下我国P2P网络借贷存在的风险及对策分析[J].广西质量监督导报,2018(12):91+90.

[122] 练尚斌.小微企业以互联网金融融资的风险研究——以JD为例的小微企业网络小额贷款模式[J].财会学习,2018(35):174-176.

[123] 何平鸽,易法敏.农村互联网金融风险及其监管分析[J].南方农村,2018,34(06):33-38.

[124] 杨宁.互联网金融视域下金融风险及法律保障机制研究[J].黑河学院学报,2018,9(12):69-70.

[125] 马芳琴.互联网金融的法律风险防控探究[J].法制与经济,2018(12):101-103.

参考文献

[126] 张钰涵.互联网金融的风险与监管研究[J].现代营销(经营版),2018(12):207.

[127] 杜婷婷.互联网金融理财风险的法律规制[J].法制博览,2018(33):100-101.

[128] 杨雯锦.基于互联网金融平台P2P的风险治理[J].时代金融,2018(32):41-43.

[129] 隋瑷.浅析我国互联网金融风险及监管策略[J].全国流通经济,2018(32):124-125.

[130] 赵一洋.浅析互联网金融的风险与监管[J].全国流通经济,2018(32):127-128.

[131] 王薇.我国互联网金融发展的风险与监管[J].甘肃金融,2018(11):42-43+27.

[132] 周胜军.互联网金融的风险与法律监管探析[J].时代金融,2017(36):314+319.

[133] 宁方国.金融科技与金融风险[J].时代金融,2017(36):19-20+27.

[134] 窦永莹.我国互联网金融风险与监管策略研究[J].内蒙古煤炭经济,2017(24):77+80.

[135] 于海静,康灿华.互联网金融风险的特殊性与监管研究[J].中国经贸导刊(理论版),2017(35):43-47.

[136] 李春妮.我国互联网金融运作风险及对策研究[J].金融经济,2017(24):64-66.

[137] 余万里.坚持市场化导向 健全互联网金融监管长效机制[J].时代金融,2017(35):52-54.

[138] 严飞雷.互联网金融的法律风险与防范对策研究[J].法制博览,2017(35):231.

[139] 黄海伦,曾燕眉.浅谈互联网金融风险及防范策略[J].中小企业管理与科技(中旬刊),2017(12):50-51.

[140] 李培琳.论互联网金融风险及监管——以余额宝为例[J].市场论坛,2017(12):46-48.

[141] 刘奥南.浅析互联网金融风险及其防范[N].期货日报,2017-12-13(003).

[142] 陈默.浅析互联网金融理财产品的风险与对策[J].中国商论,2017(34):31-33.

[143] 叶武君,王华章."产业链金融+互联网金融"融合模式解析与展望[J].金融会计,2017(06):73-77.

[144] 鲜京宸."区块链+互联网金融"的发展与前景展望[J].财会月刊,2017

(14):79-83.

[145] 吴欣颀.宏观视角下我国互联网金融的发展前景分析[J].金融经济,2016(14):45-47.

[146] 籍磊.互联网金融:创新、挑战与可持续发展[J].中国发展观察,2016(5):32-33.

[147] 皮天雷,赵铁.互联网金融:逻辑、比较与机制[J].中国经济问题,2014(4):98-108.

[148] 钱舒.互联网金融的发展现状与前景[J].时代金融,2016(12):182.

[149] 依布拉音·巴斯提.互联网金融的发展现状与前景分析[J].北方经贸,2015(03):134-135.

[150] 宋立凡.互联网金融的机遇与挑战[J].商,2016(11):167.

[151] 石建勋.互联网金融发展的理论依据、市场基础及前景分析[J].当代经济,2015(13):14-15.

[152] 邓贺.互联网金融发展方向前景分析[J].时代金融,2017(9):23+26.

[153] 李姝.互联网金融发展现状、趋势与展望[J].现代营销(下旬刊),2017(10):110.

[154] 吴欣颀,朱辉,仇鹏.互联网金融发展新前景研究[J].企业研究,2013(22):143.

[155] 梁梦龙.互联网金融监管背景下互联网金融发展的策略研究[J].时代金融,2018(24):41+48.

[156] 石成玉.互联网金融监管面临的挑战与应对[J].时代金融,2018(18):20.

[157] 孟庆一.互联网金融健康发展前景可期[N].中国经济时报,2015-07-24(002).

[158] 王侠,肖侠,朱亚楠,等.互联网金融理论与实践研究综述[J].淮海工学院学报(人文社会科学版),2016,14(9):86-90.

[159] 王倩.互联网金融面临的机遇和挑战[J].中国集体经济,2017(35):78-79.

[160] 翟海涛.互联网金融模式下小微金融机构发展现状、前景及建议[J].金融科技时代,2017(8):75-77.

[161] 常振芳.互联网金融信用体系建设和风险管理研究[D].南京:南京大学,2018.

[162] 姚凤阁,隋昕,刘迪.互联网金融研究评述及前景展望[J].佳木斯大学社会科学学报,2016,34(4):69-71+74.

[163] 陆岷峰,杨亮.绿色互联网金融的发展现状及成长前景探析——基于对"绿

色金融"内涵的重新审视[J].农村金融研究,2017(7):37-42.

[164] 董沁心.浅谈互联网金融的发展和前景[J].现代营销(经营版),2018(8):234-235.

[165] 李竹琪.浅谈互联网金融的现状及前景展望[J].科技经济导刊,2017(34):198.

[166] 林洁然.浅谈我国互联网金融的发展历史和前景[J].现代经济信息,2017(11):283.

[167] 童琳.浅析互联网金融背景下我国商业银行的未来前景[J].当代经济,2018(10):58-59.

[168] 万承果.浅析互联网金融发展的状况及前景[J].现代经济信息,2015(17):300.

[169] 单纯子.浅析中国互联网金融发展前景与风险[J].现代商业,2017(2):36-37.

[170] 徐璐.试论互联网金融发展现状与风险[J].时代金融,2015(24):39+41.

[171] 袁芳凝.试析经济下行背景下互联网金融发展挑战[J].宁德师范学院学报(哲学社会科学版),2017(1):40-42+51.

[172] 朱太辉.我国 Fintech 发展演进的综合分析框架[J].金融监管研究,2018(1):55-67.

[173] 吴悠悠.我国互联网金融:问题、前景和建议[J].管理世界,2015(4):170-171.

[174] 连书廷.我国互联网金融发展机遇与挑战[J].科技创业,2016,29(1):33-35.

[175] 李霄楠.我国互联网金融发展及其监管问题浅谈[J].管理观察,2018(23):164-165.

[176] 车畅.我国互联网金融发展现状及对策[J].时代金融,2018(6):21+29.

[177] 王禹桐.我国互联网金融发展现状与对策研究[J].商业经济,2017(11):155-156+166.

[178] 曹文艺,刘志浩.我国互联网金融模式发展研究[J].知识经济,2018(8):21+23.

[179] 孙浩.新常态下我国互联网消费金融的现状与前景[J].中国商论,2018(24):26-27.

[180] 耿丽君.以供给侧改革推进传统金融向互联网金融转型的发展路径[J].商业经济研究,2017(6):183-184.

[181] 胡睿喆.中国互联网金融的现状与发展[J].上海经济,2014(7):18-20.

[182] 李东荣.中国互联网金融发展的现状、挑战与方向[N].金融时报,2017-05-22(001).

[183] 张磊.中国互联网金融发展模式探索[J].产业与科技论坛,2015,14(17):15-16.

[184] 王英英.论我国互联网金融的发展现状与前景[J].现代经济信息,2016(13):279-280.

[185] 秦璐.我国互联网金融发展的困境及对策[J].当代经济,2015(26):6-7.

[186] 刘少军.互联网金融发展不能突破法律红线[N].社会科学报,2014-03-27(004).

[187] 余斐然.浅谈互联网金融的机遇与挑战[J].时代金融,2019(23):28-29.

[188] 白佳玉,吴绍鑫.大数据时代下互联网金融发展的机遇与挑战[J].现代营销(经营版),2019(01):170.

[189] 原文娟,郭亚婷.互联网金融的发展与风险控制浅析[J].企业科技与发展,2018(12):198-199.

[190] 刘鹏飞.法治环境对企业债券信用风险影响[J].金融理论与实践,2017(8):74-80..

[191] 邹蕴涵.当前我国主要的金融风险分析[J].财经界(学术版),2018(2):1-3.

[192] 钟鼎礼.以风险经营能力为核心的消费金融公司经营模式[J].企业经济,2018,37(07):182-187.

[193] 赵一哲,王青.农地承包经营权抵押贷款风险的研究——基于涉农金融机构视角[J].安徽农业大学学报(社会科学版),2015,24(2):12-16.

[194] 徐小茗.基于经营范围的互联网金融各业态风险研究[J].科技经济导刊,2018(34):184-185.

[195] 张红伟,陈小辉.我国对FinTech有必要实施沙盒监管吗?[J].证券市场导报,2018(7):11-19.

[196] 杨凯.区块链,信用社会悄然降临[J].华东科技,2016(10):36-38.

[197] 关宗笙.互联网金融监管体系建构思路与举措分析[J].全国商情,2016(14):81-82.

[198] 李东荣.互联网金融行业自律任重道远[J].中国金融,2018(8):189-190.

[199] 张佳.李东荣:金融科技"风口"的导航人[J].中国品牌,2018(2):68-71.

[200] 陆晓蔚.互联网金融创新VS政府金融监管[J].广东经济,2014(4):58-59.

[201]　王峰.互联网金融需要促进和规范发展[N].上海金融报,2014-03-04(A07).

[202]　韩平,张冲亚.关于小微企业互联网征信体系的构建[J].商业经济,2016(9):71-72.

[203]　叶悦青.互联网金融风险监管研究[J].经营管理者,2017(8):252-253.

[204]　曹婷.我国互联网金融现状及问题研究[J].中国商论,2017(10):26-27.

[205]　王韫慧.承德地区互联网金融监管模式研究[J].中小企业管理与科技(中旬刊),2015(9):161-162.

[206]　赵静扬.美国第三方支付监管重在规范操作[N].中国证券报,2014-06-12(006).

[207]　李炎炎.互联网金融风险监管与防控研究[J].全国流通经济,2018(36):98-99.

[208]　栾玫钰.当代金融风险下的政府监管[J].法制博览,2018(22):128-129.

[209]　徐鹏.P2P网贷平台非法集资犯罪的侦防对策研究——以浙江省为例[J].福建警察学院学报,2018,32(1):32-38.

[210]　阮一鸣,刘舒雅,黄闽琪,等.基于《网络借贷资金存管业务指引》的P2P行业发展对策[J].人力资源管理,2017(9):386-387.

[211]　宗良,王紫桐.加强监管下的现金贷[J].中国金融,2017(24):78-80.

[212]　周慧虹.监管与征信为翼,助推网贷行稳致远[J].金融经济,2018(11):40-41.

[213]　董巍,殷宇飞.银行重返校园背景下的高校学生信贷风险防控研究[J].金融经济,2018(16):60-61.

[214]　李冰.把握政策机遇的能力将成科创企业核心竞争力[N].证券日报,2019-01-25(B3).

[215]　刘艳.互联网金融监管问题探究[J].天津职业院校联合学报,2016,18(9):45-49.

[216]　贺大伟.经济法视角下市场监管方式创新的路径研究[J].重庆科技学院学报(社会科学版),2017(5):12-15.

[217]　王景利,王玥.互联网众筹给金融监管带来的机遇与挑战[J].金融理论与教学,2017(4):23-25.

[218]　张筱丹.中国特色市场经济下的互联网金融发展探析[J].中国市场,2015(42):200-201.

[219]　汪君君.第三方支付的监管问题[J].法制博览(中旬刊),2014(11):338.

[220] 蓝虹,穆争社.英国金融监管改革:新理念、新方法、新趋势[J].南方金融,2016(9):69-76..

[221] 王才.各国金融科技的"监管沙盒"有何不同?[J].中国战略新兴产业,2017(10):66-69.

[222] 张作瑾.互联网金融对商业银行的冲击及应对[J].现代企业,2018(6):67-68.

[223] 王修华,孟路,欧阳辉.P2P网络借贷问题平台特征分析及投资者识别——来自222家平台的证据[J].财贸经济,2016(12):71-84.

[224] 方翌.浅析互联网金融对商业银行的影响以及对策[J].现代营销(信息版),2019(1):15-16.

[225] 欧俊,熊伟,杨诗宇.论完善我国金融监管框架问题[J].财经科学,2017(6):37-46.

[226] 宋华,龚小雨.以e租宝事件为例——思考多方应当如何去做[J].时代金融,2016(29):261-263.

[227] 胡智宇,高国勋.商业银行信用卡专项分期业务电子化研究——以农业银行为例[J].农村金融研究,2015(1):38-40.

[228] 吴聪聪,张静.电商金融发展模式研究[J].时代金融,2016(18):42-43.

[229] 肖雪梅,宋华.我国影子银行体系现状、问题及监管[J].安徽农业科学,2015,43(8):259-261.

[230] 许泽玮.互联网金融行业或迎四大趋势[J].中关村,2018(1):74-75.

[231] 李军林,朱沛华.防范和化解地方银行风险的两重维度:财政扩张冲击与贷款市场竞争[J].改革,2017(11):114-125.

[232] 段华栋.互联网金融的现状分析及对策研究——以P2P平台为例[J].中国市场,2018(19):46-48.

[233] 姜琪.中国P2P网贷平台效率差异及成交量影响因素研究[J].数量经济技术经济研究,2018,35(6):60-77.

[234] 佚名.互联网金融望纳入国家政策视野 扫清产业发展阻碍[J].信息技术,2013(11):102.

[235] 钱海利.央行出手监管互联网金融[J].法人,2014(4):78-79.

[236] 刘斯佳.关于中国房地产现状的一些思考[J].中国经贸,2017(9):117-118.

[237] 梁丽萍.互联网金融的发展现状与趋势分析[J].电子制作,2014(22):271.

[238] 马国建,邢健.农业弱质性视角下金融精准扶贫路径研究——以戴庄村为例[J].广西大学学报(哲学社会科学版),2017,39(2):69-73.

参考文献

[239] 可星,韩政.基于CAS理论的互联网金融系统研究[J].中国商贸,2014(20):138-139.

[240] 佚名.中国电信和中国联通获得LTE FDD试验网牌照[J].电信工程技术与标准化,2014,27(7):30.

[241] 徐磐石.大数据时代的商业模式创新[J].上海商业,2015(8):27-30.

[242] 胡世良.我国移动互联网金融发展展望[J].中国电信业,2015(6):80-83.

[243] 张秀玲.浅析金融行业移动信息化[J].中小企业管理与科技(上旬刊),2014(1):304-305.

[244] 董昀,李鑫.互联网金融的发展:基于文献的探究[J].金融评论,2014,6(5):16-40+123.

[245] 徐渊,王艳.移动互联网金融:产生条件、发展趋势及面临的挑战[J].南方金融,2014(3):31-34.

[246] 陆岷峰,吴建平,沈黎怡.成长链金融创新发展研究——中国首届"成长链金融"专题学术研讨会综述[J].管理学刊,2017,30(2):52-62.

[247] 李鑫.从"政府企业家"到"市场企业家"——新常态下西部地区创新发展的策略转变[J].西部论坛,2017,27(2):80-89.

[248] 郭玉强."互联网+"时代走进移动金融[J].金融科技时代,2015(8):50-51.

[249] 李建军,韩珣.共享经济理论研究进展[J].金融科学,2017(2):1-19.

[250] 姚凤阁,隋昕.P2P网络借贷平台借款人信用风险影响因素研究——来自"拍拍贷"的经验依据[J].哈尔滨商业大学学报(社会科学版),2016(1):3-10.

[251] 李琴,陆岷峰.基于本质特征视角的P2P发展愿景展望[J].天津商业大学学报,2015,35(4):43-48.

[252] 王海军,王念,戴冠."普惠"金融背景的互联网金融——理论解构与政策分析[J].上海金融学院学报,2014(4):32-44.

[253] 姜抒扬.大数据背景下互联网金融价值创新的探讨[J].商场现代化,2014,(20):203-204.

[254] 姚海东.科技型小微企业融资模式探究[J].市场研究,2018,(8):59-61.

[255] 蔡璐.我国互联网金融风险与防范对策研究[J].科技经济导刊,2018,26(6):210-211.

[256] 李克穆.互联网金融的创新与风险[J].管理世界,2016,(2):1-2.

[257] 王海军,王念.互联网金融的逻辑推演:一个理论框架的构建[J].首都经济贸易大学学报,2015,17(6):39-45.

[258] 吴晓光,辛路,单剑锋.互联网金融领域基础设施发展趋势研判[J].武汉金融,2016(6):56-58.

[259] 刘士余.促进我国支付服务市场健康发展[J].中国金融,2014,(17):9-12.

[260] 林铭铭.以P2P为例浅谈互联网金融的监管和征信体系建设[J].中国商论,2015,(12):81-83.

[261] 陈宗义.英美成熟P2P商业平台运营模式特征解析及启示[J].商业经济与管理,2017,(1):73-84.

[262] 宁广靖.互联网金融的海外玩法[N].新金融观察,2014-04-07(032).

[263] 张雨辰,杨坚争,王林.移动支付的现状和发展趋势研究[J].电子商务,2015(6):47-48+53.

[264] 庄雷,赵成国.区块链技术创新下数字货币的演化研究:理论与框架[J].经济学家,2017(5):76-83.

[265] 程婕.揭秘传销式数字货币骗局 一到返钱高峰就关网跑路[J].广西质量监督导报,2017(7):13-15.

[266] 马淑韫,王新玉,崔文杰.大数据与实体经济融合的典型案例研究[J].电信网技术,2018(5):43-46.

[267] 翟湘琳.互联网经济下的企业新常态[J].商,2015(17):222.

[268] 郭勤贵,程华,赵永新.互联网金融原理与实务[M].北京:机械工业出版社,2017.

[269] 孙剑.我国互联网金融发展的长尾理论解释[J].金融经济,2017(10):96-98.

[270] 侯晓明.移动互联网金融服务发展趋势及商业银行应对策略[J].金融发展评论,2013(11):74-81.

[271] 刘析鹭.小额贷款公司的风险管理探析[J].管理观察,2013(19):140-141.

[272] 程华.中国互联网金融创新的逻辑与特征——与发达国家对比的视角[J].财经问题研究,2018(3):55-61.

[273] 陈斌开,林毅夫.金融抑制、产业结构与收入分配[J].世界经济,2012,35(01):3-23.

[274] 张晓朴.互联网金融监管的原则:探索新金融监管范式[J].金融监管研究,2014(2):6-17.

[275] 谢平.互联网金融手册[M].北京:中国人民大学出版社,2014.

[276] 盛瀚.大数据在金融行业的应用与挑战[J].科技创新导报,2017,14(25):117-122.

[277] 刘春明.数据挖掘技术在金融行业中的应用[J].科技资讯,2006(25):171-172.

[278] 植凤寅,周晓强,李铀,等.征信建设需要广泛的社会共识——人民银行推进征信工作的实践及难点[J].中国金融,2010(7):86-89.

[279] 王文利.货币银行学[M].北京:机械工业出版社,2010.

[280] 别坤.网络支付的技术演进[J].互联网周刊,2011(2):40-41.

[281] 国内第三方支付发展历程.(2016-10-27)[2020-07-22].https://www.sohu.com/a/117364875_141247.

[282] 微信支付所改变的世界.(2016-11-20)[2020-07-22].http://www.woshipm.com/pd/447887.html.

[283] 陶利平.互联网金融对传统银行业的挑战[J].商,2014(34):197-198.

[284] 史亚坤.P2P网络借贷平台创新发展模式研究[D].郑州:河南大学,2014:20.

[285] 邓建鹏,黄震."宝宝类"互联网直销基金的法律风险控制[J].金融电子化,2014(7):28-30.

[286] 叶文辉.互联网金融理财业务风险的监管与防范——以"信托100"百元团购信托产品为例[J].国际金融,2014(9):17-20.

[287] 杨望,郭晓涛.互联网保险五模式 行业未来六趋势[J].当代金融家,2018(1):102-105.

[288] 李红坤,刘富强,翟大恒.国内外互联网保险发展比较及其对我国的启示[J].金融发展研究,2014(10):79-85.